AF357749

HANOVRE.

GEORGE V Frédéric - Alexandre - Charles - Ernest-Auguste, roi de Hanovre, prince-royal de la Grande-Bretagne et d'Irlande, duc de Cumberland. duc de Brunswick-Lunebourg, né 27 mai 1819; succède à son père le roi Ernest-Auguste 18 novembre 1851; propriétaire du régiment d'infanterie autrichien n° 42; chef du régiment des hussards prussiens de Brandebourg n° 3; marié 18 février 1843 à la

Reine Alexandrine - Marie - Wilhelmine - Catherine - Charlotte-Thérèse-Henriette-Louise-Pauline-Elisabeth -Frédérique-Georgine, née 14 avril 1818, fille de Joseph duc de Saxe-Altembourg.

Prince *Ernest-Auguste*-Guillaume-Adolphe-George-Frédéric, prince royal, né 21 septembre 1845, sous-lieutenant à la suite du régiment de hussards de la garde.

ITALIE.

Roi VICTOR-EMMANUEL II Marie-Albert-Eugène-Ferdinand-Thomas, né 14 mars 1820; succède à son père le roi *Charles-Albert*-Amédée (né 2 octobre 1798, † 28 juillet 1849), marié à Marie-*Thérèse*-Françoise-Joséphine-Jeanne-Benédicte, née 21 mars 1801, † 12 janvier 1855, archiduchesse d'Autriche, fille de feu Ferdinand grand-duc de Toscane) en vertu de l'abdication de celui-ci du 23 mars (confirmée le 3 avril 1849) prend, par la loi du 17 mars 1861, le titre de *Roi d'Italie*; marié 12 avril 1842 à Marie-*Adélaïde*-Françoise- Rénière - Elisabeth-Clotilde (née 3 juin 1822), fille de feu Regnier archiduc d'Autriche; veuf 20 janvier 1855.

Ses enfants : 1° princesse *Clotilde*-Marie-Thérèse-Louise, née 2 mars 1843, mariée 30 janvier 1859 au prince Napoléon-Joseph-Paul.

2° Prince *Humbert*-Rénier-Charles-Emmanuel-Jean-Marie-Ferdinand-Eugène, prince royal, prince de Piémont, né 14 mars 1844, major général et commandant de la 2° brigade de cavalerie de la ligne.

ÉTATS PONTIFICAUX.

PIE IX, Jean-Marie Mastaï, de la maison comtale de Mastaï-Ferretti, né à Sinigaglia 13 mai 1792; élu pape après le décès du pape Grégoire XVI (1er juin 1847) 16 juin, couronné 21 juin 1846.

marié à la reine de Portugal dona Maria II, régent pendant la minorité de son fils feu le roi don Pedro V.

PRUSSE.

Roi FRÉDÉRIC-GUILLAUME Ier Louis, né 22 mars 1797, fils du roi Frédéric Guillaume III (né 3 août 1770 † 7 juin 1840) et de la reine *Louise*-Auguste-Wilhelmine-Amélie (née 10 mars 1776, † 19 juillet 1810, fille de Charles-Louis-Frédéric grand-duc de Mecklembourg-Strélitz [† 6 novembre 1816]); régent le 9 octobre 1858, succède à son frère le roi Frédéric-Guillaume IV (né 15 octobre 1795) 2 janvier 1862, couronné 18 octobre 1861; marié 11 juin 1829 à la

Reine Marie-Louise-Auguste-Catherine, née 30 septembre 1811, fille de feu Charles-Frédéric grand-duc de Saxe-Weimar. *Frédéric - Guillaume*-Nicolas-Charles, né 18 octobre 1831, prince royal, lieutenant général, commandant de la première division d'infanterie de la garde, chef du premier régiment de grenadiers de la Prusse orientale n° 1, 1er commandant du 1er bataillon (Berlin) du 2e régiment de la landwehr de la garde, à la suite du 1er régiment de la garde à pied, aussi à la suite du 2e régiment de grenadiers de Silésie n° 11, lieutenant général de la Poméranie, chef du régiment de hussards russes n° 11 („Isum"), et propriétaire du régiment d'infanterie autrichien n° 20; marié 25 janvier 1858 à la

Princesse *Victoire*-Adélaïde-Marie-Louise, princesse royale de Grande-Bretagne et d'Irlande, duchesse de Saxe, née 21 novembre 1840.

RUSSIE.

Empereur ALEXANDRE II NICOLAJÉVITCH, né 29 (17) avril 1818, succède 2 mars (18 février) 1855 à son père l'empereur Nicolas Ier Pavlovitch [né 6 juillet (25 juin 1796]; marié 13 (1er) juillet 1817 à *Alexandra*-Féodorovna, ci-devant Frédérique-Louise-*Charlotte*-Wilhelmine, née 13 (2) juillet 1798, † 1er novembre (20 octobre) 1860, fille de feu Frédéric-Guillaume III, roi de Prusse; couronné 7 septembre (26 août) 1856; marié 28 (16) avril 1841 à

L'impératrice Marie-Alexandrovna, ci-devant Maximilienne-Wilhelmine- Auguste- Sophie-*Marie*, née 8 août (27

ENCORE LA QUESTION

DES BANQUES

Coulommiers. — Typ. de A. MOUSSIN et CHARLES UNSINGER.

ENCORE LA QUESTION
DES BANQUES

PREMIÈRE ÉTUDE

ACCOMPAGNÉE D'UN TABLEAU SYNOPTIQUE DU MOUVEMENT
FINANCIER DE LA FRANCE EN 1857-1863-1864

PAR

ÉTIENNE DURAN

> Il y a un système d'idées qui s'en va,
> un système d'idées qui arrive, et entre les
> deux une société hésitante, ahurie, qui fait
> du progrès sans le savoir et qui marche
> vers l'avenir à reculons, tout en faisant
> semblant d'adorer un passé auquel elle ne
> croit plus beaucoup.
>
> AD. GUÉROULT, (Op. nat.)

PARIS
GUILLAUMIN ET Cie, LIBRAIRES

Éditeurs du Journal des Économistes, de la Collection des principaux
Économistes, du Dictionnaire de l'Économie politique,
du Dictionnaire universel du Commerce et de la Navigation, etc.

RUE RICHELIEU, 14.

1865

En aucun temps, a-t-on observé, les crises n'ont été aussi fréquentes que dans l'époque moderne : Faut-il s'en étonner ?

On l'a dit avec raison; les crises sont une conséquence du progrès ; mais il n'en est pas moins vrai que leur intensité ne se doit qu'à la nature des moyens employés à la réalisation du progrès.

De puissants esprits ont fait prévaloir des opinions, vraies tout au plus, à leur époque et dans leur pays, et la crainte ou l'impuissance venant leur donner dans la suite une consécration nouvelle, elles sont devenues le principe immuable des sociétés modernes, sans que nul compte fut tenu ni des hommes ni des besoins.

Les situations Politique, Financière et Commerciale du monde actuel, la reproduction continuelle des mêmes effets généraux à certaines périodes, les mêmes effets partiels menaçant de devenir une situation normale, devraient être cependant des considérations assez puissantes pour excuser la modification des vieux systèmes. Autant que personne nous admirons, plein de respect, les profondes observations d'Adam Smith, par exemple; mais quelque puissant, quelqu'incomparable que pût être le génie d'Adam Smith, il n'avait pas prévu l'immense révolution économique et financière que la vapeur allait imposer au monde.

La révolution économique s'est accomplie. Est-il prudent de continuer à s'opposer à la révolution financière?

Depuis longtemps tous les Gouvernements ont abusé du crédit; leurs dépenses, autant que la construction rapide des chemins de fer, ont trop grandement escompté l'avenir, trop lourdement affecté le présent. Il importe que des institutions nouvelles s'allient avec les besoins du présent et rendent des services qui, peu à peu, dégagent l'avenir.

La Banque de France, unique arbitre du crédit, ne suffit plus ni à notre commerce ni à notre industrie. Le développement de notre richesse mobilière et l'augmentation sensible des rentes sur l'État, appellent à grands cris une réforme sérieuse. Avant que les chemins de fer eussent absorbé six milliards de l'épargne, alors que le Gouvernement n'avait que cent cinquante millions de rentes à placer, le crédit de la Banque de France pouvait être suffisant, les dangers de la spéculation ne pesaient pas sur les masses. Mais, entre notre situation actuelle et celle d'il y a cinquante ans, il existe une insigne différence. La vapeur a propagé l'instruction, facilité les transactions, multiplié les besoins. La spéculation a imprimé au monde un mouvement prodigieux; l'activité a quintuplé l'épargne de la France. Cette épargne immobilisée, souvent au préjudice de la reproduction, a généreusement concouru aux besoins de l'État et à l'amélioration de nos moyens commerciaux. Une circonstance imprévue survient : Le besoin de ce capital immobilisé se fait sentir un instant; on a recours au souverain dispensateur du crédit, et la Banque de France ne peut qu'avouer son impuissance. C'est ainsi qu'à la fin de 1855 elle réduisit à 93 millions le chiffre de ses avances sur effets public, qui était de 185 millions au mois d'août de la même année.

La conséquence la plus immédiate de cette conduite, ce fut la dépréciation des titres, qu'elle ne pouvait plus aider de son crédit. Et que l'on ne s'y trompe pas, une diminution dans notre marché financier, quelque faible qu'elle soit, occasionne une immense perturbation dans notre fortune publique.

En conférant à la Banque de France le monopole du crédit, l'État a contracté vis-à-vis du public une responsabilité bien grande: Le droit de commander lui impose le devoir de protéger.

A l'abri de ses priviléges, la Banque de France, investie d'un arbitraire absolu, règle à son gré le prix du crédit; la seule influence qu'elle consente encore à subir quelquefois, est celle de l'État. Que devient, à l'ombre de ce puissant contrôle, la liberté du commerce et de l'industrie? A l'État la prévoyance universelle, et lorsque le moindre accident vient surprendre notre insoucieuse minorité, nous n avons plus qu'à compter avec lui.

Avec le monopole disparaîtra cette responsabilité que nous croyons aussi contraire au progrès que nuisible à l'État lui-même; de la liberté naîtra la multiplicité des moyens d'action et l'obligation de ne compter que sur soi-même.

Pendant toute son existence, la Banque de France a été

bien plus à l'État qu'au commerce, Nous reconnaissons
toute l'utilité des services qu'elle a pu rendre au Gouvernement et nous l'en félicitons malgré qu'ils lui aient été
achetés bien cher ; mais les facilités de l'État ne sauraient-
elles s'allier, enfin, avec les besoins du public ?

Paris, le 31 mars 1865.

ENCORE LA QUESTION
DES BANQUES

PREMIÈRE PARTIE

LA BANQUE DE FRANCE

> L'inconvénient le plus grave d'une pareille législation, c'est qu'au lieu de réglementer le système des Banques, elle est plutôt la négation du crédit.
>
> BORREGO...

§ 1. — Coup-d'œil général sur les Banques.

Les Banques en général ont un caractère unique et exclusif, celui de faire circuler les valeurs du commerce aux moindres frais possible pour le consommateur.

A l'origine des sociétés politiques, deux besoins réciproques en présence de deux propriétés distinctes, déterminaient seuls un échange. L'acceptation d'un signe commun simplifie, plus tard, le système des trocs.

Bientôt des intermédiaires avancent au producteur l'équivalent de ses produits, et quelquefois les fournissent au consommateur avant qu'il puisse en payer le prix.

L'intervention de ces nouveaux agents donne une impulsion sensible autant à la production qu'à la consommation ; mais, appuyées sur leurs seules ressources, leurs avances ne peuvent atteindre qu'une limite fort restreinte, à laquelle s'arrêtent nécessairement le pouvoir de la production et de la consommation.

Livré à la seule impulsion de la monnaie, le progrès est lent, insensible. Une grande partie du temps qui s'écoule entre la production et la consommation est perdue pour le travail et la production.

Enfin, l'invention des lettres de change vient fournir de nouveaux moyens au commerce et à l'industrie, en introduisant la circulation des choses à la place des espèces qui en sont l'équivalent, en substituant au crédit de la chose le crédit de la personne.

De ce système naquit le principe des Banques.

L'escompte des effets de commerce fut leur première et unique occupation. Les services que rendaient ces Banques d'escompte étaient immenses, mais ce n'était encore qu'un secours incomplet ; le développement du commerce et de l'industrie devait bientôt en montrer l'insuffisance. Le besoin d'établir entre le capital et le travail des rapports plus étendus, en appelant au secours de l'Industrie les ressources disponibles, donna naissance aux Banques des dépôts (1).

A l'escompte des lettres de change les Banques de dépôts joignirent la mise en valeur de l'épargne déjà réalisée,

---

(1) Les principales Banques de dépôts dont on ait fait mention, furent créées à Amsterdam et à Hambourg, dans le but principal de parer à la dépréciation des espèces et aux variations que les souverains faisaient éprouver à la monnaie. M. Law en attribue l'invention aux Suédois, dont la monnaie était de cuivre et par conséquent d'un transport et d'une circulation fort difficile.

Cependant, il est permis de supposer que bien avant la création de ces grandes sociétés, il exista des banquiers qui devinrent les dépositaires et les distributeurs de toutes les espèces circulantes qui se trouvaient sans emploi. M. Ch. Coquelin pense que ce commerce a dû être antérieur à l'usage des lettres de change, des billets à ordre et de tous les autres titres de crédit.

et facilitèrent la circulation des capitaux existants par des transferts qui s'opéraient sur leurs livres. L'importance qu'acquirent ces nouvelles institutions leur attira bientôt l'attention des Gouvernements, qui les employèrent à soutenir la circulation de leurs valeurs. De là les Banques de circulation.

Dès leur origine, elles furent spécialement consacrées à la circulation de valeurs réelles. En échange des capitaux effectifs, qu'elles prêtaient à leurs Gouvernements, les Banques recevaient des valeurs dont on leur laissait la libre disposition, et elles les livraient à la circulation.

Les républiques de Venise et de Gènes furent les premières villes qui jouirent d'institutions semblables (1).

En 1694, William III vendit pour 1,200,000 livres sterling la charte qui autorisait V. Patterson à organiser la Banque d'Angleterre. Ce fut là, en réalité, le principe constitutif des Banques de circulation.

« L'Etat, dit M. Juglar, accordait 8 0/0 et 4,000 livres sterling pour frais d'administration : cette somme était remboursable à l'option du Parlement, après un avis de 12 mois et après le premier août 1705. On accordait pour garantie à ceux qui avanceraient la somme totale de 1,500,000 livres, les droits de tonnage, bière, ale et liqueurs ; pourvu que l'on levât 1,200,000 livres sterling, la corporation était formée. Trois cent mille livres sterling étaient li-

(1) L'origine de la Banque de Venise remonte à 1156 : Sa première cause fut dans un emprunt forcé que le doge Michel Vitali préleva pour soutenir la guerre contre l'Orient. Cependant, elle n'est réellement Banque de Venise et Banque de circulation que dans les commencements du xve siècle. A Gènes, l'origine de la *Banca ou Casa di san Giorgio*, remonte à 1148. Ce fut aussi d'un emprunt fait par la République, pour conquérir Almeria et Tortosa, qu'elle naquit. Cependant, la Banque de Saint-Georges ne devint Banque de circulation que bien après celle de Venise.

vrées par souscription publique, chaque souscripteur recevant une annuité de une, deux ou trois vies. Celui qui avançait 100 livres sterling sur une vie, avait une annuité de 14 livres sterling; sur deux vies, 12 livres sterling; sur trois vies, 10 livres sterling. L'intérêt de cette dernière somme était servi par le Gouvernement. Tout le capital fut souscrit en dix jours: on versa 25 0/0 et le 25 juillet la charte fut signée. »

Les guerres ruineuses de William III avaient amené la création de la Banque d'Angleterre; ce furent aussi les nécessités du Gouvernement autrichien qui occasionnèrent la création de la Banque de Vienne.

Instituée en 1703, la Banque de Vienne n'avait rien du caractère d'une Banque commerciale; elle était essentiellement destinée à exécuter les opérations financières, que rendaient fort nécessaires en Autriche une dette perpétuelle considérable et un crédit très-altéré.

Ce fut en 1771 que le Gouvernement autrichien commença à mettre en circulation un papier-monnaie que les besoins de la guerre devaient, vingt ans après, multiplier au-delà de toute limite. L'office principal de la Banque de Vienne, pendant toute la durée de la guerre que l'Autriche soutint contre l'Empire, fut de maintenir dans la circulation ce papier, qui n'avait pu échapper au discrédit le plus complet.

Après la paix, en 1816, il fallut au contraire s'occuper de le retirer. La Banque fut remplacée par une autre institution de même nature, fondée par actions, avec un capital de 30,000,000 de florins fourni par le commerce et la propriété.

En Russie, il existe plusieurs Banques : La plus ancienne,

fondée en 1770, à Pétersbourg et à Moscou, sous le nom de Banque d'assignation, n'est guère que l'instrument employé par le Gouvernement pour l'émission du papier-monnaie.

La Banque commerciale de Russie, fondée à Saint-Pétersbourg en 1818, fait des avances sur or, argent et marchandises, escompte et fait pour le service du commerce l'office de caisse des comptes courants ; son capital est déclaré inaliénable et insaisissable par le Gouvernement, qui s'est engagé à ne lui demander aucune taxe en faveur de l'État.

Tels sont les renseignements que nous fournit M. Gautier sur les principales Banques de l'Europe.

Nous ne saurions penser que le principe qui prévalut dans chaque pays, à l'époque de leur création, puisse être actuellement pour nous d'une autorité quelconque ; moins encore pourrions-nous trouver dans leur organisation une consécration des Banques privilégiées, un argument valide en faveur de l'unité fiduciaire.

Laissons là les peuples étrangers et voyons notre propre histoire.

En France, aussi bien qu'en Angleterre, en Autriche et ailleurs, les besoins de l'État créent les Banques de circulation. Une seule chose est à observer, c'est que les nécessités de nos rois sont généralement dues à des causes moins nobles.

Louis XIV, tout en respectant le droit commun, livre à la circulation, sous le nom de Billets d'État, (1) une im-

___

(1) Nous avons renfermé, sous la dénomination générale de *Billets d'État*, toutes les différentes sortes de papier-monnaie émis par l'État, telles que : *Billets de l'extraordinaire des guerres, de l'artillerie, de la marine, etc.*, dont la somme s'élevait, à la mort du roi, à deux milliards et demi.

mense quantité de papier-monnaie que la dépréciation la plus remarquable accompagne aussitôt. La déconsidération attachée au crédit du grand roi n'arrête pas ses successeurs, et bientôt la nécessité de couvrir un déficit énorme se fait sentir.

Law fonde son système, et, en échange des facilités qu'il laisse entrevoir au régent, obtient pour l'État et pour lui le monopole de l'émission.

Le moment n'est pas venu de nous étendre longuement sur un système qu'on a critiqué plus peut-être qu'il ne le méritait; observons seulement que ce n'est point là, comme quelques-uns l'ont écrit, un argument en faveur du monopole et du droit de l'État (1).

Avec la Banque Royale disparut le monopole, et ce fut sans nul privilége que M. de Laborde, créancier du Gouvernement pour une somme considérable, obtint, en 1767, l'autorisation de créer la Caisse d'escompte.

Un fonds de six millions dont quatre en Billets d'État et deux seulement en numéraire, tel était le capital de la Banque Royale. C'est aussi le papier d'État, ou, si l'on veut, la participation du roi qui, en 1767, forme la plus grande partie du capital de la Caisse d'escompte qui, malgré son titre rassurant, n'est au commerce d'aucune utilité. Ses opérations se bornèrent à l'escompte des assignations et autres effets de même nature : son existence d'ailleurs fut de courte durée, et l'on s'apperçut peu de sa disparition.

C'est encore sans privilége aucun que Pouchaut et Clonard sont autorisés, en 1776, à fonder une nouvelle Caisse d'escompte. Ils usent de la faculté laissée à tous par l'édit de 1721, escomptent des valeurs commerciales à un taux

(1) Nous ne parlons ici que du principe qui constitua la Banque Royale.

maximun de 4 0/0 l'an, font le commerce des matières d'or et d'argent et se chargent de tenir la Caisse des particuliers. Comme garantie de leurs opérations ils contractent l'engagement de déposer entre les mains de l'État dix millions de leur capital souscrit.

Le peu d'exactitude que mit la Caisse d'escompte à remplir cet engagement inspira peu de confiance, et de toutes parts ou se refusait à accepter le papier auquel on voulait donner cours. Les actionnaires, loin de chercher à dissiper les inquiétudes du public en acceptant en entier les conséquences de leur engagement, aimèrent mieux s'adresser au roi et obtenir de lui la dispense du cautionnement qu'avait exigé Turgot. Cluny se montra moins difficile que son prédécesseur ; mais les facilités accordées à la Caisse d'escompte n'eûrent qu'un résultat, celui d'augmenter la méfiance du public.

En 1779, M. Necker, contrôleur général des Finances, pressentant l'utilité qu'il pourrait retirer de la Caisse d'escompte, obtint du roi un arrêt autorisant une nouvelle organisation. Le titre de commanditaires, que s'étaient réservés les actionnaires, leur fut enlevé, et une nouvelle administration, composée des premiers banquiers de Paris, remplaça la gestion des actionnaires. Nulle réserve ne fut imposée aux administrateurs et le droit de répandre autant de Billets qu'ils pourraient en maintenir dans la circulation leur fut laissé.

« Necker, dit M. Gaudot, malgré que considérant la Caisse d'escompte comme une institution précaire, comprit qu'il fallait la laisser subsister, quels que fussent les vices de son organisation, jusqu'à ce que le temps fît sentir la nécessité de créer à sa place des établissements plus imposants. Dans ce but, il prescrivit à toutes les caisses qui étaient sous sa dépendance, en les garantissant au nom du roi, de recevoir toutes les valeurs fictives qu'on leur présenterait et qui émaneraient de la Caisse d'escompte. »

Sous les ministères de MM. Calonne, Brienne et Necker, la Caisse d'escompte fit à l'État de nombreuses avances. L'impossibilité où l'on se trouvait de les rembourser amena le cours forcé des Billets de la Caisse d'escompte, qui, en échange, s'engagea à prêter encore à l'État 80 millions.

En juillet 1790, l'État devait à la Caisse d'escompte 240 millions. Comment les rembourser? On n'y songeait guère : mais comment se procurer à l'avenir des fonds que la Caisse d'escompte ne pouvait plus avancer? Le droit régalien fut encore une fois mis en vigueur. La Caisse d'escompte obligée de retirer ses propres Billets, les remplaça par ceux du Gouvernement. Ce fut l'inauguration des assignats.

On ne s'arrêta pas là : La Caisse d'escompte fit venir de l'étranger 150 millions à peu près de numéraire, et enfin, le 19 février 1791, Montesquieu présenta un relevé des emprunts faits à la Caisse d'escompte depuis 1789; ils formaient un total de 400 millions (1).

Pouvait-on songer au remboursement? Cambon trouva plus simple de consacrer en entier les principes déjà mis en vigueur, en revendiquant pour l'État le monopole de la circulation et la Caisse d'escompte devint une simple Caisse de dépôts.

Quels furent les résultats de ce monopole, qu'enfantaient encore les besoins de l'État? Tout le monde les connaît.

(1) Léon Say, Histoire de la Caisse d'escompte.

Quarante-huit milliards de papier-monnaie, liquidés au moyen de cinq à six cent millions!

Nous ne pensons pas que jamais personne ait cherché à se rendre un compte approximatif des pertes qu'a pu occasionner la liberté des Banques dans les États de l'Union américaine; mais certainement on peut, sans crainte de se tromper, affirmer qu'elles ne sauraient donner qu'une faible idée des malheurs et des désastres occasionnés par les deux plus célèbres monopoles qui jamais aient existé : La Banque royale de Law et l'Assemblée constituante.

Qu'aux progrès accomplis par les États-Unis le lendemain de leurs crises on oppose encore la situation de la France aux deux époques déjà citées, et que l'on se prononce, si on en a le courage, en faveur du monopole et du droit régalien !

La Banque de France.

A l'époque de la Révolution, dit monsieur Ganilh, la dette publique, connue dans tous ses détails, présentait les résultats suivants :

En principal, 2,609,398,534 livres et en intérêts, 304,705,870 livres. Le revenu affecté à cette dette consistait uniquement dans l'excédant du revenu sur la dépense ordinaire, excédant qui, en forçant le revenu public et réduisant la dépense ordinaire au-dessous de la réalité, était de 186,237,000 livres, et laissait par conséquent un déficit de 118,468,870 livres.

La magnifique insouciance de Calonne, et l'incapacité intrigante de monseigneur de Brienne, avaient puissamment concouru à la formation de ce déficit. La prudence et la probité de M. Necker lui-même n'avaient pu qu'entraîner dans la ruine des finances et du crédit de l'État le capital et le crédit de la Caisse d'escompte.

Les représentants de la nation, assemblés pour aviser aux moyens de réorganiser le revenu public, se persuadèrent que les moyens extrêmes pouvaient seuls établir une pro-

portion rassurante entre les ressources et les besoins extraordinaires que le rapport de M. de Montesquieu évaluait,
pour l'année, à 170 millions.

La contribution patriotique amena l'Assemblée constituante à décréter la liquidation de la dette publique et la
création des assignats. Tant que l'émission du papier-monnaie n'excéda pas les besoins de la circulation, nul ne mit
en doute sa valeur ; mais, avec la proportion, disparut la
confiance. Il existait bien un décret qui consacrait la destination spéciale de l'assignat et sa garantie, mais il n'en
était aucun qui limitât le chiffre de l'émission ; et pourtant,
les domaines nationaux, garantie dernière de la valeur du
papier-monnaie, avaient eux-mêmes une valeur déterminée :
l'assignat devenait d'une valeur incertaine. La dépréciation
augmentait autant que l'émission, et bientôt l'assignat ne
dût sa valeur nominale qu'à la funeste loi *du maximum :*

Le 9 thermidor amena le retrait forcé de ce papier-
monnaie, dont l'émission avait atteint le chiffre de 48 milliards
et dont la liquidation se fit au moyen de 5 à 6 cents millions.

Quelle épouvantable banqueroute, ajoute M. Ganilh,
qu'elle odieuse spoliation pour les malheureux qui avaient
placé leur confiance dans cette monnaie, ou avaient été forcés de la recevoir en paiement du prix de leurs biens ou du
remboursement de leurs créances !

Les mandats territoriaux n'eurent pas un meilleur succès
et provoquèrent encore la violence et l'arbitraire du Gouvernement. Deux milliards et demi de ce papier-monnaie
furent absorbés, partie par le produit de la vente des biens
nationaux, partie par le produit des contributions publiques.

Les diverses opérations du Directoire ne firent qu'augmenter le discrédit de l'État et laissèrent un arriéré exigible de 300,000,000 de livres à peu près.

Cependant l'exercice de l'an VIII prouva aux Consuls qu'une administration éclairée pouvait avoir encore à sa disposition de vastes moyens de succès. Mais, de quoi servaient les ressources possibles à un Gouvernement sans crédit ? Les Banqueroutes de l'Assemblée constituante et du Directoire étaient encore trop présentes à l'esprit des créanciers de l'État ; les revenus, quoique supérieurs aux dépenses, ne rassuraient personne, parce que l'on ne croyait pas à leur recouvrement.

... Le Premier Consul songeait à l'avenir... Comment soutenir cette lutte qu'allait lui susciter la vieille Europe ?.. Les avantages du crédit ne lui échappaient certainement pas, mais pouvait-il y compter ?

En appeler une fois encore à la confiance publique, c'était essayer une mesure aussi lente qu'inutile. User son autorité à imposer un nouveau papier-monnaie, c'était recourir à un expédient aussi imprudent que téméraire, c'était compromettre aveuglément le pouvoir naissant et aussi la Majesté à naître. Ce qu'il fallait au nouveau Gouvernement c'était un instrument de Crédit tout entier à sa disposition, et cet instrument il ne pouvait le trouver que dans une association d'hommes et de capitaux.

La Caisse d'escompte, grâce aux décrets que Cambon avait successivement obtenus contre elle, succombait à une liquidation longue et pénible ; reconstituer son capital et son crédit sacrifiés à la dernière monarchie n'était pas le plus aisé ; d'ailleurs, l'expérience eut pu la rendre quelque peu indocile. Une institution nouvelle était plus possible.

La Banque de France fut créée.

L'institution de la Banque de France détruit, à notre avis, cette réputation de parfaite ignorance que l'on a voulu faire à Napoléon Ier en matière financière. Il savait ce que pouvait le crédit et comment il s'organisait; mais il savait aussi qu'il devrait l'acheter au prix d'une partie de sa toute-puissance, et il n'en voulut pas. Les succès qu'obtenait en Angleterre William Pitt, pouvaient être un éloquent exemple; mais ils étaient aussi une preuve que la nature de la constitution politique, le caractère du Gouvernement et l'influence de l'opinion sur les résolutions générales et les affaires publiques, déterminaient seules la part du crédit; qu'essentiellement libre et indépendant il ne saurait exister avec un Gouvernement absolu, pouvant, au gré de ses passions et de ses convenances, détruire aujourd'hui ce qu'il aurait fait la veille, et Napoléon aima mieux garder sa puissance absolue et substituer aux ressources du crédit la Banque de France, les impôts et les taxes de guerre. Fatal système, qui fut l'une des causes les plus efficaces de la chute de son pouvoir gigantesque.

Si quelques doutes pouvaient encore exister sur les causes qui amenèrent Napoléon Ier à créer la Banque de France et sur le but spécial qu'il lui destinait, il suffirait, pour les dissiper, de jeter un coup-d'œil sur les rapports de ses Gouverneurs eux-mêmes, et sur la nature et le résultat de ses opérations pendant sa première période.

§ III

La Banque de France pendant le premier Empire.

A l'assemblée générale du 25 vendémiaire an IX, M. le
Rapporteur disait : « Les Régents de la Banque de France,
convaincus que dans l'État de dispersion où se trouvent les
capitaux, on se serait vainement flatté de réunir promptement les 30 millions qui doivent servir de fonds à la Banque, ont eu pour premier soin d'indiquer au Gouvernement
les points généraux de protection et d'adhésion propres à
assurer le succès de l'établissement. En conséquence, le
jour même de leur nomination, les Régents adressèrent au
Ministre des Finances une pétition tendant à obtenir des
Consuls que la moitié des fonds provenant des cautionne-
ments à fournir par les receveurs généraux des départements, et destinés par la loi du 6 frimaire dernier à l'amortissement de la dette publique et à la garantie du paiement
des mêmes receveurs généraux, fussent versés à la Banque
de France : Un arrêté du 28 nivôse dernier accueillit cette
demande et 5 millions ont été versés à la Banque pour prix
de 5 mille actions inscrites au nom de la Caisse d'amortissement, et le 15 ventôse un nouvel arrêt a fait verser à la

Banque les fonds déposés à la Caisse de réserve de la loterie nationale. »

Nous attachons peu d'importance à la dernière partie du rapport, où il est annoncé que la nouvelle institution ne ressemble en rien à aucune de celles existantes déjà : que libre par sa création et indépendante par ses statuts, elle n'est nullement gouvernementale.

Nous pensons que ce n'était là qu'un moyen d'arriver à placer plus aisément les trente mille actions qui devaient former son capital social. La Banque ne devait guère, en l'an IX, appuyer son indépendance sur des statuts tout à fait provisoires. L'expérience, d'ailleurs, a prouvé sans conteste aucune qu'elle avait été de bien courte durée.

Voici en quels termes M. Crétet, premier Gouverneur de la Banque de France, définissait à l'assemblée générale du 13 mai 1806, le véritable caractère de l'institution et le rôle qu'elle était appelée à jouer :

« Dans l'état actuel du commerce, le capital de la Banque serait plus que suffisant, si, par un système déjà condamné, elle devait se borner à l'escompte des effets de commerce.

« Éclairée sur ses véritables intérêts, la Banque doit sortir des mesures d'exception que lui inspiraient de fausses préventions et de mauvais calculs. A-t-on, dans aucun temps, conçu qu'elle ne serait que commerciale ? Non, car dans ce cas un faible capital, proportionné aux seuls besoins d'escompte des commerçants de Paris, lui suffisait. *Le système de la Banque commerciale est condamné...* Elle n'a jamais cessé d'appliquer la plus grande partie de ses ressources à l'escompte des valeurs possédées par le Trésor public, opération qui a procuré à ses actionnaires des produits qu'ils n'auraient pas eu.

« Les véritables destinées de la Banque sortent aujourd'hui de l'obscurité ; elle doit désirer que le Trésor public veuille lui donner une préférence, non interrompue et même exclusive, si la chose devient possible, pour les services que jusqu'ici elle a dispersés à plusieurs intermédiaires. Cette centralisation, éminemment utile au Trésor public, l'arracherait à la dépendance relative de la situation des capitaux, aux prétentions des capitalistes : elle n'en serait pas moins utile aux actionnaires ; une hypothèse très-permise assure à la Banque un bénéfice net de six millions, ce qui équivaudrait à donner au capital actuel, par le seul service du Trésor public, un dividende de 12 0 0. »

Ajoutons à cette déclaration de M. Crétet un résumé des produits de la Banque de France depuis l'an VIII jusqu'à 1814, ce sera la meilleure confirmation qu'on lui puisse donner.

OPÉRATIONS COMMERCIALES

Produits à la Banque de Paris	70.876.876 01
Produits des Comptoirs	1.109.413 26
	71.986.289 27

OPÉRATIONS NON COMMERCIALES

Relations directes avec le Gouvernement.	19.470.357 06
Rentes	15.191.966 10
Dividendes perçus par les actions immobilisées . .	5.507.623 58
	40.169.946 74

Si l'on observe que huit millions à peu près, provenant de ses opérations dans les départements et compris dans le montant de ses opérations commerciales, n'étaient que le produit des obligations des receveurs généraux que la Banque envoyait à ses correspondants des provinces, il sera fa-

cile de se convaincre de ce que fût la Banque de France
sous le premier Empire.

Au lieu de suivre pas à pas la Banque de France du-
rant cette première période, nous la laisserons se juger elle-
même.

Voici ce qu'en pensait M. Martin fils, d'André, censeur, dans l'assemblée générale qui suivit la chute de Napoléon :

« Dès les premiers moments de l'heureuse régénération
opérée en France au mois d'avril dernier, l'administration
de la Banque, qui, depuis longtemps, voyait la nécessité
que ce bel établissement reconquît l'indépendance qui lui
avait été promise lors de sa formation, s'est occupée des
moyens de parvenir à ce but salutaire, également réclamé
par l'intérêt de l'État, par celui du commerce et par le
vôtre.

« Depuis longtemps vous avez reconnu l'inutilité et les
dangers, pour les intérêts des actionnaires de la Banque, de
plusieurs dispositions de la loi du 22 avril 1806 ; votre zèle
vous a engagés à désirer plusieurs changements à cette loi
qui rendait illusoire la représentation des propriétaires des
capitaux, et nous mettait sous le joug d'un Gouverneur
étranger aux connaissances nécessaires au succès de cette
institution. L'opinion publique s'est déjà prononcée en faveur de la réforme qui vous occupe. Cette loi, nous la considérons comme fatale sous divers rapports à l'intérêt public et à celui de nos commettants.

« Vous savez, messieurs, que la Banque de France, fondée en l'an 1800 sur un capital de trente millions, avait son
administration confiée à quinze Régents, sa surveillance à
trois Censeurs. Les conséquences d'une pareille administra-

tion, vous les connaissez : en moins de huit mois un dividende de 50 francs par action réparti, et 45 francs mis en réserve. La deuxième année, le dividende fut de 100 francs et la réserve de 45 francs par action ; la troisième, 90 francs furent répartis et la réserve augmenta de 5,06.

« Ces résultats étaient assez avantageux, et les actionnaires, si cela eut dépendu de leur libre volonté, n'auraient pas cherché à courir les chances d'un nouveau régime. Mais des motifs étrangers à leurs intérêts firent préparer un nouvel ordre de choses.

« On le commença par la loi du 24 germinal en XII (14 avril 1803) qui, *sans nécessité*, porta le capital de la Banque à 45 mille actions, *obligea à convertir les fonds de la réserve en 5 0/0 consolidés* ; limita à 8 0/0 le dividende de l'an XII et à 6 0/0 les suivants, à compter du premier vendémiaire au XIII, et ordonna que les Rentes acquises par la Banque ne pourraient être vendues sans autorisation, pendant la durée de son privilége, accordé pour quinze ans, à partir du 1ᵉʳ vendémiaire an XII. C'est ainsi que votre association, contractée sous la foi d'une indépendance promise et nécessaire à son crédit et à ses succès, commença à être enveloppée de chaînes.

« On se plaignit peu ; on préféra assez généralement espérer qu'on augmenterait les ressources du commerce ; mais la loi du 22 avril, qui parut bientôt, sans que nos délégués en eussent été même prévenus ni consultés, rendit les chaînes bien plus puissantes et ne laissa plus de doutes sur les intentions de celui qui l'avait dictée.

« Cette loi prorogea de vingt-cinq ans le privilége accordé à la Banque par la loi précédente, fixa le dividende annuel à 6 0/0 du capital primitif et à une répartition égale aux deux tiers du bénéfice excédant les 6 0/0. Sous l'apparence

de cette faveur, l'usage que l'on se proposait de faire de la
Banque et l'élévation de son capital à 60 mille actions,
non compris le fonds de réserve, furent calculés. Ce capital, évidemment hors de toute proportion avec les besoins de
la circulation commerciale, démontrait évidemment que ce
n'était pas en faveur du commerce que l'on passait à une
mesure aussi exagérée, d'autant plus propre à exciter une
attention inquiète, qu'en même temps le Gouvernement se
créait un agent sous le titre de Gouverneur de la Banque,
dans les mains duquel il concentrait la direction de toutes
les affaires, et multipliait ses moyens de dominer, d'absorber la volonté des Régents et des Censeurs.

« Au Gouverneur deux Sous-Gouverneurs furent adjoints
aux appointements de 60 mille francs et de 30 mille francs.
Cette addition de dépense parut excessive et le conseil général la fixa, les 2 juin 1808 et 27 avril 1809, à 20 mille francs
pour le Gouverneur et à 3 mille pour les Sous-Gouverneurs,
ce qui, joint encore aux frais d'honoraires d'un secrétaire,
d'un expéditionnaire, des garçons de bureau, du droit de
présence, etc., élevait les dépenses annuelles de la Banque
à 172,000 francs environ.

« L'ensemble de la dépense de ce Gouvernement établi par
la loi du 22 avril 1806, s'élèvera à la fin de cette année à
plus de 1,400,000 francs, et, si l'on ajoutait à ce calcul les
dépenses qu'a entraîné l'acquisition fastueuse et inutile du
palais que la Banque occupe actuellement, on reconnaîtrait
que ces divers objets ont coûté plus de trois millions, aux-
quels on pourrait ajouter 2,050,000 francs pour le prix
énorme et arbitrairement réglé de l'achat de ce palais, auquel on n'eût jamais songé, si cette administration avait
été libre de demeurer sous le régime modeste de sa pre-

mière institution, qui s'accordait si bien avec ses intérêts.

« *Aux termes de cette fatale loi*, les Gouverneurs prêtaient serment entre les mains de l'Empereur, de diriger les affaires de la Banque conformément aux lois et aux statuts. Ce n'était plus le conseil, ce n'étaient plus les représentants que vous aviez choisis et investis de votre confiance qui dirigeaient les intérêts des actionnaires ; la loi réduisait leur autorité à la surveillance.

« Vous savez, messieurs, quelle différence de puissance il y a entre l'autorité qui gouverne et dirige et celle qui est réduite à surveiller, surtout quand la première est permanente et parle au nom du Prince et que l'autre est amovible. Cependant on crût encore avoir besoin de Régents pour le choix du papier qui serait pris à l'escompte, mais pour les maintenir dans une dépendance absolue.

« L'article 19 de la loi porte : «Nul effet ne pourra être escompté que sur l'approbation formelle du Gouverneur. » On ne voulait pas que cette approbation pût jamais être présumée ; il fallait qu'elle fût formelle. Le Gouverneur avait la récompense et la destitution des agents de la Banque ; seul il signait au nom de la Banque tous traités et conventions ; il présidait le conseil général et tous les comités, et nulle décision ne pouvait être exécutée si elle n'était revêtue de sa signature. L'empire de cette place s'étendait sur toute les parties constituées de la Banque et sur tous les faits de son administration : les Régents, les Censeurs, n'étaient plus que des conseillers impuissants, néanmoins leur présence était encore parfois salutaire.

« En vous rappelant, messieurs, les principales dispositions *de cette loi désastreuse, nous vous faisons connaître la source de tous les embarras que la Banque a éprouvés et du*

*peu d'utilité dont elle a été au commerce, et des longues
angoisses qui ont tourmenté les administrateurs.* Cette loi
n'avait pas même le mérite d'atteindre le but pour lequel
elle avait été imaginée.

« Celui qui l'avait prescrite, *semblable à l'Enfant Prodigue*
qui se procure de l'argent sans calculer ce qu'il lui en coû-
tera, n'avait pas aperçu qu'en mettant la Banque sous la
dépendance absolue, il altérait son crédit et diminuait ses
propres ressources ; qu'en s'emparant de ses capitaux il privait le commerce des secours nécessaires à son activité, et
le fisc d'une partie des produits qu'il aurait eus sous un régime plus libéral.

« Longtemps nous avons eu la douleur de voir tous les
capitaux de la Banque employés en 5 0/0 consolidés ou en
autres effets du Gouvernement et remis en dépôt pour garantie de prêts faits à trois mois de terme et forcément re-
nouvelés sans égard à l'extrême gêne où se trouvaient le
commerce et la Banque elle-même.

« Elle a eu jusqu'à 128 millions ainsi employés en effets
qui, quoique variés dans leurs formes et dans leurs titres,
étaient considérés comme n'ayant qu'un seul et même dé-
biteur : En même temps, elle n'avait en portefeuille que
18 *millions* d'effets de commerce et sa propre sûreté faisait
un devoir à ses administrateurs de dissimuler le sentiment
qu'ils en éprouvaient. Plus d'une fois nous avons vu M. le
Gouverneur lui-même péniblement affecté de l'impérieuse
conduite qui lui était commandée et dont il ne se dissimu-
lait pas les déplorables effets. Quoique peu familier avec la
science financière, intelligent et naturellement bon, il s'af-
fligeait en secret des maux que le commerce éprouvait et qui
auraient été moins étendus si la Banque avait pu conserver

les moyens de l'aider ; mais le Gouverneur n'était pas votre délégué, il était celui du Gouvernement, l'homme de la volonté des Ministres : En leur obéissant il remplissait la condition de son existence et souvent il eut la générosité de se charger de leurs fautes (1).

« Tel était, messieurs, l'état des choses qui avait mis la Banque de France dans un péril imminent, lorsque le retour d'un prince auguste, aussi juste qu'éclairé, qui met son bonheur dans celui de ses sujets, est venu ranimer les espérances des Français, rassurer les propriétaires et les créanciers de l'État. »

M. Wolowski semble avoir complétement ignoré cette séance lorsqu'il a écrit son histoire de la Banque de France ; elle méritait pourtant un peu d'attention, même de sa part.

Dans cette même assemblée, M. Laffite, Gouverneur provisoire, ajoutait :

« Sous des prétextes illusoires, quarante-cinq mille copartageants furent appelés, et pour la première fois, dans l'histoire des établissements fondés avec des capitaux particuliers, le Gouvernement se réserva le droit de nommer les principaux administrateurs. Des Gouverneurs nommés par le Souverain et salariés par la Banque, fournirent l'exemple

1 Lors de l'enquête de 1848, dans la séance du 14 avril, lord Ashburton, renseigné à cet égard par un *gentleman, ancien directeur de la Banque de France*, fit sur notre établissement financier quelques observations assez singulières : en voici une au sujet de son indépendance :

DEMANDE. — Le Gouvernement a-t-il le pouvoir non-seulement de contrôler les actions de la Banque, mais encore de la forcer à adopter toutes mesures qu'il peut juger convenables?

RÉPONSE. — Non, il n'a pas ce pouvoir ; la Banque est tout-à-fait indépendante, et cette indépendance a été respectée même par le Gouvernement de Napoléon.

Vraiment, il est à regretter que des affaires urgentes, rappelant *le gentleman directeur* dans son pays, l'aient privé du plaisir d'aller faire lui-même une semblable déposition devant un comité anglais. Avec quel bonheur le Gouvernement actuel de la Banque de France l'eut ajoutée à ses traductions !

de la subversion des principes et de la violation des droits
de la propriété.

« Accablée sous le poids d'un capital énorme, inutile à
l'action de ses escomptes, la Banque, pour parvenir à former un dividende, se livra forcément à des opérations
funestes à son crédit et à des placements onéreux à ses
intérêts, et, au milieu d'une richesse stérile, elle se
voyait obligée de refuser au commerce les escomptes qui
lui étaient nécessaires, et enfin de ralentir le remboursement de ses billets. »

..... « Attribuer la direction d'un établissement d'utilité
publique, fondé avec les capitaux des particuliers, à des
agents de l'autorité supérieure, ce n'est point se renfermer
dans le droit de surveiller, c'est consacrer une usurpa-
tion. »

Ce n'est point là, nous le savons, une discussion de principes, mais c'est l'histoire de la Banque de France pendant
le premier Empire. Nous avons pensé qu'il n'était pas sans
utilité de citer en entier le compte-rendu de ce rapport ; il
témoigne des droits qu'a la Banque à revendiquer aujour-
d'hui les bénéfices d'une organisation qu'elle a solennellement flétrie.

Assurément la Banque de France, telle que l'avait faite
Napoléon Ier, ne rendait pas au commerce et à l'industrie
tous les services qu'elle leur devait en échange de la confiance accordée à ses opérations en général ; mais il n'ap-
partenait pas à ses actionnaires d'oublier si promptement
que ce despotisme dont ils se plaignaient leur avait valu,
en 16 ans, 90 millions de bénéfices.

Nous savons bien que ce n'était point pour des actionnaires que l'Empereur avait créé et fortifié la Banque ; mais,

si le motif qui avait amené Napoléon Ier à créer la Banque importait peu à quelqu'un, c'était à coup sûr aux actionnaires. Pourquoi blâmer si hautement la loi de 1806? Quels bénéfices fallait-il donc au conseil général, puisqu'en présence des 90 millions déjà réalisés, il croyait les intérêts des actionnaires sacrifiés aux besoins de l'Empereur? Non pas que nous voulions blâmer les efforts d'aucuns pour s'élever avec la Restauration ; mais, par respect seulement pour les anciens rapports du Gouvernement de la Banque, il eût été au moins convenable de laisser la tombe se fermer ou l'oubli se faire sur la divinité refaite homme. D'autant mieux que la Banque de France devait, dans ses opérations, uniquement animée du désir d'accroître ses dividendes, devenir plus gouvernementale encore sous la Restauration qu'elle ne l'avait été pendant le premier Empire.

La Révolution de 89 avait été, pour le monde entier, une protestation énergique contre ce vieux principe que la gloire de Louis XIV avait élevé à son apogée. L'Empire fut une longue lutte entre le passé et l'esprit nouveau. La France régénérée avait accepté l'héritage de la révolution, et, pleine d'enthousiasme, elle s'attacha au héros qui devait la conduire à l'émancipation et peut-être aussi à la fédération des peuples.

Pourquoi fallut-il que Napoléon Ier, ébloui un instant dans cette France où tout était gloire, où tout criait liberté, en vint à sacrifier à la reconstitution d'un principe déchu l'élément qui l'avait fait si grand! . . . . . .
... Libre, la France de 89 eut pu être glorieuse, industrielle et d'autant plus commerciale qu'elle eût plus fait de peuples libres. Le principe qui l'avait créée comprimé, la

France, entraînée hors de son élément, ne fut que victorieuse, et victorieuse elle le sera toujours.

Aussi, reprocher à la Banque de France la stagnation de notre commerce et de notre industrie pendant le premier Empire, serait certainement injuste; mais ne pas lui rappeler qu'un peu plus de patriotisme et un peu moins d'amour pour ses dividendes, eussent, diminuant de beaucoup la constante opposition qu'elle fit à la volonté de l'Empereur, considérablement amoindri le malaise général, et peut-être beaucoup empêché, serait aussi un tort. La Banque de France retirant les bénéfices que l'Empereur avait attachés à son privilége, devait accomplir en entier la mission qu'il lui avait confiée, et certes, en présence de sa situation, en 1814, nul ne l'excusera d'avoir ralenti le remboursement de ses Billets.

Lorsque, le 18 janvier 1814, la Banque limita à 500,000 francs le remboursement de ses Billets, sa situation se résumait ainsi :

PASSIF EXIGIBLE

Billets en circulation	38.226.500ᶠ »ᶜ
Comptes courants	6.374.000 »
Ensemble.	44.600.500ᶠ »ᶜ

Pour faire face aux demandes du public il restait à la Banque :

Réserve métallique... 14,354,000 francs.

De plus, son portefeuille se composait de 31,331,000 fr. d'effets à courte échéance. En outre, la Banque avait 12,500 de ses propres actions immobilisées.

Fidèle à sa constitution et sincèrement amie du crédit public, la Banque de France n'eut pas, la première, jeté le cri d'alarme et obligé les porteurs de ses Billets à subir des pertes qui s'élevèrent jusqu'à 12 0 0. Mais sa nature privilégiée la dispensait de tout effort, sous le prétexte qu'elle réservait son Encaisse à l'escompte des effets de commerce. Nous ne savons pas ce que furent les escomptes à ce moment-là, mais si l'on considère que leur total, en 1814. ne s'éleva pas au-de làde 88 millions, on en concluera que pour faire face aux besoins du moment, peu lui suffisait.

§ IV

La Banque de France sous la Restauration.

A la Restauration tous les efforts de la Banque de France tendirent à obtenir du Gouvernement l'abolition de la loi de 1806. La réforme proposée par M. Laffitte, au nom du Conseil général, portait principalement :

Sur le gouvernement de la Banque ;

Sur la réduction facultative du capital ;

Sur la suppression des Comptoirs, et sur la surveillance de l'autorité supérieure.

Dans cette réforme générale, la première modification partielle qu'obtint la Banque, ce fut la suppression des Comptoirs.

Avant de voir comment M. Laffitte légitimait cette suppression, qui seule eut dû suffire pour renfermer à jamais la Banque de France dans l'enceinte de Paris, il ne sera peut-être pas inutile de revenir à la création et à la courte existence de cette trinité malheureuse.

L'article 10 du décret impérial du 16 janvier 1808 ordonna l'établissement de Comptoirs dans les départements où les besoins du commerce en feraient sentir la nécessité.

Un nouveau décret régla le 18 mai leur composition, la nature de leurs opérations et leurs rapports avec la Banque centrale, et, dès le deuxième semestre de 1809, les actionnaires virent avec plaisir leurs bénéfices s'augmenter de 109,838 f. 48 c. produits par les comptoirs de Lyon et de Rouen.

Malgré les difficultés toutes naturelles qui devaient accompagner les débuts de ces Comptoirs, dans l'Assemblée générale de 1811, M. le Rapporteur rendait ainsi compte de leurs progrès :

« Le Comptoir de Lyon, en 1810, a escompté 57,312,079 f. 15 c. qui ont produit, déduction faite de tous frais, 174,768 f. 08 c., ce qui représente, sur 1809, une augmentation de 27,947.093 f. 65 c. sur la somme des escomptes, et 101,726 f. 57 c. sur la totalité des bénéfices. Le Comptoir de Lyon a marqué ses progrès d'une manière sensible ; les comptes-courants ont été bien appréciés : les recouvrements gratuits se sont élevés à la somme de 34,135,724 f. 99 c. Rouen a aussi marqué un progrès : ses escomptes se sont élevés à 21,293,406 f. 69 c., qui ont produit 98,347 f. 96 c. soit, sur 1809, une augmention de 61,550 f. 99 c. »

Le 28 janvier 1812, après avoir mentionné les résultats des Comptoirs, M. le Gouverneur ajoutait : « A Lyon, Rouen, Lille, il est bien reconnu que les Comptoirs rendent de grands services, que c'est l'établissement le plus utile pour les lieux où il y a une grande population et où l'industrie commerciale peut se développer ; il n'y a plus qu'une opinion sur ce point. Leur circulation augmente tous les jours : Lyon avait reçu trois millions de billets, le Conseil général a dû en créer trois millions de plus : les deux millions de Rouen ne suffiront pas ; Lille commence à apprécier tous les avantages des billets. »

L'année 1812 fut encore plus favorable aux Comptoirs ; leurs bénéfices s'élevèrent à 192,127 f. 34 c. et M. Robillard, Censeur, annonçait aux actionnaires qu'il présageait d'heureux résultats et pour le commerce des villes où ils étaient établis et pour la Banque. Ces progrès se réalisèrent, et, en 1813, les Comptoirs vinrent grossir les résultats des opérations de la Banque de 356,953 f. 58 c., et, en 1814, malgré que condamnés déjà, ils produisirent encore un bénéfice net de 62,694 f. 90 c.

Si l'on compare les opérations de la Banque de France pendant les années 1813 et 1814, et aussi celles des Comptoirs aux deux époques, on verra que cette diminution dans leurs résultats, n'était pas un signe de déchéance. Plus encore que les Comptoirs, la Banque de France avait, pendant le dernier exercice, subi la loi de la situation politique.

Banque centrale. Pro- duits bruts de l'esc.	1813 1814	6.692.932ᶠ24ᶜ 532.726 02
Différence. . . .		6.160.206ᶠ22ᶜ soit 11 12 en moins.
Comptoirs. Produits nets.	1813 1814	356.953ᶠ58ᶜ 62.694 90
Différence. . . .		294.258ᶠ68ᶜ soit 9 12 en moins.

Encore faut-il observer que dans l'exercice 1814, les bénéfices des Comptoirs se trouvèrent diminués de 28,366 f. 39 c., perdus sur la liquidation du Comptoir de Lille.

En résumé, les Comptoirs ordonnés par l'Empereur et reconnus nécessaires au développement du commerce et de l'industrie, produisirent pendant leur existence, de 1809 à 1814, 1,109,413 f. 26 c. de bénéfices. Mais M. Laffitte, ayant besoin de leur trouver des torts, sut changer en une perte apparente de 1,194,214 f. 12 c. ce bénéfice réel de

1,109,413 l. 26 c. Leur destruction était résolue; le privilége qui les accompagnait, l'utilité qui en pouvait résulter, et pour le Commerce et pour la Banque elle-même, ne purent leur faire pardonner leur origine; ils tenaient de trop près à cette fatale loi de 1806.

Voici en quels termes la Banque de France, dont le mobile principal a toujours été l'intérêt public et le désir de mériter véritablement le titre qu'on lui avait donné, en étendant à tout le commerce de France les bienfaits de son institution, justifiait à l'Assemblée générale de 1814, la suppression des Comptoirs :

« Lorsque la Banque a fondé les Comptoirs, une défiance presque générale semblait les repousser. Maintenant que les préventions sont calmées, les commerçants des villes où ils ont été établis en demandent la conservation. La Banque a fait tous les sacrifices qu'exigeait leur création, *mais il n'y a plus de motifs* pour qu'elle continue à en supporter les charges. Il est convenable que renonçant à cette partie de son privilége, elle rende aux Comptoirs l'indépendance qui doit augmenter leur utilité. Il est dans la nature du privilége d'une Banque de ne pouvoir créer qu'un moyen d'escompte spécial. *La formation des Banques départementales sera très-favorable aux progrès de l'Industrie;* mais pour que les inconvénients inséparables des institutions de cette nature soient moins nombreux, il faut que ces établissements n'aient entr'eux aucun rapport; il faut que la Banque principale cesse de s'entremettre dans leur direction. Les administrateurs d'un établissement dont la Banque fournit le capital n'ont point d'ailleurs une attention aussi soutenue pour en surveiller l'emploi; leur indépendance garantit la sagesse de leurs opérations. »

En relisant ces quelques lignes, nous nous demandons si réellement il est possible que la Banque de France ose encore aujourd'hui revendiquer si ardemment la conservation d'un droit qu'elle a violé, le maintien d'un privilége qu'elle a solennellement repoussé, alors qu'il ne servait pas à ses dividendes aussi grandement qu'elle l'eût désiré.

Les villes où les Comptoirs sont établis reconnaissent bien leur utilité et en demandent la conservation ; nous aussi nous sentons qu'ils sont pour leur commerce et leur industrie une question de vie ou de mort ; mais qu'importe ? Vous avez compris, messieurs, combien ces établissements nous étaient à charge ; voudrez-vous les conserver au mépris de vos dividendes ? Et pourquoi le feriez-vous ? Rien ne nous oblige plus aujourd'hui. Nous pouvons maintenant nous occuper spécialement de nos intérêts ; derrière nous et au-dessus de nous n'est plus cette volonté inflexible qui nous les avait imposés.....

Les dernières paroles de monsieur Laffitte étaient le prélude de la constante opposition que la Banque de France devait apporter au développement des Banques locales. Ne trouvant pas dans l'accomplissement de son devoir, en 1814, un bénéfice suffisant, elle voulait bien consentir à céder à d'autres associations la part de son privilége dans les Départements ; mais aussitôt, pour arrêter l'essor de ces nouvelles institutions qui, avec le succès, pouvaient devenir pour elle une concurrence sérieuse, en même temps qu'un sujet de blâme sévère, monsieur Laffitte essayait de poser en principe que l'isolement seul pouvait rendre les Banques Départementales favorables aux progrès de l'industrie et du commerce.

Monsieur Laffitte s'est acquis en matière financière une

trop grande et trop juste réputation pour qu'il puisse un instant venir à l'idée de personne qu'il ignorait que la première condition de succès pour toutes les institutions en général, et en particulier pour les Banques, était, non point dans l'isolement, mais bien au contraire dans la multiplicité des rapports, dans la liberté des relations.

« Le Comptoir de Lille, disait M. le Gouverneur à l'Assemblée générale de 1816, a cessé d'être à la charge de la Banque. Celui de Rouen, conformément à notre attente, a été couteux dans les deux semestres. La perte totale qu'il a donné, en y comprenant le dividende des 500 actions qui lui avaient été cédées et qui appartiennent à la Banque, s'élève à 48,345 f. 43 c.

« Le comptoir de Lyon produit en apparence un bénéfice de 19,560 f. 31 c.; mais si l'on observe que ce bénéfice provient des 1,500 actions dont le dividende ne lui appartient pas plus qu'à celui de Rouen, on verra qu'il a occasionné en réalité une perte de 76,439 f. 69 c.

« En résumé, le système des Comptoirs a été ordonné par un décret du 16 janvier 1808 ; les règlements de ceux de Lyon et de Rouen furent arrêtés par la Banque le 13 avril 1809. Depuis cette époque jusqu'à ce jour, relevé fait des bénéfices et des dépenses, en calculant à 4 0 0 les intérêts des capitaux effectifs que la Banque leur a fourni, ils ont occasionné une perte de 1,165,847 f. 73 c., savoir :

Celui de Lyon 729.680 78
Celui de Rouen. . . .   436.166 95

Malgré l'exactitude que M. Laffitte devait apporter dans tous ses calculs, il nous semble qu'en résumant, sans parti pris, l'existence des Comptoirs de Lyon et de Rouen,

il est impossible d'arriver à leur reprocher une perte de
1,165,847 f. 73 c.

D'abord, pourquoi les actions de la Banque de France ap-
partenaient-elles à la Banque de Paris plutôt qu'à la Banque de France ? M. Laffitte ne pouvait s'appuyer d'aucune
raison valide, et la preuve, c'est que dans l'Assemblée générale du 26 janvier 1860, MM. les Censeurs n'ayant plus,
ni besoin, ni désir de liquider les succursales, ont, par
l'organe de M. Darblay, leur Rapporteur, constaté que les
rentes que possède la Banque n'appartiennent pas plus à la
Banque qu'aux succursales. Or, nous le demandons, quelle
différence y a-t-il entre 100,000 actions de la Banque de
France converties en rentes en 1857, son capital entier
éternellement immobilisé de la même manière, et 10,000
de ses propres actions décapitalisées, si je puis m'exprimer
ainsi, en 1808, en partie affectées aux Comptoirs, et ne
produisant autre chose que l'augmentation d'un dividende,
c'est-à-dire une rente ?

D'ailleurs, était-ce une perte à mentionner ?

En vérité, il fallait bien en vouloir aux Comptoirs pour
leur reprocher de pareils torts. Les comptes-rendus impri-
més et publiés par la Banque de France, présentent les
Comptoirs comme ayant réalisé de 1809 à 1814 un bénéfice
de 1,109,413 fr. 26 c. A leurs produits bruts on ne peut opposer avec raison que le montant des frais que nous ne connaissons pas, et l'intérêt du capital fourni par la Banque.
Cet intérêt s'élèverait, pour les six années, à 2,320,000 fr.,
savoir :

Au Comptoir de Lyon . . .   1.360.000

Au Comptoir de Rouen. . .   960.000

Faut-il admettre que les Comptoirs qui, en moyenne, escomptaient annuellement 60 millions aux taux de la Banque, à 4 0 0, aient pu, après six années d'exercice, occasionner une perte de 1,165,847 fr. 73 c. ? Nous ne le pensons pas. Nous ne voulons pas présenter les Comptoirs comme ayant donné de grands bénéfices ; il leur était impossible d'en réaliser, plus encore à cause de la situation politique de l'Europe, qu'à cause des difficultés que devait rencontrer leur institution ; mais nous ne saurions non plus reconnaître qu'ils eussent assez occasionné de pertes pour mériter une condamnation aussi complète. La décision formellement prise de briser ce qu'une volonté plus puissante avait imposé au Conseil Général de la Banque, voilà la véritable cause de la suppression des Comptoirs ; suppression aussi injuste qu'inhabile, qui eût bien pu occasionner à la Banque autant de préjudices qu'elle en occasionna à l'industrie par le retard qu'elle infligea à son développement.

Dans le résultat des opérations de la Banque en 1814 figurent les intérêts de 100 millions dûs par le Trésor. Sur ces 100 millions, 55 provenaient des avances faites au Gouvernement impérial ; 45 millions, par conséquent, appartenaient au Gouvernement restauré.

Ainsi, la Banque achevait à peine ses récriminations contre le système de celui qui avait exigé d'elle les services qu'il en attendait en la créant, qu'elle s'empressait de consentir à son successeur un nouveau prêt de 45 millions.

Ce n'était là, du reste, qu'un commencement.

Dès le premier semestre de 1815, elle escomptait au Trésor Royal 10,595,436 fr. 68 c. de Bons d'une échéance moyenne de 200 jours à peu près, et, dans le second semestre, la même opération s'étendait à 11 millions. Il est vrai que la Banque se trouvait alors encouragée par l'exactitude du nouveau Gouvernement à son égard, exactitude que M. Robillard, Rapporteur des Censeurs, constatait en ces termes :

« Si pendant un torrent de désordres, la Banque a eu le bonheur de préserver son crédit de toute atteinte, que ne devons-nous pas espérer quand un Gouvernement paternel et réparateur aura cicatrisé nos plaies. Vous aurez éprouvé, messieurs, la même satisfaction que nous, en apprenant que le traité passé pour le remboursement des 40 millions qu'il a fallu avancer au Gouvernement précédent, reçoit son exécution. Déjà le tiers échu est remis à la Banque en valeurs disponibles et susceptibles de réalisation au besoin. Ce n'est que sous *un souverain légitime* qu'on peut, malgré l'excessive rigueur des circonstances, voir régner un tel respect pour les engagements. »

Et la Banque de France continuait l'exploitation de son *légitime privilége*.

Pendant toute la durée du Gouvernement de la Restauration, la Banque rechercha les relations du Trésor avec autant d'empressement qu'elle en avait mis à les éviter sous le Gouvernement de l'Empereur.

Elle en retira ses plus beaux dividendes et s'occupa peu du commerce et de l'industrie dans une époque qui, efficacement aidée, eût pu être une époque de progrès réel et de véritable restauration. Mais c'était là pour la Banque le côté le moins important de la question. Elle avait nettement avoué son programme à venir en se renfermant dans les murs de Paris : Ce qu'elle ambitionnait, ce n'était point ni gloire ni mérites ; c'étaient des dividendes.

Deux traités conclus avec M. le Ministre des Finances en 1817, lui concédaient, à sa grande satisfaction, le paiement des rentes de septembre 1817, des deux semestres de 1818, et du fonds de l'amortissement. En 1818, indépendamment des escomptes ordinaires au Trésor, elle se prêtait à une avance successive et prolongée de 100 millions, *toute au profit du crédit de l'État*, disait le rapporteur, et au même taux que l'escompte habituel des lettres de change.

Notre intention n'est point de reprocher à la Banque de France ses opérations ; nous ne voulons que les mentionner. Si nous avions à les juger, nous ne pourrions que louer *cet empressement désintéressé qui la fit si puissamment concourir au rachat de notre indépendance et au développement du crédit public*, en mettant ses ressources et son influence au service d'un Gouvernement qui ne trouvait pas, dans tout Paris, un seul banquier disposé à lui négocier un crédit de 6 millions ouvert pour couvrir le déficit du budget. Nous ne saurions trouver exagérés les bénéfices qu'elle retira de ses escomptes au Trésor, en observant que les Bons royaux ne se plaçaient que fort difficilement à 1/2 0/0 de perte par mois. Tout de notre part serait éloge si, cette fois encore, la Banque de France n'eut sacrifié, non point à l'État, mais à ses tendances personnelles, les besoins du commerce (1). Elle n'ignorait pas que les opérations les

M. le comte Roy disait à la Chambre des Pairs le 15 mai 1834 :

« En 1818, une nouvelle crise financière éclata : les causes qui l'ont amené sont également bien remarquables par les rapports avec celles mêmes qui pourraient naître de la mesure proposée (celle d'autoriser la Banque à faire des avances sur effets publics à échéance indéterminée). Les lois des 6 et 15 mai 1818 avaient ouvert au Gouvernement un crédit de 16 millions de rentes pour le service de cette année, et un autre crédit de 24 millions de rentes pour l'acquittement des sommes dues aux puissances alliées.

Le premier crédit avait été négocié aux capitalistes Français au prix de 66 fr. 50 c. payables en sept termes, de mois en mois, avec escompte de 5 0/0 au cas d'anticipation de paiement.

plus folles avaient lieu sur les fonds publics ; les présenta-
tions à l'escompte augmentaient, les encaisses diminuaient ;
n'importe, la Banque se sentait disposée à sacrifier au crédit public : sa suprême influence valut au Gouvernement
un crédit assez puissant pour qu'il pût négocier à MM. Baring et Hope, trois emprunts successifs de 26 millions et
demi de rentes 5 0 0 à 52 fr. 50 c., 55 fr. 50 c. et 61 fr.
50 c.; mais elle ne put s'étendre au commerce, qui vit ses
facilités se restreindre d'autant que ses besoins augmentaient.

Après avoir décrété l'échéance de 60 jours, en présence
d'un encaisse de 34 millions, le Conseil général décida, à
l'unanimité, qu'il ne serait admis à l'escompte que des effets
d'une échéance de 45 jours.

Une crise violente accompagna cette décision.

Le 30 mai le Gouvernement avait aussi traité avec MM. Hope et Baring au
prix de 67 fr. payable en 12 mois.

La Banque, oubliant les lois de son organisation, fit alors ce qu'elle demande
aujourd'hui l'autorisation de pouvoir faire. Le 4 juin elle prit l'engagement de
fournir 30 millions à l'échéance de trois mois et à l'escompte de 4 0 0 sur des
certificats de l'emprunt de 16 millions de rentes. Le 20 août elle ouvrit un crédit de 40 millions aux souscripteurs de cet emprunt, et le 17 septembre elle les
admit à profiter d'une dernière avance de 30 millions.

Une partie des avances de la Banque fut portée par anticipation au Trésor
qui les reversa sur la place, en les employant en reports, pour retrouver les
500 mille francs dont les anticipations de paiement avaient mis à découvert les
services ordinaires.

D'un autre côté, un Hollandais nommé Beerenbrok, pour soutenir le jeu auquel il se livrait, avait imaginé de prendre, contre dépôt de rentes, les accepta-
tions de plusieurs maisons de Paris, et la Banque, sur le fondement que ces
effets étaient appuyés sur un dépôt de rentes, lui avait fourni jusqu'à 27 millions, ce qui était encore, de sa part, un accroissement de prêts et d'avances
sur dépôts de rentes ou de certificats de l'emprunt.

Le cours de la rente qui était à l'époque des lois des 6 et 15 mai 1818, de 67
à 68, éprouva une hausse considérable et s'éleva jusqu'à 80, par l'effet des
quantités d'argent jetées sur la place et les facultés ainsi accordées aux
joueurs.

Mais tout-à-coup on apprit, le 30 novembre, c'est-à-dire la veille de la liquidation de la Bourse et des échéances du commerce, que la Banque avait arrêté de ne plus escompter qu'à 45 jours.

La crise la plus violente fut le résultat de ces diverses mesures.

Admirables effets des Banques privilégiées, à la fois commerciales et gouvernementales !

Que l'on nous permette, sans en tirer aucune conclusion, d'établir ici une comparaison entre la situation et la conduite de la Banque de France en 1814 et en 1818.

SITUATION DE LA BANQUE DE FRANCE EN 1814

PASSIF EXIGIBLE	ACTIF DISPONIBLE
Billets en circulat. . 38.226.500^f	Réserve métallique . 14.354.000^f
Comptes courants. . 6.374.000	
44.600.500^f	

Besoins d'escomptes : nuls ou à peu près.

Un portefeuille de 31,331,000 francs d'effets de commerce à courte échéance.

La Banque limite à 500 mille francs le remboursement de ses billets.

SITUATION DE LA BANQUE DE FRANCE EN 1818

PASSIF EXIGIBLE	ACTIF DISPONIBLE
Billets en circulat . 108.000.000^f	Réserve métallique . 34.000.000^f
Comptes courants . 55.000.000	
163.000.000^f	

Besoins d'escompte sans cesse croissants.

La Banque limite à 45 jours l'échéance des effets admis à l'escompte.

En 1820, 1821 et 1822, les rapports de la Banque avec le Trésor acquirent un développement sensible ; M. le duc de Gaëte le constatait avec bonheur, et M. Odier démontrait aux actionnaires que non-seulement la Banque avait intérêt à se ménager de si utiles relations, mais encore que sa situation lui permettait de s'en occuper sans danger.

Aussi, le 17 février 1823, par un nouveau traité fait avec M. le Ministre des Finances, la Banque s'engageait à escompter encore 100 millions de bons royaux à 5 et à 4 0/0.

Nous ne voulons point, nous le répétons, reprocher à la Banque les services qu'elle a pu utilement rendre à l'État dans ses moments difficiles ; mais en étudiant les comptes-rendus de la Banque de France, nous avons été fort surpris de voir les rapports de la Banque avec le Trésor augmenter de beaucoup, alors précisément que la consolidation du crédit de l'État eut pu, au contraire, permettre à la Banque de consacrer toutes ses ressources à l'industrie et au commerce. La guerre d'Espagne ne nous a pas semblé réunir des causes suffisantes à une pareille augmentation (1), surtout en observant que sur les 120 millions de Bons royaux émis pour servir aux dépenses de la campagne, 40 millions avaient été négociés à M. de Rothschild à 6 1/3 0/0 une première fois, et 40 millions une deuxième fois à un taux un peu inférieur.

Et d'ailleurs, MM. de Rothschild venaient de négocier au Gouvernement un emprunt de 23,114,516 fr., de rentes 5 0/0.

Quelques lignes des mémoires de M. J. Ouvrard nous ont expliqué cette anomalie et prouvé que la Banque de France servait à cet époque, indirectement si l'on veut, plutôt les intérêts particuliers de M. de Rothschild, que les véritables intérêts du crédit public.

Voici ce que nous copions des mémoires de M. J. Ouvrard (2) :

(1) Les escomptes de Bons royaux s'élevèrent en 1823 et 1824 à 733,449,028 francs.
(2) Mémoires de G.-J. Ouvrard. — 2ᵉ volume, Paris, 1826.

« Rothschild ne paie pas son emprunt; il emploie son argent et celui de ses soumissionnaires en reports pour faire monter la rente. Dès le premier terme de paiement fixé par le cahier des charges, il s'est établi un compte entre le Trésor et lui. à l'intérêt de 4 0 0. Rothschild, au lieu de verser des écus. est simplement débité du montant des échéances de son emprunt. Aussi. en attendant la hausse qu'il opère sur la rente, il reçoit du Trésor plus de 6 0 0 d'intérêt pour son opération à 89 f. 55 c., tandis qu'il ne lui paie que 4 0 0. Le mérite de ce grand financier repose en entier sur cette complaisance du ministre, qui cependant, par la situation du Trésor, *est obligé d'emprunter à la Banque ou de négocier des Bons sur la place*. Ce n'est pas tout : à la fin du mois, Rothschild, sur de simples reçus, puise au Trésor des sommes considérables qu'il place sur reports à gros intérêt. tandis qu'il n'en paie aucun. Il choisit le jour le plus favorable pour défaire ses reports, rembourse le Trésor, et recommence chaque mois la même opération. »

Les lignes suivantes nous ont aussi expliqué comment la Banque qui, en moyenne, n'a retiré pendant la Restauration que 150,000 francs par an de l'intérêt de ses avances sur dépôts de lingots et matières d'or, vit ces produits s'élever à 663,742 f. en 1824, et à 602,767 fr. 05 c. en 1825 :

« Dans le but d'accréditer le projet de conversion accueilli par M. de Villèle avec un engouement qu'il avait fait partager. dit-on, à un personnage auguste, toutes les ressources de l'agiotage avaient été mises en jeu. On avait besoin d'une fièvre de hausse; tout fut combiné pour la produire. Des lingots d'or traversèrent à grands frais nos Départements pour semer la confiance sur leur passage et provoquer la crédulité publique à l'aide de ce talisman ambulant.

La rente, depuis l'adjudication des 23 millions, flottait entre 90 et 92 ; il fallait qu'elle dépassât le pair afin de rembourser avec le produit d'un emprunt 3 0/0 ceux qui n'auraient pas voulu convertir.

« Rothschild, de concert avec plusieurs maisons, offrit à M. de Villèle, moyennant une commission, de faire les fonds nécessaires au remboursement ; mais avant de songer sérieusement à rembourser, il fallait que la rente dépassât le pair, et Rothschild combina une opération à la hausse.

« Il imagina de faire venir d'Angleterre des matières d'or sur le dépôt desquelles la Banque de France fournirait des fonds pour racheter la rente. 70 millions employés à cette manœuvre, suffirent pour élever la rente, dans l'espace de quelques mois, de 92 à 106 ; le 3 0/0 ressortait ainsi à 79,50. Il y avait, comme on voit, la latitude convenable pour conclure un emprunt à 75, cours qui assurait le remboursement de 100 fr. pour chaque 5 fr. de rente.

« Rothschild de Londres fut chargé de cette opération. Les matières d'or étaient prêtées par la Banque d'Angleterre contre un dépôt de rentes 3 0/0 anglais. Cette transaction avec la Banque de Londres n'était qu'un leurre pour tromper momentanément les détenteurs de rente et les forcer à convertir. L'Angleterre s'est prêtée à cette négociation comme à l'opération la plus funeste à notre crédit public (1), crédit qu'elle n'a pas vu naître et s'élever sans calculer tous les genres de prospérité qu'il développerait avec le temps, et sous une administration qui saurait le préserver de toute atteinte.

« En effet, quand il faudra rendre l'or prêté à notre rente, cette restitution ne pourra se faire qu'en livrant les rentes

(1) La Banque d'Angleterre avait prêté son or à 2 0 0 d'intérêt.

4

vendues, en privant la Bourse des capitaux qui lui sont nécessaires pour se soutenir ; ce sera pour les frères Rothschild
une nouvelle source de profits » (1).

Cette fois, du moins, les avances sur dépôt de lingots
n'obtenaient pas les résultats que leur attribuait M. le Duc
de Gaëte à l'Assemblée générale du 23 janvier 1823. « La
facilité donnée par la Banque aux avances sur dépôts des
matières d'or et d'argent, a pour objet de favoriser l'introduction des matières de l'étranger en France et d'en fixer principalement le commerce à Paris. »

A partir de 1825 les rapports de la Banque avec le Trésor
diminuèrent sensiblement, au grand regret du Conseil général qui, *recherchant les moyens d'adoucir pour les actionnaires la transition du temps présent à un temps meilleur, trouva dans l'estimation et la répartition de la
plus-value des rentes, formant l'actif de la Banque, un dé-
dommagement à la privation des avantages extraordinaires que les services de l'État avaient procurés à la Banque,
dans les années antérieures* (2).

Une réflexion se présente d'elle-même. Le Conseil général avait-il le droit d'aliéner ainsi une partie du capital ou
de sa garantie, en répartissant la plus-value des rentes?

Les actionnaires, nous n'en doutons pas, reçurent avec
reconnaissance cette répartition de 5 millions que leur in-
ventait la bienveillante sollicitude du Conseil ; mais, si contrairement à ce qui était arrivé, les rentes avaient subi une

(1) Mémoires de G.-J. Ouvrard. — 225, 3ᵉ volume, Paris, 1827.
(2) M. le duc de Gaëte. — Assemblée générale du 29 janvier 1829.

dépréciation, auraient-ils aussi facilement ajouté 5 millions
à leur capital pour maintenir entière la valeur des rentes ?

Entre le prix que coûtent à la Banque les rentes qu'elle
possède actuellement et celui que, depuis longtemps, elles
obtiennent à la Bourse, il existe une différence assez sensible ; pourquoi le Conseil général n'a-t-il pas déjà invité les
actionnaires à la combler ?

Ce n'est pas d'aujourd'hui seulement que la Banque de
France, *ce dernier mot en matière de crédit*, a eu à essuyer les reproches du public.

A l'Assemblée générale du 29 janvier 1829, M. Moreau,
rapporteur des Censeurs, repoussait ainsi les accusations
du commerce de Paris :

« Entre autres reproches adressés à la Banque, on a dit
qu'elle exploitait son privilége dans l'intérêt des grandes
notabilités qu'elle a dans son sein, et qu'elle était avare de
secours pour le petit commerce. Cette allégation est hautement démentie par les faits ; le portefeuille examiné, vos
Censeurs ont pu se convaincre qu'il se composait d'environ
50 millions en grande partie escomptés au petit commerce. »

M. le Gouverneur se chargeait d'expliquer, dans la même
séance, comment cette déclaration de M. Moreau n'enlevait
rien à la légitimité des plaintes qu'avait formulées jusque-là
le commerce de Paris :

« La faiblesse du produit des escomptes, disait-il, doit
être attribuée à l'état de souffrance dans lequel le commerce s'est trouvé, en France comme dans tous les autres
pays de l'Europe, où ce qu'on appelle le *Petit commerce a
seul conservé l'activité que la population de chaque pays
comporte. Aussi ses effets composent-ils la presque totalité
du portefeuille de la Banque.* »

Etait-ce assez clair?

M. Moreau terminait ainsi :

« Le désir de rendre les résultats de l'année qui commence plus avantageux à ses actionnaires, avait engagé le Conseil général à proposer à son Excellence M. le Ministre des Finances un service extraordinaire qu'il n'a pas accepté ; cette négociation n'a pu se concilier, *malheureusement*, avec les besoins du Trésor. »

Ne dirait-on pas que le Conseil général de la Banque de France regrettait de n'avoir plus à nous faciliter le rachat de notre indépendance?

M. Odier, dans son rapport à l'Assemblée générale du 28 janvier 1830, confirmait la préférence que le Conseil général accordait aux affaires du Trésor et le peu de sympathie qu'il éprouvait pour le commerce et l'industrie :

« Le montant des escomptes a été de 434,203,234 francs et le produit de 2,585,553 f. 97 c. Ces produits restreints se doivent à l'état de souffrance d'un grand nombre d'industries. C'est moins dans la diminution du travail des fabriques que dans le peu de bénéfices qu'elles en retirent que peut être attribué, en partie, le malaise prolongé qu'elles éprouvent, et sans doute que, si bon nombre de fabricants avaient des capitaux plus considérables *ou jouissaient du crédit qui les remplace momentanément*, ils pourraient retirer de leurs produits une juste rétribution de leurs travaux en ne les vendant qu'aux époques de consommation, au lieu de subir la loi de l'acheteur en étant forcés de les réaliser au moment qu'ils sortent des ateliers, faute de moyens de pouvoir attendre.

« L'escompte des Bons Royaux n'a pas offert à la Banque les mêmes avantages qu'il y a quelques années ; l'idée de revenir à ces affaires engagea le Conseil général à proposer à Son Excellence M. le ministre des Finances de lui escompter, à raison de 3 0/0, les Bons à 3 mois qu'il remettrait à la Banque, au fur et à mesure de ses besoins, pour une somme de 50 millions, et à la charge de les renouveler pendant une année. La proposition fut acceptée par le Ministre, dans la limite de l'obligation par le Trésor, d'avoir constamment 30 millions de ces Bons à l'escompte à la Banque, et de pouvoir lui en donner jusqu'à 50 millions. Le traité en fut signé le 7 juillet dernier, et la Banque a escompté dans son second semestre au Trésor 96,388,331 francs, qui ont produit 537,553 fr. 48 c. (1).

« La Banque en avait, au 31 décembre dernier, pour 45,338,000 fr. en portefeuille. C'est en baissant à 3 0/0 le taux de l'intérêt pour les négociations avec le Trésor que la Banque s'est assurée une partie de ce service. Elle le devait, puisqu'il trouvait à le faire au même prix avec les particuliers (2) ; mais aussi il était juste de lui en réserver une bonne partie, puisque, dans les moments de rareté d'argent sur la place, le Trésor est sûr de trouver à la Banque des fonds disponibles applicables à ses besoins. »

Voilà donc la Banque de France ! M. Odier reconnaissait que la privation du crédit était, pour un grand nombre de producteurs, la cause principale du malaise prolongé dont ils souffraient, et, bien qu'embarrassée de ses réserves, la Banque de France était loin de se sentir disposée à leur venir en aide.

A la proposition qu'on lui faisait de réduire le taux de l'escompte, le Conseil général répondait au commerce par

(1) Le taux de l'escompte était, pour les effets de commerce, à 4 0/0.
(2) Quel aveu pour la Banque de France !

un renvoi. Il aimait mieux solliciter encore la continuation de ses relations avec le Trésor et les obtenir en lui accordant ce qu'elle refusait à l'industrie. Les particuliers, avec leur argent, faisaient mieux qu'elle avec son crédit, et la Banque elle-même osait en convenir?

Certainement le Conseil général ne s'appuiera pas en cette occasion sur les besoins de l'État. Ils n'étaient pas bien impérieux, puisqu'on ne parvenait à lui faire accepter les services de la Banque qu'au moyen d'une réduction du taux de l'escompte, juste et légitime réduction que l'on refusait au commerce, qui, lui, se traînait dans un malaise persistant.

Que conclure en présence d'une semblable conduite?

Résultat des opérations de la Banque de France pendant la Restauration (1815 à 1830, inclusivement).

Produits de ses relations commerciales et escomptes divers.		58.788.058^{f}39^c
Produits de ses relations directes avec le Gouvernement	24.921.928^{f}81^c	
Produits des avances aux porteurs des certificats d'emprunt	2.693.791 18	
Produits des avances sur dépôts de lingots et matières d'or, etc.	3.847.487 99	84.913.794 59
Produits des reconnaissances de liquidation et droits de garde sur dépôts volontaires . . .	196.121 54	
Dividendes répartis aux actions de la Banque rachetées. . .	13.971.525 »	
Produits de son capital converti en rentes	39.282.940 07	
		143.701.852^{f}98^c
Frais généraux et pertes.		14.855.467 71
Bénéfice net.		128.846.385^{f}27^c

Taux de l'escompte à la Banque de France pendant cette période, { de 1815 à 1819, 5 0 0 { de 1819 à 1830, 4 0 0

§ V

La Banque de France pendant la monarchie constitutionnelle

La révolution de Juillet 1830 rendit aux rapports de la Banque avec le Trésor cette importance perdue depuis 1825. La Banque de France retrouva ses anciens bénéfices et se jugea modestement *à la hauteur de sa mission en préservant le nouveau Gouvernement de sérieux embarras.*

En dehors de ses relations ordinaires qui ne lui avaient procuré que 2,155,143 fr. 65 c. de bénéfices, le Conseil général conclut avec M. le Ministre des Finances un nouveau traité non moins avantageux, celui de faire des avances sur monnaies d'or et d'argent venant d'Alger.

« Aucun motif, disait M. Odier, ne porte la Banque à réduire ses opérations avec le Trésor au-dessous de ce qu'elles ont été avec le Gouvernement précédent ; nous sommes persuadés qu'en les continuant *actives elle y trouvera toujours des profits.* Ce n'est pas sous un Gouvernement vraiment constitutionnel et à la tête duquel nous avons le bonheur de posséder un roi *honnête homme*, que nous mettrons en doute si l'État tiendra ses engagements. »

Toute entière à son aristocratique importance, la Banque

de France voulut bien pourtant rendre indirectement service au petit commerce en facilitant la création du Comptoir d'escompte, spécialement destiné à venir au secours du commerce et de l'industrie; elle escompta les bons du Trésor qui devaient former la première partie de son capital. La garantie de la ville de Paris et celle du Gouvernement d'un roi honnête homme lui parurent valoir la troisième signature dont manquaient les effets que le Comptoir lui présentait à l'Escompte, et elle accepta ce nouveau service que lui offrait la ville de Paris.

En 1831, le Conseil général de la Banque *ne pouvant suivre dans sa décroissance* le taux auquel s'escomptaient chez les particuliers les bons du Trésor, vit à regret ses opérations dans ces valeurs descendre de 150,064,869 fr. 15 c. au premier semestre à 96,033,375 fr. Une négociation particulière de ces bons à un an de terme, au taux de 5 0/0, diminua cependant de 500,000 fr. les regrets occasionnés par la retraite des transactions ordinaires, et la loi du 6 décembre autorisant la répartition de 9,974,398 fr. de la réserve, ajouta 145 fr. à l'humble dividende annuel de 81 fr.

Le rapport de M. Odier, Censeur, à l'Assemblée générale du 24 février 1833, établit une singulière différence entre la façon dont on envisageait les choses à la Banque en 1814 et en 1833.

« Les rapports de la Banque avec le Trésor ont été réglés cette année d'une manière différente des précédentes. Outre les Bons Royaux à diverses échéances, depuis 3 mois à un an, montant à 12,983,833 fr. ayant produit 483,833 fr. qu'elle lui a pris à l'escompte, la Banque, par suite d'un traité passé avec M. le Ministre des Finances, s'est engagée à faire au Trésor des avances en comptes-courants passibles d'intérêts à 4 0/0 de sa part, mais non réciproques. Ce compte-courant est garanti par une somme de Bons Royaux remis à la Banque, égalant les avances qu'elle est appelée à faire.

« Ce service, fort avantageux pour le Trésor, l'est autant pour la Banque, *qui doit rechercher tous les moyens d'augmenter ses rapports avec le Gouvernement*. La Banque a le droit de trouver, dans ses rapports avec le Trésor, une partie de ses bénéfices en retour des avantages qu'elle lui offre, et celui d'avoir, au jour même, une somme de cent millions disponible à 4 0/0 d'intérêt, n'est pas le moindre (1). »

En 1834, le faible dividende de 65 fr. faisait regretter à M. Paillot, Censeur, ces remarquables opérations de Finannances, ces emprunts dont le service procurait à la Banque des avantages extraordinaires. Loin de chercher une amélioration dans les relations commerciales, le Conseil général trouvait plus aisé de demander à Son Excellence M. le Ministre des Finances la fixation de la réserve à 200 fr. par action, et la faculté de faire des avances sur dépôts de tous effets publics français.

N'est-ce pas là une preuve incontestable du peu d'attention que la Banque accordait aux besoins du commerce des Départements et du peu d'intérêt qu'elle attachait encore au rétablissement des Comptoirs ?

Avec M. le Comte d'Argout commença ce que l'on peut appeler, en quelque sorte, l'ère commerciale de la Banque de France.

(1) Assurément, il était de toute justice que la Banque de France retirât d'un capital appartenant au public et avancé à l'État, une partie de ses bénéfices. Il est doux d'avoir à se juger soi-même.

Le Conseil général avait successivement obtenu la suppression des Comptoirs et la réduction du capital, arbitrairement consommée déjà, du reste, bien avant le décret qui l'autorisait (1). La loi du 17 mai 1834 réforma l'article 16 de ses statuts (2), limita la réserve à dix millions représentés par une inscription de rentes 5 0/0 (500,000) et à la valeur de l'Hôtel de la Banque, et, de plus, autorisa le Conseil général à couvrir par une application d'arrérages de Rentes la différence de 1,175,528 fr. 74 c. que la Banque avait payés de prime au rachat de ses propres actions.

Privée des immenses profits que lui avaient procuré ses relations avec le Gouvernement, et convaincue que la confiance acquise à la monarchie constitutionnelle renvoyait à bien loin l'époque de son utilité d'Etat, la Banque de

(1) Voici en quels termes M. Bussières (de la Marne) rapportait à la Chambre des députés, le 13 avril 1837, ce rachat des actions de la Banque.

La mesure du rachat était un fait clandestin, connu du Conseil général de la Banque seul. Il profitait au porteur d'actions non annulées dont il augmentait la valeur aux dépens de ceux qui vendaient, dans l'ignorance des projets arrêtés. De plus, il portait atteinte au crédit public en diminuant le gage monétaire de son crédit : enfin il violait la loi de 1806.

2. L'article 16 des statuts autorisait la Banque à faire des avances sur dépôts d'effets publics, à échéance déterminée.

La loi du 17 mai 1834 étendit cette faculté aux effets publics à échéance indéterminée.

Nous ne pensons pas qu'on nous puisse contredire si nous avançons que la Banque n'avait pas attendu cette loi pour modifier elle-même ses statuts, au moins dans leur application. Dès 1833 elle retirait de ses avances sur actions des canaux la somme de 212,492 fr. 67 c. et certes, des actions en partie remboursables par un tirage au sort, et, en partie *Actions de jouissance* seulement, ne peuvent pas, quelque condescendant que l'on veuille se montrer, s'accepter comme des effets à échéance déterminée.

D'un autre côté, nous avons longuement cherché, mais en vain, l'explication de certaines dénominations données par la Banque de France à quelques-uns de ses produits. Nous ne saurions donc nous permettre aucune appréciation à cet égard, mais il serait bon que la Banque nous dise quelles étaient, par exemple, ces opérations non qualifiées en 1832 et produisant cependant sous le titre banal de *Intérêts divers*, une somme de 995,005 f. 59 c. Un produit pareil méritait bien, ce nous semble, une mention spéciale, surtout si l'on observe que le Conseil général, dans ses comptes-rendus, poussait l'exactitude jusqu'à désigner de son nom véritable un simple produit de 0 f. 14 c.

France comprit qu'elle devait chercher ailleurs ses dividendes. La France industrielle sortait enfin de cet engour-
dissement où l'avaient plongée la gloire de l'Empire et les
erreurs de la Restauration. La paix et la prospérité hâ-
taient un développement dont tout faisait une nécessité. La
Banque de France n'osa pas rester étrangère à un progrès
qui s'annonçait sous d'aussi heureux auspices, et proclama
hautement que dans l'escompte des effets de commerce était
la source principale de ses bénéfices.

M. Moreau, Censeur, sembla lui-même annoncer aux actionnaires que le premier acte était terminé, en mettant
sous leurs yeux la récapitulation des dividendes qui leur
avaient été distribués depuis la création de la Banque de
France.

Ils formaient, pour ces trente-deux années, un total de
cent quatre-vingt-treize millions sept cent-cinquante-six
mille francs, soit deux mille huit cent soixante et dix-neuf
francs par action de mille francs (1).

De bonne foi, intéressants actionnaires, il faut convenir
que quelque fatale qu'eût été la loi de 1806, à la fin de ce
premier acte, les rieurs étaient de votre côté.

A la fin du premier Empire, le Conseil général de la
Banque peu soucieux de maintenir encore l'organisation
primitive, et un peu découragé par les difficultés que semblait lui présenter le développement des Comptoirs, soumit
à la sanction des Pairs un projet où il est dit :

« Article XVIII. — La Banque est tenue de supprimer

(1) Les actions de la Banque valaient alors 1,800 fr. à peu près, soit 800 fr.
de plus que l'émission.

les Comptoirs d'escompte dans le délai de deux ans; il lui est interdit d'en former de nouveaux. »

La Chambre des Pairs ne sanctionna qu'une partie de ce projet présenté, et la Banque de France conservant son titre pompeux, se fit uniquement la Banque de Paris ou plutôt la Banque de la Restauration.

Une censure aussi nettement formulée arrêta pour quelques années toute tentative de crédit commercial dans les départements. Le grand mouvement de confiance qui, en 1817, accompagna l'émission des rentes nouvelles, dissipa les vieilles impressions; le Progrès commercial suivait l'établissement du crédit public et les provinces abandonnées, voulurent se créer des institutions en rapport avec leurs besoins. La Banque de Paris, convaincue que sans elle et hors d'elle le succès était impossible, ne mit d'abord aucun empêchement à la création des Banques locales. Celles de Bordeaux, Nantes et Rouen s'établirent, et, malgré les difficultés inhérentes à leur nature, malgré les lenteurs de leurs débuts, elles prospérèrent et devinrent d'une grande utilité.

Les préoccupations politiques retardèrent de quelques années encore la création d'institutions nouvelles et le plus grand développement de celles existantes déjà. Enfin, le Gouvernement constitutionnel ramena le calme et la confiance dans tous les esprits. Quatre nouvelles Banques furent créées à Lyon, à Marseille, au Havre et à Lille : les temps étaient prospères, leurs progrès furent rapides ; elles comptaient à peine une année d'existence et déjà leur circulation atteignait une moyenne de 14 millions représentant la moyenne de leur portefeuille. Orléans, Amiens, Toulouse et Dijon présentèrent leur statuts à l'approbation

du Conseil d'État ; mais déjà l'ambition de la Banque de
Paris s'était réveillée.

Les demandes qui de toutes parts arrivaient au Conseil
d'État, menaçaient de détruire en entier cette partie de son
privilége qu'on lui avait si malheureusement conservée ; les
Banques locales s'établissaient plus aisément que les Comptoirs. Il fallait ou renoncer à jamais à redevenir la Banque
de France, ou se hâter de cerner un mal qu'il n'était plus
possible de prévenir. On n'hésita pas : les projets présentés
furent retenus au Conseil d'État.

« Voici, dit M. d'Esterno, ce qui fut inventé : Parmi les
dispositions insérées dans les statuts des premières Banques,
il s'en trouvait deux qui rendaient ces statuts inapplica-
bles à toutes les villes de France, sauf huit ou dix au plus ;
c'est à maintenir ces dispositions que s'appliqua la Banque
de France. Elle voulut établir en principe que toute Banque
doit être enfermée dans l'enceinte des murailles d'une ville
et n'avoir, au dehors, ni villes unies à elle dans un même
système de Banque, ni communication avec d'autres Banques autorisées. Ce système, désastreux pour les provinces,
réduisait le nombre des Banques possibles à un petit nombre
de Banques existantes, mais il offrait l'immense avantage
de conserver à la Banque de Paris la France entière, libre
et vacante pour le moment où il lui plairait de s'en occuper. »

En même temps que ces mesures retardaient l'établissement des Banques locales, la Banque de France fondait les
Comptoirs de Rheims et de Saint-Étienne.

Voici comment M. d'Argout rendait compte de cette résurrection à l'Assemblée générale du 26 janvier 1837 :

« Cette même année a été marquée par la création de
deux Comptoirs. Ceux que la Banque avait établis, il y a

environ vingt ans, à Lyon, à Rouen et à Lille, n'avaient eu aucun succès ; on les avait supprimés. A cette époque il existait dans les départements de grandes préventions contre le papier de crédit : Aujourd'hui des Banques particulières sont parvenues à s'acclimater à Rouen, à Nantes et à Bordeaux : encouragées par ces exemples, des compagnies de capitalistes se sont formées pour établir également des Banques à Lyon, à Marseille et à Lille. *La Banque de France a jugé que le moment était venu de renouveler ses essais ; elle s'est décidée à fonder des succursales.* »

On ne saurait, en présence de ces quelques lignes, douter un instant de la lenteur qui eut été apportée au rétablissement des Comptoirs, si la Banque de France avait eu à le provoquer.

Pour légitimer en quelque sorte ce droit dont elle s'emparait une seconde fois, la Banque de France suivit, pendant l'année 1836, un système qui, jusque-là, n'avait jamais été le sien. C'était une belle page à écrire dans son histoire ; M. d'Argout, Gouverneur, se chargea de ce soin :

« Quelques exportations de numéraire, dont on a exagéré l'importance, excitaient un certain ombrage lorsqu'une crise assez grave est survenue aux États-Unis. La pénurie du numéraire y avait fait monter l'intérêt de l'argent à un taux exorbitant. C'est à Londres que se fit d'abord ressentir le contre-coup de cette crise. La Banque d'Angleterre, malgré la puissance de ses moyens d'action et son habileté bien connue, se vit obligée d'élever le taux de son escompte de 4 à 4 1/2 et à 5 0/0. La Banque d'Amsterdam imita cet exemple. La France ne pouvait se soustraire entièrement à l'influence des événements, car le commerce du monde entier est plus ou moins solidaire. Bien que cette réaction

commerciale ne nous soit arrivée que de seconde main, et
par conséquent très-affaiblie, elle devait infailliblement développer les germes d'embarras que j'ai tout à l'heure si-
gnalés.

« Aussi, dans plusieurs villes du royaume, l'intérêt de
l'argent s'éleva-t-il à 5 1/2, un instant même à 6 0/0. L'argent devint rare et des demandes d'espèces furent adressées
à Paris de divers points de la France et de quelques pays
voisins. La réserve de la Banque pouvait seule en fournir.
Si la Banque eut montré la moindre hésitation, les craintes
seraient devenues générales ; les fonds publics, qui déjà
avaient fléchi, auraient peut-être subi une dépréciation beaucoup plus forte ; cette gêne momentanée aurait pu se convertir en une crise réelle. La Banque, dans cette situation,
n'a restreint ni les termes des échéances, ni les crédits accordés à l'escompte.

« Elle a livré à la circulation 103 millions d'espèces et
escompté 450 millions en six mois. Elle a maintenu à 4 0/0
le taux de son intérêt, lorsque cette limite se trouvait dépas-
sée dans toute l'Europe. C'est ainsi qu'elle est parvenue à
arrêter ou à amortir un mouvement qui semblait prendre
un aspect sérieux. »

La Crise américaine reparut en 1837 plus intense encore
que l'année précédente. La Banque de France trouva dans
les réserves appartenant au Trésor, en partie la conservation
de son encaisse, et maintint son taux de 4 0/0.

Cependant les Comptoirs ne réalisaient pas toutes les espérances que le succès des Banques locales avait pu faire
concevoir à l'établissement central. Leur circulation flottait
entre 4 et 600 mille francs et leurs portefeuilles réunis présentaient une moyenne de 3 millions. C'était plus qu'il n'en

fallait pour les condamner une deuxième fois : mais la crainte des Banques locales arrêta les décisions tranchantes de la Banque de France. — « Faut-il renoncer à l'espoir et se laisser aller au découragement ? disait M. le comte d'Argout, — non, sans doute ; on ne vient à bout des obstacles qu'avec le temps. »

La concurrence était bonne à quelque chose.

Les résultats de l'année 1838 encouragèrent la Banque à poursuivre énergiquement la réforme commencée. Les produits de ses relations avec le Trésor s'étaient arrêtés au chiffre insignifiant de 8,249 f. 70 c. ; ses avances sur lingots et monnaies, comparées à celles de 1837, avaient diminué de la moitié.

Les avances sur actions diverses et sur rentes qui, en 1837, avaient augmenté de 1,155,916 f. 04 c. ses bénéfices, n'avaient produit, en 1838, que 624,561 fr.

Les Comptoirs, au contraire, constataient un progrès sensible ; leur circulation, il est vrai, ne faisait pas merveilles, mais leurs produits augmentaient : de 56,792 f. 50 c. en 1837, ils s'étaient élevés, pour l'année 1848, à 252,159 f. 78 c.

De leur côté, les Banques Départementales témoignaient par le chiffre de leurs opérations et l'importance de leur circulation, de leur utilité et de la confiance que leur accordait le commerce des villes où elles étaient établies. 354,753,900 francs d'escomptes et une circulation moyenne de 37 à 40 millions, contribuaient puissamment à faire regretter au Conseil de la Banque de France l'ignorance et la précipitation avec laquelle on avait, en 1844, mis au tombeau des malades qui n'avait encore perdu aucun de leurs droits à la vie.

La Banque de France eut bien voulu faire tourner à

son profit les progrès que les Banques Départementales avaient déjà réalisés ; mais leur organisation, privilégiée aussi, l'empêchait de s'établir à côté d'elles, et, quelque grande que fût déjà son ambition, elle n'osait encore la proclamer tout haut.

Ne pouvant absorber en entier ces institutions indépendantes, elle essaya de substituer à leur circulation fiduciaire celle de ses propres billets.

Les Banques Départementales devaient, du moins à ce qu'en pensait le *Journal des Débats*, retirer de ce ralliement à la Banque de France les avantages les plus brillants. Plus de soucis pour le remboursement de leurs billets ; la Banque de France seule émettrait et serait tenue de rembourser. Ainsi se reconstituerait cette centralisation financière si nécessaire au bonheur et à la gloire de la France ; ainsi disparaîtrait *cette indépendance qui était le morcellement du territoire, la destruction de la belle unité française.*

La Banque de France commença en 1837 cette nouvelle centralisation ; mais le chiffre insignifiant de ses relations avec les Banques qui voulurent bien les accepter, put bientôt la convaincre de l'inutilité de ses efforts. Le Havre, Lille, Lyon, Marseille, Orléans et Toulouse, reçurent des avances, qui, commençant à 1 million, se maintinrent presque toujours entre 3 et 5 millions, et atteignirent une fois, en 1846, le chiffre de 12,700,000 francs.

En même temps, le Conseil Général s'empressant de mettre à profit les lenteurs que le Conseil d'État et la bureaucratie ministérielle infligeaient à la vérification des statuts des Banques à établir, instituait successivement les Comptoirs de Saint-Quentin, Montpellier, Angoulême et Grenoble, et obtenait les ordonnances du 21 août 1841, autori-

sant la création des succursales de Caen, Clermont-Fer-
rand, Besançon et Châteauroux.

Une autre considération non moins importante influait
alors sur la conduite de la Banque de France : le Conseil
Général pensait au renouvellement de son privilége et cher-
chait à faire oublier le projet de loi soumis à la sanction des
Pairs au commencement de la Restauration.

Pour mieux appuyer la demande déjà faite, M. Odier
établissait enfin, à l'Assemblée générale de 1838, que la
Banque de France ne se considérait plus seulement comme
la Banque de Paris, et que son utilité et ses avantages devaient se porter aussi sur les départements.

Il était temps !....

Les années 1839 et 1840 furent, sous tous les rapports,
favorables à la Banque de France ; des dividendes non encore atteints furent distribués à ses actionnaires, et la Chambre des députés renouvela son privilége sans apporter aucune
modification à ses statuts. C'était là, selon M. d'Argout, *rendre une éclatante justice à son utilité, à sa prudence et à la stricte moralité de ses actes.* La commission
avait bien remarqué qu'une partie considérable du capital
et de la réserve de la Banque étaient en rentes sur l'Etat,
et par conséquent ne pouvait être réalisée qu'au moyen
d'une vente que rendraient peut-être onéreuse les circonstances mêmes qui forceraient la Banque à recevoir inopiné-
ment ses billets ; mais elle ne voulut pas céder à des craintes
exagérées. — « Ce discrédit des effets publics ne pourrait
se déclarer tout d'un coup ; la Banque pourrait le prévoir
et prendre ses précautions. Ce serait une prudence trop sévère que de l'obliger à garder dans ses caisses un trésor en
espèces de 77 millions, dont elle ne retirerait aucun intérêt

et qui seraient enlevés à la circulation. — Son capital nous
a paru suffisant (1). »

« Les Banques départementales que des statuts établis en
dehors de toute connaissance pratique gênaient dans leur
développement, demandaient bien quelques modifica -
tions (2) ; mais, quoique disposée à s'expliquer favorablement à leur égard, la commission ne crut pas devoir ré-
soudre la question, parce que les époques où s'achevait
l'autorisation donnée à ces Banques n'était pas encore
arrivée (3). »

D'ailleurs, la moindre hésitation pouvait-elle s'élever à
côté de la Banque de France? MM. de Laborde, Garnier-
Pagès, etc., auraient bien désiré quelques changements qui
leur semblaient utiles, indispensables même, autant aux
progrès de l'industrie qu'à la prospérité de la Banque elle-
même; mais l'éloquence de M. Thiers triompha de leurs
justes observations. Rien n'était plus vieux que la science
des Banques. — Issue des vrais principes de la matière, la
Banque de France, prudente, fidèle, docile et morale, avait
laissé bien loin derrière elle toutes ses rivales et n'avait
plus qu'à s'offrir en exemple; l'industrie n'avait plus aucun
progrès à lui demander; l'Etat ne pouvait que lui voter de
sincères louanges.

Les Comptoirs ajoutèrent à la satisfaction et aux bénéfices

(1) Séance du 27 avril 1840. — Rapport de M. Dufaure.
(2) Les Banques de Marseille, Lille, Le Havre, Rouen, Nantes, Toulouse,
Orléans et Dijon demandent (rapport de M. Dufaure) : 1° que chaque Banque
puisse escompter du papier payable dans chaque ville où se trouve une
Banque autorisée ; 2° que les Banques puissent payer réciproquement leurs
Billets à ordre et escompter leurs Billets au porteur avec obligation d'équili-
brer leurs comptes-courants au moins une fois par mois ; 4° la faculté d'escompter des effets à deux signatures garanties par un dépôt d'actions de la
Banque qui admettait ces effets ; 6° la faculté d'émettre des coupures de 100 f.
(3) Chambre des députés. séance du 27 avril 1840. — Rapport de
M. Dufaure.

des actionnaires 1,743,957 fr. 59 c., et le Conseil général
continua à ne voir dans leur établissement qu'un sacrifice
fait au commerce, ou tout au moins une extension uniquement accepté dans le seul intérêt de l'industrie départementale. Malheureusement, par une de ces contradictions
qui ne s'expliquent que par le désir de trop prouver, M. Moreau, Censeur, détruisait en partie les espérances que pouvait faire concevoir M. d'Argout : « La Banque n'oubliera
pas qu'elle doit satisfaction au commerce ; mais elle garde
le souvenir des fâcheux et ruineux résultats des trois succursales créées par suite du décret de 1808 à Lille, Lyon et
Rouen (2). »

L'ordonnance royale du 25 mars 1841 détermina la nouvelle organisation *de ces enfants détachés de la Banque-mère*,
et le Conseil général cédant à un mouvement d'enthousiasme, établit successivement les Comptoirs de Caen, Clermont-
Ferrand et Besançon, et prépara celui de Châteauroux.

Ce grand enfantement accompli, la Banque-mère ajourna
les différentes réclamations présentées par plusieurs Chambres de commerce, et déclara qu'elle voulait, avant tout,
retirer les bénéfices de son œuvre, expérimenter l'action
que les dix Comptoirs déjà créés pouvaient exercer sur l'établissement central.

Plus occupée de se substituer aux Banques départementales que désireuse d'étendre les bienfaits du crédit aux
villes qui ne lui avaient pas encore fait craindre qu'une association locale ne la précédât, elle respecta religieusement
cette période d'observation.

Enfin, après trois années d'épreuves et 3,747,090 fr.
58 c. de bénéfices réalisés par les Comptoirs, elle osa se

(2) Assemblée générale du 27 janvier 1841. — Rapport de M. Moreau.

permettre la succursale de Mulhouse, en attendant qu'un nouvel examen et un nouveau bénéfice de 4,180,843 fr. 78 c., réalisé en 1845 et 1846, vinssent l'engager à établir les succursales du Mans et de Strasbourg, où, du reste, les capitaux particuliers menaçaient de la prévenir.

Faut-il reprocher à la Banque seule cette lenteur qu'elle apporta à l'accomplissement des devoirs que lui imposait le décret de 1808 ? Constituée telle qu'elle l'était, on comprend qu'elle ne pouvait, sans s'exposer à de graves dangers, hâter un développement dont le caractère essentiel était l'affaiblissement de la puissance centrale.

L'ordonnance du 25 mars, réglant la réorganisation des Comptoirs, avait laissé à la Banque toute liberté, celle même d'enlever au public la garantie qu'elle lui devait avant tout, une augmentation de son capital proportionnée avec l'augmentation possible de ses opérations. Disposée à ne considérer ses succursales que comme de simples maisons d'escompte ayant mission de recueillir dans les provinces le papier payable à Paris et de le lui adresser, la Banque centrale se garda bien de demander cette augmentation de son capital ; la Chambre des Députés eut le tort de ne pas la lui imposer. Aussi la garantie du public diminuait d'autant que les affaires de la Banque augmentaient.

En établissant les Comptoirs, elle leur constituait à chacun un capital de 2 millions ; mais elle le constituait en enlevant à son capital propre 2 millions à chaque nouvelle création.

En 1836, son capital était à ses opérations-escomptes dans la proportion facilitante (qu'on nous passe l'expression malgré l'immobilisation du capital,) de 8,80 0/0 et à sa circulation moyenne dans la proportion de garantie de 33 0/0 à peu près.

En 1842, son capital n'était plus à ses escomptes que dans la proportion de 5,80 0/0, à sa circulation moyenne de 22 0/0, et à ses opérations générales de 5,40 0/0 à peu près.

Telles étaient les observations que faisait naître une première étude de la situation économique de la Banque ; mais une attention plus soutenue la montrait bien autrement.

Les 20 millions constitués à ses Comptoirs lui servaient à garantir une circulation insignifiante et lui facilitaient 230 millions d'escomptes dans les provinces ; mais que restait-il à la garantie particulière des opérations de Paris ? Presque rien ; à ses opérations générales , 4,40 0/0, et à sa circulation, 18 0/0.

La Banque de Bordeaux que l'on a cité entre toutes comme ayant fait bon marché de ses statuts et accusé d'avoir exagéré sa circulation au-delà de la proportion qu'autorisait son capital, avait , à la même époque , entre son capital et sa circulation, une proportion de garantie de 20 0/0, et les Banques départementales en général, avaient entre leur capital et leur circulation moyenne, une proportion de 34 à 35 0/0.

Cela n'empêchait pas les amis de la Banque de France, les partisans du système étroit, de manifester de sérieuses inquiétudes sur cette situation dont, sans doute, ils avaient négligé de se rendre un compte bien exact, et d'en faire une cause de danger public.

Le temps rendait justice à M. d'Argout. Le succès lui permettait de rappeler à l'Assemblée générale du 26 janvier 1843, le progrès qu'avait réalisé la constante persévérance de la Banque.

« La Banque, disait-il, prospère, mais avec lenteur ; les Comptoirs, jeunes encore, marchent d'un pas plus rapide ; leurs opérations offrent, d'année en année, de croissantes variations. Les résultats des années 1841 et 1842 en fournissent la preuve. Les opérations de la Banque ont augmenté de un peu moins de 2 0/0, tandis que les opérations des Comptoirs se sont accrues de 20 0/0. »

Assurément les Comptoirs prospéraient, mais leurs progrès étaient dans les bénéfices dont M. d'Argout ne voulait point parler, plutôt que dans les opérations dont il parlait. De quelqu'enthousiasme qu'il fût animé, M. le Gouverneur ne pouvait ignorer que le développement des Comptoirs n'était pas aussi important qu'il l'annonçait.

Contrairement à M. Laffitte, qui, voulant quand même détruire les Comptoirs, ne leur trouvait que des résultats funestes, une utilité médiocre, M. d'Argout qui lui voulait, dans le seul intérêt du commerce, bien entendu, les multiplier et même les aider à se substituer à toutes les institutions de crédit, leur trouvait des progrès qu'ils ne réalisaient pas.

La différence dans le total des opérations des Comptoirs en 1841 et 1842, était bien de 43,608,000 francs, soit 20 0 0 à peu près ; mais M. le Gouverneur oubliait que, en 1841, six Comptoirs seulement concouraient à la formation des 186,385,000 francs, au lieu que, en 1842, la somme totale de 229,993,000 francs représentait les opérations de dix Comptoirs réunis, et nous ne sachons pas que l'on puisse arriver à une conséquence vraie en comparant les résultats de deux causes modifiées.

Ce développement si brillant et si rapide n'était guère que dans la multiplication des succursales et se réduisait en réalité à 4,60 0/0. Pour s'en convaincre, il suffit de jeter un coup-d'œil sur le tableau suivant :

OPÉRATIONS DES COMPTOIRS

Années 1841 et 1842 comparées.

Comptoirs.	Total des opérations en 1841.	Total des opérations en 1842.
Angoulême	13.088.000f	10.667.461f
Grenoble	4.653.000	7.262.592
Montpellier	46.176.000	66.498.446
Reims.	26.705.000	24.674.072
Saint-Étienne . . .	67.737.000	56.857.680
Saint-Quentin . . .	28.115.000	29.004.267
Total.	186.474.000f	194.964.518f

Différence en plus pour 1842 : 8.490.518f.

Si, à ce rapprochement fait par M. le comte d'Argout on ajoute les résultats comparés des Comptoirs en 1837 et 1842, on verra que le progrès accompli pendant les six années n'était que de 21,90 0/0, soit annuellement 3,65 0/0.

En 1837, Reims et Saint-Étienne avaient escompté .   25,147,000f
En 1842, Reims et Saint-Étienne escomptaient. . .   80,088,017

Bien moindre encore était le développement de la circulation : Représentée en 1837 par 1,046,000 francs, elle atteignait, en 1842, sous les efforts réunis des dix Comptoirs, une moyenne de 5,513,000 francs.

La Banque de France excusait cette impuissance de ses Comptoirs, tantôt en invoquant le fâcheux souvenir du papier-monnaie, non encore banni des départements, tantôt en annonçant que les billets de la Banque centrale se substituaient, dans les Provinces, à l'émission des Comptoirs. Les actionnaires pouvaient bien accepter ces raisons, s'en contenter même ; mais on a, ce nous semble, le droit de les trouver un peu superficielles.

Les Banques départementales avaient dans le rayon des villes où elles étaient établies, une circulation moyenne de 66 millions, et certes nous ne pensons pas que le souvenir du passé fût mieux conservé à Reims ou à Montpellier, par exemple, qu'il ne l'était à Nantes ou à Lyon. D'un autre côté on s'expliquerait assez difficilement qu'à Montpellier la circulation fiduciaire fût d'autant plus favorablement accueillie que sa convertibilité en espèces était plus incertaine. C'eut été là, du reste, un inconvénient dont les Banques départementales n'auraient pu se défendre; rien n'obligeait les Comptoirs à rembourser les billets émis par la Banque de Paris.

Cette continuelle résistance qu'opposait le public à la circulation des Comptoirs, naissait plutôt de son peu de confiance que de son ignorance en matière fiduciaire, et s'explique aisément sans évoquer le souvenir des assignats : l'organisation donnée par la Banque de France à ses Comptoirs n'était pas de nature à la détruire.

La garantie que la Banque Centrale assurait à toutes ses opérations en général, les réserves métalliques des Comptoirs en particulier, pouvaient bien, à la rigueur, tranquilliser les porteurs de billets; mais le commerce des départements n'ignorait pas que, constituées sans capital propre, les réserves des Comptoirs dépendaient entièrement de la situation monétaire de la Banque de France, et ne se composaient que de l'excédant de ses ressources. Les Provinces se souciaient fort peu de grossir les encaisses de la Banque de Paris, et elles avaient raison. Nul avantage ne pouvait résulter pour elles de cette concentration d'intérêts, si éloignée de leur surveillance, et si propre à leur créer au moins l'incertitude.

« Si une expérience de vingt années n'avait pas prouvé d'une manière décisive les avantages de la fixité du taux de l'escompte par la Banque, on aurait pu croire à la convenance de l'établir au-dessous de 4 0/0 ; mais, outre que ce cours n'est pas trop élevé, la certitude pour le commerce de trouver constamment de l'argent, sur de bonnes valeurs, à un taux égal et modéré, est un point si important pour la sûreté des opérations et le maintien du crédit, qu'il doit faire passer sur la possibilité d'avoir momentanément l'escompte au-dessous de 4 0/0. »

C'était en ces termes que M. Odier, Censeur, repoussait à l'Assemblée générale de 1842, les demandes tendant à abaisser le taux de l'escompte à la Banque. Tant qu'il fût question de réduction, le Conseil général demeura fidèle à ce principe ; mais le jour où le besoin se fit plus vivement sentir, le jour où il put voir dans la dérogation une augmentation de bénéfices, le Conseil général consentit à se demander si le maintien d'un taux uniforme n'était pas une prétention impossible. Six années consécutives plaidèrent, mais en vain, en faveur de la réduction ; quelques mois suffirent pour faire accepter la hausse.

Assurément, les circonstances en 1847 étaient impérieuses, mais autant de causes se réunissaient, en 1842, 1843, etc., pour conseiller la diminution, qu'il y avait de motifs, en 1847, pour ordonner l'augmentation. Le principe seul (selon la Banque) avait maintenu le taux de 4 0/0 jusqu'en 1846 ; il devait, sous peine d'inconséquence, le maintenir surtout en 1847 ; et si la Banque de France eut fidèlement observé ses statuts, un peu moins songé à l'intérêt de ses actionnaires et un peu plus à celui du public, nul doute qu'elle n'eut pu, sans recourir à une augmentation du taux de l'escompte, échapper aux dangers qui la menacèrent en 1847.

Du 1ᵉʳ juillet 1846 au 1ᵉʳ janvier 1847, la réserve métallique de la Banque éprouva une réduction de 172,847,000 francs. — « Parmi les causes probables de ce mouvement anormal, disait M. d'Argout, la plus active de toutes est, sans contredit, la pénurie des subsistances. Pendant quatre mois nous avons vu des millions sortir chaque jour de nos caves et se diriger vers la Russie, l'Allemagne, la Hollande, la Belgique, la Suisse et même l'Espagne (1). »

Il est à remarquer que M. d'Argout, attribuant la diminution de la réserve en grande partie à la pénurie des subsisances, ne disait rien des motifs qui avaient amené nos capitaux en Russie, en Allemagne, en Hollande, etc...

On pouvait bien, avec un peu de bonne volonté, penser que les achats de grains avaient motivé cette exportation de numéraire, mais si ces 178 millions enlevés aux caisses de la Banque avaient servi à l'alimentation de nos marchés, pourquoi M. le Gouverneur négligeait-il de constater, même au prix d'une répétition, ce nouveau titre qu'acquérait la Banque de France à la reconnaissance et à l'estime publiques? Pouvait-elle faire un plus noble usage de sa puissance?

D'un autre côté, les importations de grains ne coïncidaient pas précisément avec la diminution des encaisses de la Banque. Dans le premier semestre de 1846, deux millions cinq cent mille hectolitres de grains s'importaient et les réserves de la Banque haussaient de 208 à 252 millions.

Au contraire, pendant le deuxième semestre les importations diminuaient sensiblement, et l'encaisse de la Banque tombait à 79 millions!

M. d'Argout avait raison; le mouvement de la réserve

____

(1) Assemblée générale du 28 janvier 1847.

métallique à la Banque de France était anormal, mais il
eut bien fait de l'expliquer ; pour n'être pas dans les règles,
il ne manquait cependant pas de causes ; il ne fallait que
les avouer. Le soin en était réservé à M. Victor Grandin.
Voici comment il s'en acquittait, le 16 avril 1847, à la
Chambre des députés :

« Pendant que le ministère retirait brusquement son argent, que faisait la Banque ? Elle laissait sortir de ses caves,
et dans un seul mois, 110 millions de numéraire ; et, qu'on
ne croie pas que ces 110 millions ont été fournis au commerce et destinés à l'achat des grains ; nullement. Ce sont les
Banquiers cosmopolites qui les ont retirés, non pas pour
acheter des grains, comme on l'a dit ; il n'est pas sorti six
millions en novembre pour les grains ; ce sont les Banquiers
cosmopolites (et si la Banque consent à montrer ses livres
on verra que ce que j'avance est exact,) qui les ont employés à
soumissionner des emprunts à l'étranger ; de sorte que notre
argent, en définitive, a servi à alimenter les pays étrangers. »

Il est à regretter que ce grand dévouement du Conseil général pour l'intérêt public, cette stricte moralité de la Banque de France dans tous ses actes, ne valut aux actionnaires, de bénéfices distribués par la Banque, que 15,90 0/0
du capital. Le dividende, en 1846, fut de 159 fr. par action.
Jusqu'alors le plus élevé avait été, en 1839, de 144 francs.

Une amélioration nouvelle témoigna, en 1846, du grand
désir qu'avait la Banque de France de voir sa bienheureuse
influence s'étendre à tous. Jusque-là, elle n'ajoutait aux
opérations qualifiées et désignées dans ses statuts que les
créances diverses ou les *produits divers*. Les résultats de
l'année 1846 mentionnent l'inauguration d'une *créance
spéciale* ayant produit 67,744 fr. 75 c.

« Le 16 mars 1847, le Gouvernement russe offrait à la
Banque de lui acheter des rentes jusqu'à concurrence d'un
capital de cinquante millions, payables à Saint-Pétersbourg
à diverses échéances. Au 16 mars, les encaisses s'étaient
déjà relevés de 80 à 110 millions. Un mouvement de reflux
d'espèces se manifestait des Départements sur Paris ; cette
vente à la Russie n'offrait à la Banque qu'une assistance
devenue inutile et privait les actionnaires d'un revenu de
deux millions dont ils jouissaient depuis un très-grand
nombre d'années.

« D'un autre côté, la Russie avait livré à la France de
très-grandes quantités de grains qui ne pouvait être soldés
qu'en espèces ; les paiements n'étaient point achevés et la
réouverture de la navigation menaçait la France d'une nouvelle exportation de numéraire. La vente des rentes de la
Banque était *donc* commandée par l'intérèt général du
pays. *Aussi le Conseil n'a pas hésité* un seul instant à rati-
fier le projet de traité. La Banque a livré au Trésor impérial de Russie, 2 millions de rentes 5 0/0 au cours de
115 fr. 75 c. formant la somme de 46,300,000 francs
et 142,000 fr. de rentes 3 0/0 au cours
de 77,65, formant la somme

$$\text{de } \frac{3,689,633 \text{ f. } 33 \text{ c.}}{49,989,633 \text{ f. } 33 \text{ c.}}$$

« L'intérèt des actionnaires venait après l'intérêt public.
L'occasion n'a pas tardé à se présenter pour leur restituer
tout ou partie d'un revenu dont la privation pouvait se faire
sentir d'une manière fàcheuse. Le Gouvernement a adjugé
le 10 novembre dernier, un emprunt de 250 millions. La
Banque s'est empressée d'entrer dans la souscription pour

une somme de 25 millions qui lui a procuré 996,677 fr. de rentes 3 0/0 au cours de 75 fr. 25 c.

« Une baisse marquée dans le cours des fonds publics a fourni à la Banque une deuxième occasion de refaire ses rentes. Elle a acheté 300,000 fr. de rentes 3 0/0 à 73 fr. 81 c. »

C'est en ces termes que M. le Comte d'Argout analysait, à l'Assemblée générale de 1848, les causes et les effets de cette bienheureuse affaire de Russie. Quels sacrifices! et que MM. les actionnaires devaient se sentir dignes de la reconnaissance publique !

Justice a déjà été faite des prétentions de la Banque; néanmoins, que l'on nous permette de revenir une fois encore sur cette opération si méritoire en apparence, et qui, en fin de compte, produisit aux actionnaires un bénéfice immense.

Les rentes 5 0/0 cédées à la Russie coûtaient en moyenne à la Banque 93 fr. 13 c. (1) et elle les vendait 115 fr. 75 c.

Sur les 142,000 fr. de rentes 3 0/0, 2 3 à peu près ne lui coûtaient rien. En rendant compte de l'acquisition des rentes à l'Assemblée générale de 1830, M. Odier, Censeur, disait :

« Plus de 87,000 francs de rentes 3 0/0 ont été achetés du produit de la plus value sur l'évaluation de 100 francs de rente 5 0/0 appartenant à la réserve non disponible antérieure à 1820. »

Ce 3 0/0, la Banque le vendait 77 fr. 65 c.

La Banque, du reste, ne conserva pas longtemps la disponibilité de son capital. Le 21 octobre elle rachetait 25 millions représentés par 996,667 fr. de rentes 3 0/0 à 75 fr. 25 c., et bientôt après, orgueilleuse de la reconstitution de son encaisse, elle profitait de la crise qui sévissait à la Bourse

____

(1) C'est le prix que M. le duc de Gaëte donnait aux rentes de la réserve à l'Assemblée générale du 24 janvier 1828.

et acquérait 300,000 francs de rentes 3 0/0 à 75 fr. 81 c.

Acheter du 3 0/0 à 2 fr. 44 c. au-dessous de l'émission et prélever sur le public un nouveau bénéfice en maintenant le taux de l'escompte à 5 0/0, voilà de la moralité bien comprise, surtout si l'on observe que la différence dans les produits de l'escompte, à partir du jour où la Banque eut pu revenir à 4 0/0 jusqu'au 28 décembre (1) en calculant à l'échéance moyenne de 46 jours, (c'est l'échéance moyenne de l'année 1847) la masse des effets escomptés, se traduit par 715,459 fr. 46 c.

« La Banque de France garde encore trop, elle qui aspire à une domination plus étendue, les mœurs d'une Banque locale; elle ne se dégage pas assez de l'égoïsme local, de l'intérêt de ses actionnaires, et l'intérêt public n'est pas encore le mobile de ses déterminations. Vous en avez eu la preuve dans l'année qui vient de s'écouler; vous avez vu la Banque de France, après avoir élevé le taux de l'intérêt à 5 0/0 par une mesure de circonstance que je suis loin de blâmer, ne pas le ramener ensuite assez promptement à 4 0/0 lorsque les circonstances sont devenues plus favorables; elle a attendu que le public se retirât d'elle, que ses escomptes se rétrécissent de 50 0/0, comme il est arrivé dans le mois de décembre dernier.

« Il est fâcheux que cette lenteur se traduise, je ne dis pas s'explique, par un dividende de 177 francs ou de 17 0/0 du capital nominal, le plus élevé que la Banque ait encore distribué à ses actionnaires. La Banque aurait dû nous épargner le spectacle qu'elle a donné au pays, spectacle qui peut suggérer à la législation la pensée très-légitime d'apporter une limite à de pareils résultats. »

(1) Le 28 décembre, la Banque réduisit le taux de son escompte à 4 º₀.

Voilà le langage que tenait à la Chambre des députés, le 22 février 1848, l'un des plus zélés et, sans contredit, l'un des plus habiles défenseurs de la Banque de France, M. Léon Faucher.

Comme complément du sacrifice inouï qu'elle avait fait *sans hésiter* à l'intérêt public, la Banque retira encore de ses arrérages de rentes, en 1847, la somme de 1,810,587 f. 50 c.

C'est là ce que, faute d'avoir à notre disposition une expression qui rende mieux notre pensée, nous appellerons les conséquences matérielles de la vente à la Russie.

Les conséquences morales ne furent pas moins importantes; mais celles-là, la Banque semble les avoir entièrement méconnues; du moins, ses comptes-rendus prouvent qu'elle s'en préoccupait peu. Et pourtant, que serait-il arrivé si la Banque avait entrepris de préserver son encaisse autrement qu'en disposant de son capital? M. Odier reconnaissait bien un peu l'influence de cette opération sur les réserves de la Banque, en observant dans son rapport, « qu'après la rentrée des fonds de Russie, la situation de la Banque, sous le rapport des espèces, s'améliorait peu à peu. A la fin août elle avait dans ses caves 148,809,000 f. » C'est là ce qui lui facilita le rachat des rentes.

La Banque de France devait-elle, uniquement dans son intérêt, accepter le marché que lui offrait le Gouvernement russe?

Nous ne saurions mieux répondre à cette question qu'en nous appuyant sur des autorités que l'on ne peut guère méconnaître, autant à cause du caractère même des orateurs que du lieu où ils émettaient leur opinion.

Après avoir exposé la situation pénible de la Bourse de Paris, M. Garnier-Pagès ajoutait :

« Dans cette situation difficile, qu'a fait la Banque?

« La Banque, messieurs, est venue faire passer la crise qui n'existait absolument qu'à la Bourse, dans le commerce et l'industrie. Ces reproches sont graves, messieurs, mais ils sont *vrais, réels, sérieux*, et je serais bien content que M. le Ministre des finances ou quelqu'un des membres dirigeants de la Banque voulut bien monter à cette tribune pour me démentir, si je ne viens pas dire des faits vrais (1). »

« Je citerai une autre faute plus récente de la Banque, disait M. Bussières (de la Marne), et celle-ci a failli causer de grands embarras. Cette autre faute est d'avoir placé son Capital en rentes sur l'État. Si l'événement inattendu qui, au moyen d'une négociation dont l'accomplissement secret a prévenu la baisse des fonds publics, lui a procuré le placement des rentes qu'elle possédait, n'avait pas fait revenir à la Banque les espèces qui s'y trouvaient, la Banque n'aurait pu négocier qu'avec une perte énorme, à la Bourse, les rentes qu'elle n'avait pu se dispenser de convertir en numéraire ; et, même en consentant à cette perte, elle n'aurait évité la crise dont elle était menacée qu'en la faisant peser d'une manière désastreuse sur les porteurs de rentes et sur le crédit de l'État. La difficulté aurait été déplacée ; je me trompe, elle n'aurait pas même été déplacée, elle aurait continué à exister dans le pays, car, si les rentes avaient été négociées, la circulation des espèces n'en aurait pas été augmentée, les acheteurs n'auraient donné à la Banque que l'argent qui était déjà en circulation en France. Cela n'aurait remédié en rien à la pénurie d'espèces qui existait sur la place. *Il fallait le traité miraculeux qui a rappelé les écus de l'étranger* (2). »

(1) Chambre des députés, 14 avril 1847.
(2) Chambre des députés, 13 avril 1847.

M. Léon Faucher, lui non plus, ne voyait pas dans la vente
à la Russie un sacrifice fait à l'intérêt public seulement.

« La crise commerciale que l'Europe vient de traverser a
profondément ébranlé tous les établissements de crédit. En
France, vous avez vu la Banque obligée d'engager une partie
de ses rentes entre les mains des capitalistes anglais et en
vendre bientôt après la plus grande partie à un acheteur imprévu, *je dirai presque providentiel, l'empereur de Russie* (1). »

On le voit, à quelque point de vue qu'on l'envisage,
cette malheureuse affaire de Russie n'avait eu en définitive
qu'un résultat, celui d'augmenter encore les bénéfices de la
Banque.

Résultats obtenus par la Banque de France pendant le gouvernement de juillet (1831 à 1847 inclusivement).

	de l'escompte au commerce	90.014.660ᶠ 02ᶜ
	de l'escompte des bons du Trésor et des traites pour coupes de bois.	10.584.061 62
	des avances sur lingots et monnaies, droits de garde sur dépôts volontaires, etc.	2.712.981 86
	des avances sur certificats d'emprunt et bons du Trésor public.	19.836 20
Produits	Primes sur l'or.	717.926 70
	des avances sur actions des canaux, obligations et rentes.	8.106.907 65
	Intérêts des avances au Trésor	1.464.002 12
	Intérêts divers et du compte de MM. Jacques Laffite et Cⁱᵉ.	2.065.700 85
	Arrérages de rentes	47.825.796 »
	des Comptoirs	13.897.421 20

Total des produits	177.409.294ᶠ 22ᶜ
Frais généraux.	41.541.394 22
Bénéfice net.	135.867.900 »

soit 2,001 f. par action de 1,000 f.

(1) Chambre des députés, séance du 21 février 1848.

§ VI.

La Révolution du 24 février 1848 changea soudain la
Constitution de la France :

« La situation se complique, dit M. d'Argout ; des pré-
dications dangereuses attaquent la propriété ; sous diverses
formes, la résurrection des assignats est demandée : la
frayeur s'empare des esprits ; les espèces sortent de la Banque par torrents et disparaissent aussitôt. »

La Banque avait traversé sans en être ébranlée les événements de 1815 et de 1830, mais est-il possible à un établissement de crédit de résister à la fois à une révolution politique et à la menace d'une révolution sociale ? Néanmoins,
avec un encaisse de 226 millions, la Banque entreprit courageusement de faire face à toutes les demandes de numéraire. Après quelques jours d'appaisement la crise redoubla.
Du 26 février au 14 mars (rapport de la Banque au ministre des finances) l'encaisse de Paris diminua de 140 à 70
millions ; le 15 plus de 10 millions furent payés en numéraire, et le soir, à la fermeture des caisses, il restait à la
Banque de Paris 59 millions.

Encore quelques jours, continuait M. le Gouverneur, et
la Banque sera entièrement dépouillée d'espèces.

Les craintes que concevait la Banque de Paris, le Gouvernement Provisoire les partagea facilement; dans la nuit du 15 mars, sur la proposition du Conseil général de la Banque, un décret fut rendu déclarant les Billets monnaie légale et dispensant, jusqu'à nouvel ordre, la Banque de l'obligation de les payer en espèces.

Le même décret autorisait la Banque de France à émettre des Billets de 100 francs et limitait à 300 millions le maximum de la circulation.

Le 17 mars, le Gouvernement Provisoire,

Considérant que la loi destinée à proroger le privilége de la Banque de Bordeaux n'avait pu être votée; attendu que l'autorisation accordée expirait le 24 novembre 1849, et qu'il y avait lieu de prévenir d'urgence les inconvénients graves qui pourraient résulter de la suppression, même momentanée, des affaires de cet établissement, décrétait :

« Article 1er. La durée de la constitution actuelle de la Banque de Bordeaux est prorogée jusqu'au 31 décembre 1849, inclus. »

Certes, quoi qu'en puissent penser M. Wolowski et son école, voilà un décret qui ne permettait guère de prévoir celui du 2 mai de la même année.

Aussitôt après la promulgation du décret du 13 mars, les Banques départementales réclamèrent l'autorisation de jouir des avantages accordés à la Banque de France. Le Gouvernement provisoire comprit les difficultés que créait à ces établissements le cours forcé des Billets de la Banque de France, et, le 25 mars, un nouveau décret ordonnait que les Billets des Banques départementales seraient reçus comme monnaie légale par les caisses publiques et par les particuliers, mais seulement dans la circonscription du département où chacune de ces Banques avait son siége.

Les barrières imposées à la circulation des Banques départementales étaient une conséquence inévitable du principe qui avait présidé à la rédaction de leurs statuts ; mais il était aisé de comprendre que leur extinction était fatalement attachée au décret du 25 mars.

Peu de jours, observe M. d'Argout, suffirent pour montrer l'insuffisance de ce second décret. Un papier purement local ne pouvait servir à solder les transactions qui s'opéraient de département à département, et, à plus forte raison, les transactions qui s'accomplissaient entre des villes séparées par de grandes distances. Les affaires s'arrêtèrent bientôt, et cet état de choses devint intolérable. La nécessité de transformer les Banques locales en Comptoirs de la Banque devint dès lors évidente ; aussi, le 27 avril, le Gouvernement provisoire,

Considérant que les Billets des Banques départementales formaient pour certaines localités des signes monétaires spéciaux dont l'existence portait une perturbation déplorable dans toutes les transactions ;

Considérant, que les plus grands intérêts du pays réclamaient impérieusement que tout Billet de Banque déclaré monnaie légale put circuler librement sur tous les points du territoire, décrétait :

« Article 1ᵉʳ. La Banque de France et les Banques de Rouen, de Lyon, du Havre, de Lille, de Toulouse, d'Orléans et de Marseille, sont réunies. »

Et enfin, le 2 mai, les Banques de Nantes et de Bordeaux dont le décret précédent avait respecté les priviléges, nous ne pouvons trop nous expliquer pourquoi, furent aussi réunies avec la Banque de France.

La Banque de France eut l'air de discuter longuement les conditions de cette fusion qui, ainsi le disait-elle, lui occasionnait un sacrifice incertain dans sa quotité, mais positif et considérable. M. d'Argout, dans son rapport à l'Assemblée générale du 25 janvier 1849, consacre trois longues pages à l'énumération des questions que, dans l'intérêt des actionnaires, se posèrent les membres du conseil à propos de cette réunion, et, non moins éloquent et tout aussi logique que dans la précédente Assemblée générale, il conclut : — « *Toutefois, lorsqu'il s'agit* d'un grand intérêt public, *le Conseil général n'hésite jamais ; il a tranché la question dans le sens de l'intérêt général* (1). »

La réunion des Banques départementales avec la Banque de France, fut-elle l'application d'un principe reconnu et accepté par tous : l'unité fiduciaire, la consécration du monopole actuel de la Banque de France ?

MM. Les conservateurs (du monopole, bien entendu), tenant en fort petite considération et l'époque et ses besoins, n'ont pas hésité à répondre affirmativement. Nous rendons pleine justice à leurs lumières ; mais quel que soit le respect qui nous anime, nous ne saurions partager une opinion que nulle preuve n'accompagne. Les publications de MM. L. Wolowski et V. Bonnet nous fourniront l'occasion de revenir là-dessus. Provisoirement, bornons-nous à examiner l'effet de cette réunion sur l'organisation générale de notre crédit.

Les conséquences premières ne furent pas heureuses. Toute révolution cause à l'industrie et au commerce une perturbation plus ou moins profonde ; toute secousse violente est inévitablement suivie d'une période plus ou moins

---

(1) Le livre de monsieur Wolowski, *la question des Banques,* nous offrira l'occasion de revenir sur beaucoup de questions auxquelles nous nous sommes peu arrêtés.

longue de gêne et de stagnation dans les affaires ; cela est certain, mais n'explique pas entièrement le grand mouvement rétrograde qu'avaient éprouvé les Banques départementales, dans toutes leurs opérations.

Leurs escomptes se réduisaient de 49 0/0 (de 851 à 433 millions,) et leur circulation moyenne, de 90,100,000 fr. tombait à 79,713,000 francs. L'année 1859 amenait encore pour ces Banques, devenues Comptoirs, une nouvelle diminution de 55,572,000 fr. dans le montant de leurs escomptes, et leur circulation moyenne descendait à 40,309,000 francs.

La Banque de Lyon, qui distribuait à ses actionnaires des dividendes de :

207^f 35^c en 1844.	244^f »^{c} en 1846.
240 » en 1845.	287 50 en 1847.

offrait à la Banque de France une perte de

73.714^f 41^c en 1848.
55.573 50 en 1849.

La Banque de Bordeaux, dont les dividendes avaient été de

119^f 50^c en 1844,	132^f »^{c} en 1846.
126 » en 1845.	162 50 en 1847.

présentait, devenue comptoir de la Banque de France :

en 1848, 23.134^f 66^c de perte, et
en 1849, 44.816 05 de bénéfice.

soit, à ses anciennes actions, un dividende de 14 fr. 30 c.

La Banque de Marseille, qui distribuait à ses actionnaires :

81^f »^{c} par action en 1844.	120^f »^{c} par action en 1846.
100 05 — en 1845.	129 40 — en 1847.

offrait à la Banque de France :

en 1848, 10.418^f 47^c de perte, et
en 1849, 152.533 03 de bénéfice.

soit, à ses anciennes actions, un dividende de 38 fr. 13 c.

La Banque de Rouen, dont les dividendes avaient été de :

        110^{f}66^c en 1844. | 120^{f}33^c en 1846.
        118 66 en 1845. | 143 50 en 1847.

offrait à la Banque de France :

        en 1848, 22.785^{f}71^c de perte, et
        en 1849, 8.853 14 de bénéfice.

soit, à ses anciennes actions, un dividende de 5 fr. 92 c.

La Banque de Nantes, dont les dividendes avaient été de :

        80^{f}57^c en 1844. | 82^{f}86^c en 1846.
        87 46 en 1845. | 97 08 en 1847.

offrait à la Banque de France :

        en 1848, 117.497^{f}24^c de perte, et
        en 1849, 91.500   » de bénéfice.

soit, à ses actions anciennes, 30 fr. 50 c.

Et la Banque de Toulouse, enfin, qui distribuait à ses actionnaires :

        en 1844, 52^{f}33^c par action. | en 1846, 50^f »^{c} par action.
        en 1845, 55 41   — | en 1847, 58 33   —

présentait :

        en 1848, 34.566^{f}96^c de perte, et
        en 1849, 54.364 50 de bénéfice.

Les anciens Comptoirs de la Banque de France, au contraire, présentaient le tableau suivant :

1844.	Escomptes.	318.550.000^f	Produits.	2.228.000^l
1845.	—	397.499.000	—	3.932.000
1846.	—	432.653.000	—	3.991.000
1847.	—	481.710.000	—	3.621.827
1848.	—	517.465.000	—	2.597.666

Les dividendes de la Banque de France qui avaient été

de 159 fr. en 1846 et 177 fr. en 1847, se réduisirent bien à 75 fr. en 1848 et à 106 fr. en 1849. Mais ce n'était là qu'une réduction momentanée et apparente.

Assurément, la Banque de France n'était pas à l'abri de la situation politique ; mais si l'on observe qu'elle avait eu, en 1848, 84 millions d'effets en souffrance, et que 3,340,532 fr. 44 c. avaient été retranchés de ses produits et portés au compte provisoire du Contentieux, on conviendra que la Révolution n'était pas la seule cause de la diminution survenue dans les opérations et les produits des anciennes Banques départementales.

Le véritable dividende de la Banque de France fut :

$$\left. \begin{array}{c} \text{en 1848} \\ \text{et en 1849} \end{array} \right\} \text{de 231}^{\text{f}} \text{ au lieu de 181}^{\text{f}}$$

Des 3,340,532 fr. 44 c., provisoirement déduits des bénéfices de 1848 et 1849,

465,526 f. 72 c. reparurent au résultat des opérations du premier semestre de 1851 ;

665,497   47 reparurent au résultat des opérations du deuxième semestre de 1851 ;

780,029   59 reparurent au premier semestre de 1852 ;

536,550   46 reparurent au résultat des opérations du deuxième semestre de 1852 ;

313,547   27 reparurent au résultat des opérations du premier semestre de 1853 ;

283,229   78 reparurent au résultat des opérations du deuxième semestre de 1853.

Dans l'exercice 1854 encore, 385,305 francs rentraient au crédit du Contentieux ancien (1848-1849).

Dans le premier semestre de 1850, le Comptoir de la Banque, à Lyon, présentait une perte de 45,110 f. 54 c. et celui de Bordeaux ne couvrait pas ses frais. En 1851 encore, la succursale de Lyon perdait 25,638 francs.

En 1853, les banques locales, devenues Comptoirs, n'avaient pas encore reconquis leur ancienne importance.

Voici leurs situations à deux époques distinctes :

	Exercice 1847.	Exercice 1852.
Bordeaux.	106.175.253ᶠ	94.447.000ᶠ
Lyon.	185.162.000	99.131.000
Marseille.	270.190.701	211.655.980
Rouen.	79.931.780	58.209.000
Le Hàvre.	67.505.297	44.914.000

Dans le résultat de leurs opérations au premier semestre de 1852, Lyon, Nantes, Orléans, Rouen et Toulouse présentaient encore une perte de 160,000 francs à peu près.

Telles furent, pendant ces quelques années, les conséquences des décrets des 27 avril et 2 mai.

———

Les Banques départementales méritaient-elles, soit à cause de leur organisation, soit à cause de leur administration, que leur extinction définitive fut la conséquence d'une révolution?

Que l'on suive rapidement les progrès de ces Banques; que l'on observe leur situation générale pendant le régime de la pluralité; que l'on oppose à leurs progrès le développement des Comptoirs établis par la Banque de France à la même époque, et l'on se convaincra de plus en plus que notre crédit commercial n'a rien gagné à ce qu'un décret de circonstance soit devenu une loi de plus en plus confirmée, une source de priviléges sans cesse croissants.

Situations générales des Banques départementales.

ANNÉES	MOYENNES DE L'ACTIF RÉALISABLE				MOYENNES DU PASSIF EXIGIBLE		
	Réserve.	Portefeuille.	Prêts sur rentes	Total.	Circulation.	Comptes cour^{ts}.	Total.
1840	23.866.000ᶠ	49.950.000ᶠ	1.553.000ᶠ	75.389.000ᶠ	54.746.000ᶠ	10.520.000ᶠ	65.266.000ᶠ
1841	29.648.700	51.372.100	5.594.100	86.614.900	62.739.600	11.309.100	74.048.700
1842	32.407.000	55.763.000	5.209.500	93.379.000	66.928.500	12.760.000	79.688.500
1843	35.563.900	56.433.200	4.125.660	96.122.700	69.735.700	10.511.800	80.247.500
1844	36.637.085	64.243.779	3.721.709	104.612.673	74.276.620	11.262.763	85.539.383
1845	39.317.696	73.952.638	6.474.307	119.744.641	81.761.497	15.475.356	97.236.853
1846	43.733.736	77.235.933	1.887.286	122.856.955	86.507.892	16.046.951	102.554.843
1847	41.658.105	84.964.038	3.526.764	130.148.907	90.100.947	16.834.228	106.935.175

Développement des opérations. — Banques départementales et Comptoirs de la Banque comparés.

	LES NEUF BANQUES DÉPARTEMENTALES				NOMBRE de comptoirs.	COMPTOIRS DE LA BANQUE			
ANNÉES	MOYENNES DE					MOYENNES DE			
	Portefeuille.	Circulation.	Encaisse.	Comptes cour⁵.		Portefeuille.	Circulation.	En caisse.	Comp. cour ⁵
1837	23.643.000	32.840.000	»	»	4	1.500.000	1.046.000	»	»
1838	34.000.000	37.000.000	»	»	4	2.500.000	1.500.000	»	»
1839	44.888.500	46.225.500	»	»	4	20.000.000	2.500.000	»	»
1840	49.950.000	54.835.000	23.866.000	10.520.000	6	24.495.000	2.938.900	»	»
1841	51.372.100	62.739.600	29.648.700	11.309.100	6	29.881.000	4.198.700	»	»
1842	55.763.000	66.928.500	32.407.000	12.763.000	10	35.414.000	5.513.000	21.225.000	676.000
1843	56.433.000	69.735.000	35.563.900	10.511.800	10	36.206.000	5.929.000	37.379.000	761.000
1844	64.243.700	74.276.600	36.637.000	11.262.700	11	47.498.000	6.402.000	29.229.000	845.000
1845	73.952.600	81.761.400	39.317.650	15.475.350	11	54.032.000	7.166.000	34.106.000	795.000
1846	77.235.900	86.507.800	43.733.700	16.046.950	13	67.949.000	8.820.000	41.625.000	959.700
1847	84.964.000	90.100.000	41.658.100	16.834.200	14	76.471.000	9.545.000	42.929.000	1.122.240
1848*	61.161.000	79.713.000	41.675.000	20.314.000	15	82.525.000	10.620.000	50.670.000	2.922.000
1849	85.850.000	40.309.000	129.873.000	26.638.300	16	61.250.000	3.999.000	63.856.000	33.750.000
1850	71.860.000	73.800.000	123.180.000	25.550.000	17	47.709.000	8.330.000	63.780.000	40.400.000

* Devenues comptoirs de la Banque de France.

Les neuf Banques départementales présentaient à elles seules, en 1846 par exemple, une réserve métallique de 43,733,700 fr., pour garantir une circulation de 86,507,800 fr. Si nos calculs sont exacts, les 52 Comptoirs de la Banque de France réunissent actuellement, (derniers mois de 1864) pour garantir une circulation fiduciaire de 400 millions, de 70 à 80 millions de numéraire.

À ce propos, nous voudrions bien savoir pourquoi, dans l'exposé des situations qu'elle publie, la Banque de France sépare la circulation des Comptoirs de celle de la Banque de Paris, le portefeuille, les avances, etc.; et ne publie qu'en masse la réserve de la Banque de Paris et des succursales. Assurément, en ce qui tient à la garantie dernière, il peut être assez indifférent de savoir si l'encaisse est à Paris ou ailleurs; cependant, puisqu'il est *convenu* que la Banque de France est le régulateur de la circulation métallique en France, il ne serait pas tout-à-fait inutile de connaître quel est, dans les succursales, le rapport de la réserve à la circulation en général et à leur portefeuille en particulier. Une pareille connaissance ne fît-elle que nous donner une idée de la situation que fait aux provinces la centralisation fiduciaire, serait déjà précieuse.

Pourquoi encore, dans le compte-rendu de son portefeuille, la Banque ne sépare-t-elle pas en trois catégories les effets qu'il contient.

Effets à 8 jours de vue.

Effets à échéance de 8 à 30 jours.

Effets à échéance de 30 jours et au-dessus.

La connaissance du portefeuille de la Banque est plus importante encore que celle de sa réserve métallique.

———

La Révolution de 1848 avait comblé l'ambition de la Banque de France : Peu soucieuse de laisser s'élever à côté d'elle de nouvelles institutions, elle n'attendit pas que la situation fut complètement rassurante pour s'étendre encore dans les provinces. Écarter tout motif de revenir sur les décrets du Gouvernement provisoire, tel était pour elle le point le plus important.

Un décret sanctionnait, le 10 juin 1849, la création de la succursale de Limoges, et successivement les décrets des 21 juin, 8 juillet et 31 décembre 1850, autorisaient les succursales d'Angers, de Rennes et d'Avignon. En même temps le Conseil général votait la création d'une nouvelle succursale à Troyes; un décret l'autorisait le 21 janvier 1851.

La réunion des Banques locales avec la Banque de France avait amené une augmentation sensible dans la circulation des Billets à ordre. « Mais, disait M. Odier à l'Assemblée générale de 1851, la Banque voyant là une nouvelle source de bénéfices, annonça que ces virements lui causaient beaucoup de frais, et, pour les couvrir, le Conseil général décréta, le 4 juin 1850, que les preneurs de Billets à ordre auraient à payer un pour mille. »

Une réduction immense dans le chiffre des virements, telle fut la conséquence la plus immédiate de cette nouvelle mesure.

Voici leur mouvement :

1848	1849	1851
439.000.000ᶠ	768.000.000ᶠ	275.000.000ᶠ

Mais qu'importait; la Banque de France tient-elle assez à ces opérations, utiles seulement au public, pour leur sacrifier un bénéfice de 200 mille francs?

Des faits très-importants signalèrent l'année 1852.

Un décret législatif rendu le 3 mars, abrogea le paragraphe 2 de la loi du 30 juin 1840, et assura la prorogation du privilége de la Banque de France jusqu'au 31 décembre 1867. Le même décret autorisait la Banque à étendre ses avances sur dépôts d'actions et obligations de chemins de fer, et lui permettait (article 5) de remplacer par les publications trimestrielles et semestrielles, ordonnées par l'article 5 de la loi du 30 juin 1840, la publication des situations hebdomadaires que lui prescrivait l'article 6 du décret du 15 mars 1848. Il est à remarquer que c'était là l'une des conditions que la Banque avait présentées à Son Excellence M. Bineau, en échange des nouvelles concessions qu'elle faisait au Trésor pour le remboursement du prêt de 75 millions. Quel pouvait être le motif qui engageait la Banque de France à ne vouloir publier sa situation que tous les six mois? La lettre de M. Bineau à Mgr le Prince Président de la République n'en dit rien.

A l'Assemblée générale du 27 janvier 1853, M. d'Argout analysait ainsi les variations de l'encaisse et de la circulation pendant les quatre années précédentes :

« Depuis la fin de 1848 jusqu'au dernier trimestre de 1852, les réserves métalliques ont subi l'influence d'une hausse qui a porté nos encaisses de 270 à 625 millions; mais, à partir du mois d'octobre dernier, ces mêmes réserves ont commencé à décroître. A la fin de 1852, le chiffre de l'encaisse figurait dans notre bilan pour la somme de 500 millions. La circulation a constamment dominé les encaisses pendant les deux premières années de la révolution de février; mais, au fur et à mesure que la stagnation des affaires se prolongeait et s'aggravait, les réserves métalliques se rapprochaient de la circulation. A la fin de 1849, la supériorité de la circulation se trouvait réduite à la faible somme de 6 millions. En 1850, les deux lignes se sont cotoyées pendant la majeure partie de l'année ; dans le second semestre, deux écarts ont eu lieu et ont rendu momentanément à la circulation une supériorité de 60 et quelques millions. En 1851, les réserves ont pris le dessus ; elles ont parfois surpassé la circulation de 90 millions. Pendant les trois trimestres de 1852, ces deux lignes prenant tour à tour le dessus, ont marché enchevêtrées, pour ainsi dire, l'une dans l'autre ; mais à partir de la mi-septembre, la circulation a pris un essort marqué ; elle s'est relevée de 610 millions à près de 690, c'est-à-dire d'environ 80 millions. A partir de la même époque, les réserves ont décliné d'une manière continue. De ces deux faits simultanés, il s'en est suivi qu'à la fin de l'année la supériorité en faveur de la circulation s'est élevée à environ 190 millions. »

Cent quatre-vingt-dix millions ! voilà le grand succès obtenu à l'aide du cours forcé et de la fusion des Banques, c'est-à-dire, 24,289,000 francs en moins que sous le régime de la pluralité.

En 1847, la moyenne dé la circulation avait été :
Pour les Banques départementales, de. . . . . . 90.100.000^f
Pour la Banque de France et ses comptoirs. . . . 247.118.000

        Ensemble. . . . . 337.218.000^f

La moyenne de la réserve avait été :
Pour les Banques départementales, de. . . . . . 42.929.000^f
Pour la Banque de France et ses comptoirs. . . . 80.000.000

        Ensemble. . . . . 122.929.000^f

soit :

Moyenne de la circulation en 1847 . . . . 337.218.000^f

        A reporter. . . . . 337.218.000^f

Report	337.218.000ᶠ
Moyenne de l'encaisse en 1847.	122.929.000
Différence en faveur de la circulation	214.289.000ᶠ
Supériorité de la circulation sur la réserve métallique, en 1852.	190.000.000
Excédant de la circulation de 1847 sur celle de 1853.	24.289.000ᶠ

« Les succursales, disait M. d'Argout, ont réalisé des progrès plus profitables au public qu'à la Banque. »

Malgré le faible produit de leurs opérations (4,164,129 fr. 29 c.,) la Banque de France ne perdait pas courage et obtenait, le 7 juillet, l'autorisation de fonder la succursale d'Amiens.

Le 1ᵉʳ septembre, elle inaugurait celle de la Rochelle, et, le 18 avril 1853, celle de Nancy commençait ses opérations. L'abandon du taux de 4 0/0 signalait encore l'année 1852, en introduisant un système jusque-là repoussé par le Conseil général de la Banque et depuis longtemps adopté en Angleterre, celui de l'*Intérêt mobile*. « Cette variation du taux de l'intérêt, disait M. Bayvet, donnera à nos commerçants et à nos industriels les moyens de soutenir avec moins de désavantage la concurrence de leurs rivaux, jusqu'ici mieux placés qu'eux sous ce rapport. »

A qui fallait-il le reprocher ?

Le 5 mars 1852, la Banque de France abaissait à 3 0/0 le taux de son escompte, et du 7 au 17 octobre 1853, elle le relevait à 4 0/0 et réduisait en même temps, d'une manière assez notable, la quotité de ses avances sur actions et obligations de chemins de fer et sur effets publics à échéances déterminées et indéterminées. Le 20 janvier 1854, une nouvelle hausse portait le taux de l'intérêt à 5 0/0.

Un autre fait non moins agréable aux actionnaires signale l'exercice 1853. Une répartition de 154 francs par action inaugurait cette année-là ce qu'on peut appeler *l'Ère des dividendes;* ils furent pour 1853, 1854, 1855, 1856 et 1857, en moyenne, de 213 fr. 40 c., soit 21,34 0/0 par année. Cette moyenne, il est juste d'en convenir, devait son élévation en majeure partie aux deux années de crise où les dividendes avaient été :

pour 1856, 27f 20 0 0, et
pour 1857, 24 70 0 0.

L'année 1854 justifia le principe adopté par la Banque, pour les actionnaires, bien entendu. 75,668,244 francs en moins dans le chiffre des opérations de la Banque, un jour de moins dans l'échéance moyenne des effets escomptés et cependant 4,237,580 fr. 49 c. de plus dans le montant des bénéfices. Il avait suffi d'une légère différence de 1,11 0/0 de plus entre le taux de l'escompte en 1853 et en 1854, pour obtenir ce résultat.

Voilà comment la Banque de France était récompensée par le système de l'intérêt mobile, uniquement adopté pour donner à nos commerçants et à nos industriels les moyens de soutenir avec moins de désavantages la concurrence de leurs rivaux étrangers. Bienheureux système! La découverte de la *solidarité des marchés* allait bientôt lui donner une nouvelle consécration.

« Les dépenses de la guerre d'Orient et la coïncidence d'une récolte insuffisante, ont déterminé de grandes exportations de numéraire. Il a fallu tirer à très-haut prix des céréales de l'étranger et payer en or la solde de l'armée ; la

Banque a coopéré à ces paiements; de là un affaiblissement de nos réserves métalliques. D'un autre côté, à l'intérieur des emprunts facilités indirectement par la banque, ont contribué au même résultat. Qu'à fait la banque? Elle a fait venir des lingots et a mis en pratique des moyens précédemment employés avec succès. C'est en octobre qu'ont commencé les mesures restrictives. Le taux de l'Escompte a été haussé de 4 à 5 0/0 et ensuite de 5 a 6; une marge plus grande a été exigée des demandes d'avances sur valeurs de chemins de fer et sur rentes; enfin, les échéances des effets admis à l'escompte ont été restreintes de 90 à 75 jours.

« Dès la cloture des souscriptions du dernier emprunt, la Banque s'est empressée de réduire à 93 millions les avances sur rentes, qu'elle avait portées à 185 millions (1).

« Nous jouissons, il est vrai, des bienfaits de la paix, mais après les dépenses de la guerre nous sommes sous l'influence de mauvaises récoltes, de la cherté des denrées alimentaires, des grands travaux qui se font à l'intérieur et à l'étranger, toutes causes qui contribuent à la dispersion du numéraire.

« La Chine et l'Indoustan surtout attirent des sommes considérables, accrues cette année par les demandes de soie. Ces envois faits dans ces contrées qui n'admettent que la monnaie d'argent, contribuent beaucoup à raréfier en France les écus de 5 francs.

« *Qu'avons-nous fait pour défendre la Banque?* Nous avons recouru aux mesures que nous avions adoptées en 1855, c'est-à-dire aux restrictions que nos Statuts autorisent (2). »

Et voilà l'admirable machine.

(1) Rapport de M. d'Argout. Assemblée générale de 1856.
(2) Rapport de M. d'Argout. Assemblée générale de 1857.

Nous laissons à chacun le soin d'apprécier à sa juste valeur, l'influence qu'invoquait M. d'Argout pour expliquer les variations de l'encaisse à la Banque de France.

Voici le mouvement de notre commerce avec la Chine, la Cochinchine et l'Océanie :

	Exportation.	Importation.	
1854.	2.698.261^f	2.909.036^f	Tissus de soie. 357.126^f
1855.	1.311.712	3.608.960	Tissus de soie. 10.170
1856.	2.710.394	3.896.813	{ Tissus de soie. 146.146 { Soies écrues. 35.470

Les succursales, cependant, continuaient leurs progrès, et la Banque poursuivant son œuvre, instituait le 23 mai 1854 la succursale de Nevers, et les 25 février, 1er et 9 septembre 1856, elle inaugurait celles d'Arras, de Dijon et de Dunkerque. Le 29 septembre de la même année, un nouveau décret autorisait la création des trois succursales de Carcassonne, Poitiers et Saint-Lô.

Les produits des succursales commençaient à indemniser la Banque de ce sacrifice positif et considérable que l'intérêt public lui avait imposé en 1848.

Les dividendes, qui répartis à 67,900 actions avant la fusion des Banques étaient de 122 — 159 — 177 francs, étaient maintenant pour les 85,100 actions, de 154 — 200 — 272 fr., et cependant, la différence entre les produits des opérations commerciales de la Banque à Paris, n'offrait pour les années 1847 et 1856, par exemple, que la somme de 1,353,206 fr. 07 c.

Il n'en était pas ainsi des succursales.

Leurs opérations commerciales produisaient

4.012.357^f en 1847, et
16.177.171 14 en 1856.

____

12.164.814^{f}14^c ... de différence en faveur de 1856.

Cette augmentation, due en majeure partie aux anciennes Banques départementales, pouvait bien, ce nous semble, faire accepter aux actionnaires primitifs de la Banque de France, les 17,200 co-partageants que leur avaient infligés les décrets des 27 avril et 2 mai 1848.

Néanmoins, M. Wolowski est, aujourd'hui encore, convaincu que le décret qui réunit les Banques était préjudiciable à la Banque de France. Pourquoi pas? Il est certain publiciste qui emportera bien au tombeau la conviction d'avoir été peu compris de son époque.

L'histoire de la Banque de France se rattachant à des questions sur lesquelles nous aurons à revenir un peu plus loin, nous nous arrêterons à la loi de 1857.

D'ailleurs, avant d'en arriver à son histoire contemporaine, que l'on nous permette quelques observations générales sur le livre de M. L. Wolowski, *la question des Banques.*

DEUXIÈME PARTIE

LE LIVRE DE M. L. VOLOWSKI

« L'âge d'or des abus et des monopoles
est à jamais passé ; mais l'on espérerait en
vain que le jour arrivera jamais où personne ne s'opposera. »

N. W. Senior, (*Principes d'économie politique.*)

Napoléon disait au commencement du siècle : « *La France
manque d'hommes qui sachent ce que c'est que la Banque.* »

Si Napoléon avait pu penser que M. Wolowski en vien-
drait à commencer par cette phrase la longue apologie du
monopole de notre Banque, nous sommes convaincu que,
peu soucieux d'abriter sous son auguste patronage une
théorie que sa puissante intelligence eut combattu en principe, il eût dit au Conseil d'Etat : « *La France manque
d'hommes qui sachent ce que c'est que le développement du
crédit.* » Peut-être qu'alors M. Wolowski se serait un peu
plus occupé du crédit et des besoins de notre époque, et un
peu moins de la Banque de France et de M. Mollien. Le
monopole n'en est pas plus sanctifié parce que M. Wolowski a écrit 600 pages, et les citations des *Mémoires d'un
ministre du Trésor* amènent cette conclusion fatale :

Ni financier, ni économiste,
... Il fut ... de Mollien.

Pourquoi, à propos d'une réforme à opérer dans l'organisation de notre crédit commercial, venir nous jeter à la face *la rude expérience du passé*, les errements et les malheurs d'une époque où le despotisme et l'arbitraire seuls faisaient la loi?

Non, que M. Wolowski se rassure, la France n'a rien oublié de ses désastres passés; mais, comme elle a beaucoup appris en cette grave matière, elle marche hardiment où l'entraînent ses aspirations intelligentes, et, forte de son savoir, de ses lois et de ses droits à la liberté, elle regarde tranquillement le passé, s'agite dans le présent et réclame l'avenir.

La Banque de France peut encore sauver son monopole; cela est malheureusement vrai; mais, est-il une puissance humaine capable de tenir longtemps enchaînée l'intelligence d'un peuple?

Il est des réputations qui jouissant tranquillement de leur situation présente et craignant de se briser sur les écueils de l'avenir, trouvent parfait tout ce qui est, et, comme le fermier de l'ancien régime, s'écrient : *pourquoi innover?*

Mais une nation toute entière ne saurait se contenter d'une situation dont le moindre défaut, du reste, est l'incertitude, et continuellement sacrifier à cette vieille école dont la devise apparente est *prudence* et le caractère réel *immobilité*.

Une mesure, un poids, une monnaie, tel a été le vœu séculaire de la France, et tel est aussi le nôtre. Mais ne saurait-on témoigner de son respect pour cette précieuse conquête sans s'arrêter au seuil de la Banque de France?

« Quelques écrivains distingués ont été entraînés à une

solution radicale au nom de la liberté. » Et pourquoi pas?
Certainement la faculté de battre monnaie n'est pas ins-
crite dans la déclaration des droits de l'homme ; mais rien,
non plus, dans cette œuvre mémorable, ne règle ni la forme
ni les limites du crédit.

« Une fâcheuse confusion dans les idées s'est produite
à la suite d'une fâcheuse confusion dans les termes. » Nous
le voulons bien ; mais de quel côté est l'erreur?

Adam Smith a écrit : « La masse totale du papier-monnaie
qui circule dans un pays ne peut jamais excéder la valeur
totale de la monnaie d'or et d'argent dont ce papier tient
la place. » « Or, conclut M. Wolowski, comme cette quantité
est essentiellement limitée et soumise aux développements
d'un pays, les pays pauvres et arriérés ont, relativement à
la somme des échanges effectués, besoin d'une plus grande
quantité de signes monétaires, qu'ils soient métal ou papier. » Heureusement que la conlusion est discutable.
Pauvre France! quatre milliards et demi de numéraire,
un milliard de titres fiduciers, et pas tout à fait un mouvement commercial de six milliards!

Continuant un raisonnement dont la profondeur sans
doute nous cache la justesse, M. Wolowski ajoute : « On peut
donc économiser sur la masse de monnaie employée pour
accomplir une certaine somme de transactions, mais jamais,
en multipliant simplement le signe monétaire, on n'arrivera
à augmenter cette somme. » Nous pardonne M. Wolowski,
mais n'est-ce pas là un pur sophisme, une simple logoma-
chie? Étant donnée une certaine quantité de monnaie à
employer et seulement une certaine somme de transactions
à accomplir, il est évident que par cela seul qu'on augmentera la quantité de monnaie dont on dispose, la somme des

transactions à accomplir ne s'augmentera pas aussi. Mais, étant donnée une quantité de monnaie limitée, et une somme de transactions illimitée, et c'est là une hypothèse assez possible, qui, mieux que le crédit, peut combler cette distance qui existe entre la quantité déterminée de la monnaie et la somme indéterminée des transactions?

La comparaison sur laquelle s'appuie M. Wolowski n'est pas des plus heureuses, il en faut convenir ; reproduisons-là, car elle ne se laisse pas aisément saisir : « S'il nous est permis de faire un raprochement, les pièces de monnaie sont comme les wagons des chemins de fer destinés au transport des marchandises : on aurait beau multiplier le nombre des wagons, si les produits ne sont pas plus abondants, les wagons resteront sous la remise, ils encombreront inutilement les magasins. Mais si la force et la rapidité de traction augmentent, on pourra avec moins de wagons affectuer tous les transports, ou bien faire face, avec le même nombre de wagons, à des transports beaucoup plus considérables.

« Il en est de même de la monnaie. Quelqu'ingénieux que soit le système mis en œuvre, le service qu'on lui demande limitera toujours la masse des signes monétaires, dont la quotité relative diminue à mesure que la somme de la richesse publique et la quotité du revenu général vont en grandissant. »

Convenons de tout et appelons la monnaie wagons, et marchandises, les transactions. Que le nombre des wagons destinés à transporter les marchandises augmente sans que pour cela la quantité des marchandises à transporter augmente aussi ; évidemment, ce qu'il arrivera de pire, ce sera que les wagons restent à la gare sans emploi, encombrent même la remise, puisque cela plaît à M. Wolowski ; mais, que perdront à cette surabondance de wagons les marchandises à transporter?

Que le nombre des wagons n'augmente pas et que les produits, sans se multiplier, deviennent d'un transport plus difficile, d'un volume plus grand : est-ce que la *rapidité de la traction* augmentera la contenance des wagons? M. Wolowski conviendra pourtant que, sans augmenter en nombre, les transactions peuvent croître en difficultés.

Est-il besoin d'ajouter que la rapidité de la traction n'est en rien soumise au nombre des wagons?

« L'action des Banques, ajoute M. Wolowski, doit viser à restreindre les instruments de l'échange. »

Que l'action des Banques doive viser à restreindre *l'usage* des instruments de l'échange, nous le voulons bien; mais l'instrument lui-même, nous ne le pensons pas. Si le progrès était à restreindre toujours et à restreindre encore, l'extinction complète de l'instrument atteinte enfin, serait donc le dernier mot?

Cela vaudrait peut-être mieux; il nous resterait alors le plaisir de recommencer.

<hr>

Si un homme a su discerner les véritables éléments de la richesse des nations, c'est à coup sûr Adam Smith. Il en a posé les principes et mesuré les conséquences : c'est surtout dans son chapitre de *l'Argent* qu'éclate toute la profondeur de ses vues, fort heureusement pour un grand nombre d'écrivains qui n'ont jamais connu de la Banque que les magnifiques pages du grand économiste.

Adam Smith a-t-il voulu retirer de ses principes les conséquences qu'il plaît à M. Wolowski de leur trouver?

Voilà ce qu'il importe de décider.

« Si les opérations les plus sages des Banques peuvent augmenter l'industrie dans un pays, ce n'est pas qu'elles y augmentent le capital, mais c'est qu'elles rendent active et productive une plus grande partie de ce capital, que celle qui l'aurait été sans elles. Cette portion du capital qu'un marchand est obligé de garder par devers lui, *en espèces dormantes*, pour faire face aux demandes qui surviennent, est un fonds mort qui, tant qu'il reste dans cet état, ne produit rien ni pour lui ni pour le pays. Les opérations d'une Banque sage le mettent à portée de convertir ce fonds mort en un fonds actif et productif, en matières propres à exercer le travail, en outils pour le faciliter et l'abréger et en vivres et subsistances pour le salarier, en capital enfin, qui produira quelque chose pour ce marchand et pour son pays. »

C'est là, ce nous semble, une bien belle apologie du principe des Banques de circulation. Quelles sont les opérations qui mettent une Banque sage à portée de convertir ce fonds mort de l'industrie en un fonds actif et productif, en matières propres à exercer le travail, en capital enfin, qui produise quelque chose pour le marchand et pour le pays? Sont-ce les Banques de dépôts? Nous répondrons négativement jusqu'à ce que M. Wolowski ou quelqu'autre *Joint Stockphile* nous ait expliqué comment un marchand de Poissy, par exemple, pourra envoyer à la Société des dépôts et des comptes-courants à Paris, une réserve de 10 mille francs, improductive chez lui, et s'en aller le lendemain ou quand il le voudra, acheter au marché de Chôlet des marchandises qui, d'ordinaire, se soldent à l'instant. La Société des dépôts et des comptes-courants pourra bien imprimer à ce capital du marchand une activité momentanée qu'il n'avait pas; mais en revanche le marchand n'aura plus dans ses mains cette possibilité d'accomplir à tout moment telle transaction qui se présente à lui.

Est-ce là le chemin qu'a voulu nous tracer Adam Smith pour arriver à employer au profit de la richesse générale cette immense quantité de capitaux particuliers qu'il appelle, fort justement, improductifs, n'en déplaise à M. Wolowski? Nous avons pour ce Père de la science une vénération trop sincère pour accepter une semblable opinion. Lui-même, du reste, en observateur profond autant que sage, s'est chargé de ne laisser place à aucun doute.

« *Les opérations d'une Banque sage, en substituant du papier à la place d'une grande partie de cet or et de cet argent, donnent le moyen de convertir une grande partie de ce fonds mort en un fonds actif et productif, en un capital qui produise quelque chose au pays.* »

« L'or et l'argent qui circulent dans un pays peuvent se comparer précisément à un grand chemin qui, tout en servant à faire circuler et conduire au marché tous les grains et les fourrages du pays, ne produit pourtant par lui-même ni un seul grain de blé ni un seul brin d'herbe. Les opérations *d'une Banque sage*, en ouvrant en quelque manière, si j'ose me permettre une métaphore aussi hardie, une espèce de grand chemin dans les airs, donnent au pays la facilité de convertir une bonne partie de ces grandes routes en bons pâturages et en bonnes terres à blé, et d'augmenter par là, *d'une manière très-considérable*, le produit annuel de ses terres et de son travail. »

Il est difficile de déterminer plus nettement le caractère des Banques appelées à convertir en capital utile au possesseur et au pays, cette masse de capitaux improductifs ;

il est impossible de se méprendre sur le rôle que doivent remplir les Banques, si elles veulent mériter qu'Adam Smith les appelle *Banques sages*.

Il est vrai que M. Wolowski croit que la plume d'Adam Smith alla plus loin que sa pensée ; mais M. Wolowski devrait bien appuyer d'un autre preuve que ces seuls mots « la prudence commande de ne remplacer dans le service de la circulation l'or et l'argent par la monnaie fiduciaire, que pour une fraction restreinte, » le reproche fait à la plume du grand philosophe. Jusque-là, nous continuerons à penser qu'Adam Smith était aussi maître de ses expressions que de ses conceptions.

« Il faut pourtant convenir, ajoute Adam Smith, que si le commerce et l'industrie d'un pays peuvent s'élever plus haut à l'aide du papier-monnaie, néanmoins, suspendus ainsi, si j'ose le dire, sur ces ailes d'Icare, ils ne sont pas *tout-à-fait* aussi assurés dans leur marche que quand ils portent sur le terrain solide de l'or et de l'argent. »

Ces quelques lignes sont encore la consécration des avantages que procurent les Banques d'émission. En écrivain de sens, en homme de bonne foi, Adam Smith devait à la Société qu'il se proposait d'instruire, de mettre à côté des avantages réels, les dommages possibles ; mais avec quels ménagements il en parlait ! Il semblait deviner qu'on y chercherait un jour une condamnation du principe lui-même. Écoutez Adam Smith :

« Suspendus sur ces ailes d'Icare, le commerce et l'industrie *ne sont pas tout-à-fait aussi assurés dans leur marche* que sur le terrain solide de l'or et de l'argent... Que ce *tout-à-fait* a de sens dans l'idée d'Adam Smith, si on lui oppose *ces opérations donnant au pays la faculté*

*d'augmenter, d'une manière très-considérable, le produit
annuel de ses terres et de son travail!*

Adam Smith signale encore un inconvénient des Banques de circulation : celui d'une guerre malheureuse dans laquelle l'ennemi se rendrait maître de la capitale.

C'était là un nouvel argument; pourquoi M. Wolowski, si dévoué au culte du passé, a-t-il négligé de nous rappeler que déjà l'Europe avait couché à Paris?

Mac-Culloch, et, après lui, M. Wolowski, pensent que c'est à tort qu'Adam Smith appelle *non-productifs* l'or et l'argent qu'un pays emploie à sa circulation métallique (1) Il est possible que, appliqué à la monnaie en général, l'expression soit un peu absolue ; mais il est permis de penser qu'Adam Smith la consacrait surtout à ce qu'il appelle *l'argent comptant du négociant*. Une semblable interprétation est d'autant plus autorisée que c'est sur cette partie du capital métallique que pèse plus directement l'influence du principe, l'action de la Banque sage. Quoiqu'il en puisse être, nous comprenons difficilement que ce soit précisément à la suite d'une condamnation aussi absolue de la circulation métallique, que M. Wolowski ajoute :

« Il (Adam Smith) savait à quoi s'en tenir sur les promesses décevantes de la monnaie de papier. »

« Le papier, continue M. Wolowski, ne peut être à l'or et à l'argent un supplément utile, que s'il est échangeable à volonté contre des espèces métalliques. » — Cela est convenu, et nous ne sachons pas que personne ait songé sérieusement à aider la circulation métallique en se mettant à

---

(1) Lors de l'enquête de 1857, M. Wilson ayant posé cette question : « L'or et les billets qui sont en circulation ne servent à rien, si ce n'est à solder chaque jour les transactions du commerce? » M. Weguelin répondit : « Vous avez raison, ils sont improductifs. »

l'abri du principe. Mais par cela seul que le papier pour être un supplément utile doit être échangeable à volonté contre des espèces, il n'en faut pas conclure avec M. Wolowski, « que le terrain solide de l'or et de l'argent doive demeurer le support de la production et de la circulation. »

Que l'or et l'argent soient le support, la base fondamentale de la circulation, rien de plus sensé ; mais quel danger peut-il y avoir à ce que la circulation positive ainsi sauvegardée, cette partie de la circulation qui ne lui est aujourd'hui qu'un minime accessoire, devienne réellement un supplément utile, un agent de richesse aussi direct que l'or lui-même, et s'en aille plus spécialement former le support de la production? Cette route aérienne dont parle Adam Smith et que M. Wolowski fait disparaître sous la masse de ses arguments, nous restera ainsi, et les conséquences que nous donnent le droit d'en attendre, et l'opinion d'un grand génie et les leçons de l'expérience, seront plus utiles à la grandeur et à la prospérité de la France que cette prudence de M. Wolowski qui commande de n'employer la monnaie fiduciaire que pour une fraction très-restreinte.

«C'est à l'énergie et à l'activité individuelle que le crédit doit emprunter sa principale force, sans empiéter sur le domaine de l'Etat. » — Nous sommes parfaitement de cet avis-là. Mais, il nous parait que si le crédit doit emprunter sa principale force à l'énergie et à l'activité individuelle, il serait nécessaire aussi que le pouvoir ne s'usât pas à soutenir un monopole.

Comment a-t-il pu échapper à M. Wolowski que cette intervention de l'Etat était le premier obstacle au développement de cette activité et de cette énergie qui doit nous conserver notre place ?

« L'unité d'émission peut seule maintenir sans secousse la
monnaie fiduciaire au niveau des besoins (1). » Voilà certes
une opinion qui n'a pas reçu la consécration de l'histoire ;
nous n'en voulons qu'une preuve, le tableau de la circulation du Royaume-Uni avant et après l'acte de 1844.

Circulation de la Grande-Bretagne de 1820 à 1831.

		BANK NOTES under 1 5.	BANK NOTES 1 5 and upwards.	POST BILLS.	TOTAL
1820. Fébruary.	26	6.745.160	15.402.830	1.421.160	23.569.150
August	26	6.772.260	16.047.390	1.633.760	24.453.380
1821. Fébruary.	26	6.483.010	14.372.840	1.615.600	22.471.450
August	26	2.598.460	16.095.020	1.634.260	20.327.740
1822. Fébruary.	26	1.384.360	15.178.490	1.609.620	18.176.470
August	26	862.650	15.295.090	1.610.600	17.768.340
1823. Fébruary.	26	683.160	15.751.120	1.742.190	18.176.470
August	26	550.010	17.392.260	1.763.650	19.705.920
1824. Fébruary.	26	486.600	17.244.940	2.198.260	19.929.800
August	26	443.970	18.409.230	2.122.760	20.975.960
1825. Fébruary.	26	416.880	18.308.990	2.334.260	20.060.130
August	26	396.670	17.091.120	2.061.010	19.548.800
1826. Fébruary.	26	1.367.560	21.100.400	2.487.087	24.955.040
August	26	1.175.450	18.172.160	2.040.400	21.388.010
1827. Fébruary.	26	668.910	18.787.330	2.052.310	21.508.550
August	26	483.060	19.253.890	2.270.110	22.007.060
1828. Fébruary.	26	410.890	19.428.010	2.329.880	22.174.780
August	26	382.860	19.016.980	2.417.440	21.817.280
1829. Fébruary.	26	357.170	17.402.470	2.444.660	20.204.300
August	26	334.190	17.164.940	2.030.280	19.529.410
1830. Fébruary.	26	320.550	17.862.990	2.284.520	20.468.060
August	26	313.460	19.403.610	2.217.870	21.934.940
1831. Fébruary.	26	306.900	17.566.140	1.777.790	19.650.830
August	26	302.470	14.567.180	1.595.660	18.465.310

(1) Nous nous arrêterons plus longuement à cette idée exprimée par M. Rossi
et citée par M. Wolowski, « que les Banques servent d'écluses pour réglementer les mouvements de la circulation ; » — mais déjà nous observerons que,
souvent discutée, elle a été peu partagée.

Il nous parait que pendant ces douze années la pluralité des Banques ne se lit pas à travers les secousses de la circulation fiduciaire.

Le tableau suivant que nous empruntons à M. Clément Juglar, ne justifie pas davantage l'opinon de M. Wolowski :

Circulation du Royaume-Uni de 1830 à 1861.

Années.	Maximum.	Minimum.	Années.	Maximum.	Minimum.
1830	21.800.000	17.800.000	1850	35.100.000	32.100.000
1835	19.000.000	16.800.000	1851	35.200.000	32.100.000
1840	37.400.000	34.500.000	1852	39.900.000	33.400.000
1841	36.300.000	34.000.000	1853	41.200.000	37.100.000
1842	36.900.000	33.000.000	1854	40.500.000	35.500.000
1843	36.600.000	33.400.000	1855	39.000.000	36.000.000
1844	39.500.000	35.700.000	1856	39.800.000	35.500.000
1845	42.600.000	37.900.000	1857	37.900.000	36.100.000
1846	41.000.000	36.900.000	1858	22.000.000	20.000.000
1847	39.900.000	32.100.000	1859	23.000.000	21.000.000
1848	33.800.000	30.800.000	1860	24.000.000	20.000.000
1849	36.600.000	30.400.000	1861	21.000.000	19.000.000

Ce tableau contient :

1830 et 1835 : Circulation de la Banque d'Angleterre ;

De 1840 à 1857, inclusivement : Circulation du Royaume-Uni ;

De 1857 à 1861 : Circulation de la Banque d'Angleterre.

L'*act* de 1844, s'appuyant sans doute sur cette idée que l'unité d'émission pouvait seule réglementer les fluctuations d'une circulation fiduciaire, avait la prétention de donner à ce principe une valeur et des effets pratiques ; mais cette prétention a dû céder et devant l'histoire et devant les observations d'hommes forts compétents.

En 1857, M. Weguelin répondait aux questions que lui adressait à ce sujet M. Wilson : — « En comparant la circulation des Billets avant 1844 et depuis l'*act* de 1844, je ne saurais découvrir aucune différence entre le principe qui règle actuellement la fluctuation, et celui qui réglait cette fluctuation avant l'*act* de 1844....... Avant et après, les Billets en circulation ont exactement éprouvé les mêmes fluctuations. »

« Ceux qui attaquent la constitution actuelle de la Banque de France, continue M. Wolowski, en se fondant sur l'accroissement de la circulation fiduciaire promis par eux à ce qu'ils nomment la *liberté des Banques*, sont bien oublieux ou bien ingrats.

« N'est-ce pas la grande réforme accomplie en 1848 qui a popularisé l'usage du billet de Banque dans les départements ?

« Elle a fait l'éducation du pays en cette matière ; elle a permis de doubler et de tripler la masse des billets employés ; elle nous a rapidement élevés sous ce rapport au niveau de l'Angleterre. Lorsque le privilége de l'émission se trouvait fractionné, chaque Banque départementale avait autour d'elle une sorte de rayon féodal, au-delà duquel ses billets subissaient la loi du change, en perdant leur caractère de monnaie fiduciaire ; aussi la circulation totale ne dépassait-elle pas 300 millions en 1846 ; elle gravite aujourd'hui vers le chiffre colossal de 900 millions.

« La confiance légitimement acquise à notre grand établissement financier, revêtu seul du droit d'émission, est si solidement assise, qu'en présence d'un encaisse réduit au-dessous du quart de la circulation, aucune inquiétude ne se fait jour. Si quelque chose d'analogue avait lieu en présence de la multiplicité des Banques, armées simultanément du droit d'émission, nous aurions une crise terrible à traverser.

« C'est l'unité qui nous en préserve ; c'est elle qui empêche l'inévitable solidarité qui rattache dans chaque pays, par un lien commun, le sort des Banques de circulation, et qui leur fait éprouver à toutes le contrecoup des échecs subis par quelques-unes. »

Bienheureuse unité, que d'inexactitudes on commet en ton nom !

Avec un peu de bonne volonté, il est aisé de donner à un effet heureux, une cause de son choix. C'est ainsi que M. Bonnet, lui aussi, attribue au seul monopole de la Banque de France, le développement de la circulation fiduciaire en France. Nous serons mal venu auprès de ces Messieurs en affirmant qu'au contraire, la centralisation de l'émission de la monnaie fiduciaire dans le monopole de la Banque de France, a empêché le développement qui se serait produit; cependant il est assez facile de le prouver.

Résumons le développement de la circulation.

1808	Paris.	80.000.000^f
1811	{ Paris.	
	{ Comptoirs	135.000.000
1820	Paris.	250.000.000
1836	{ Paris, maximum.	231.000.000
	{ — minimum.	192.000.000
1837	{ Paris et Comptoirs, maximum.	216.000.000
	{ — — minimum	190.000.000
	{ Banques départementales, moyenne	32.840.000
1840	{ Paris et Comptoirs, maximum.	251.000.000
	{ — — minimum	201.000.000
	{ Banques départémentales, moyenne	55.000.000
1845	{ Paris et Comptoirs, moyenne	296.000.000
	{ Banques départementales, moyenne	81.760.000
1846	{ Paris et Comptoirs, moyenne	270.000.000
	{ Banques départementales, moyenne	87.000.000

Circulation comparée de 1837 à 1846.

1837		1846	
Banque et Comptoirs	203.000.000^f	Banque et Comptoirs	270.000.000^f
Banques départementales . . .	32.840.000	Banques départementales. . . .	87.000.000
Total. . . .	235.840.000^f	Total. . .	357.000.000^f

La différence entre les deux époques est de 121,160,000 f., soit, pour les dix années, un développement de 54 0/0 à peu près.

1853 (dernier trimestre de 1852).	1862 (26 décembre).
Banque et Comptoirs, moyenne. 690.000.000^t	Banque et succursales . . . . . 778.000.000^f

La différence entre les deux époques est de 88 millions, soit, pour les dix années, un développement de 13 0/0 à peu près.

Ainsi, voilà donc les grands effets du monopole de la Banque de France. Certes, ce qui a été est une belle image aujourd'hui ; mais combien plus belle serait la réalité si le système de la pluralité eut pu aider la France du second Empire !

En 1837, la circulation de la Banque et de ses Comptoirs réunie à celle des Banques locales, était de 235 millions. En 1846, cette même circulation avait atteint le chiffre de 357 millions. Le progrès réalisé par le système de *la pluralité enchaînée* était de 122 millions, dont 58 pour les Banques départementales et 64 pour la Banque de France et ses 15 Comptoirs, soit ensemble, 54 à 55 0/0.

En 1853, dans le dernier trimestre de 1852, la circulation de la Banque de France et de ses Comptoirs était de 690 millions, et, le 26 décembre 1862, elle était de 778 millions ; la différence représentait, pour ces dix années, un progrès de 12 à 13 0/0.

Et pourtant, qu'elle époque fût jamais plus favorable au développement du crédit, en France, que cette période de 1852 à 1863 ! Nous espérons que Messieurs les *unitaires* trouveront leur part assez belle dans les époques comparées, et ne revendiqueront pas pour la plus grande gloire du monopole, les progrès que fit la circulation sous le régime du cours forcé, malgré qu'à la rigueur on pourrait encore les lui accorder, ceux des provinces surtout.

En 1847, neuf Banques départementales avaient en circulation une moyenne de . . . . 90,000,000 francs
Celle des Comptoirs était de . . . . 10,620,000 »

Ensemble. . . 100,620,000 »

En 1852, 26 succursales de la Banque de France avaient atteint le chiffre de. . . . . 105,000,000 »

Cinq millions; voilà le progrès accompli par le monopole dans la circulation fiduciaire des Provinces; c'est pour s'en être rendu un compte trop exact que M. Wolowski s'écrie :

« N'est-ce pas la grande réforme accomplie en 1848, qui a popularisé l'usage du billet de Banque dans les départements? »

Oui, François Baudouin disait bien :

Cæca sine historia jurisprudentia.

Nous ne pensons pas qu'il puisse être bien utile de revenir aux opinions de M. Mollien, malgré l'importance qu'on a voulu leur donner dans ces derniers temps.

Il serait trop long de suivre dans toutes ses erreurs, dans toutes ses contradictions, *ce génie à qui la forte école d'Adam Smith* avait inspiré des systèmes pratiques assez opposés aux théories du maître. Nous nous arrêterons à quelques-unes des citations de M. Wolowski lui-même et nous en resterons là, convaincu que ce sera assez.

Nous copions M. Wolowski :

Page 38.	*Page 48.*	*Page 66.*
M. Mollien et Napoléon se sont fermement attachés à l'idée que, « considéré dans sa véritable destination, le capital de la Banque n'était guère (dans l'exploitation que faisait une Banque de son privilége) que ce que le cautionnement d'un comptable des deniers publics était à sa gestion. » *Ils ne voulaient pas la réalisation du capital de la Banque en espèces* (1).	La Banque présente sans doute un autre gage de ses opérations dans le capital qu'ont fourni ses actionnaires pour avoir droit aux profits de son privilége ; *mais ce n'est qu'une garantie subsidiaire qui ne doit jamais être entamée*, car le lendemain du jour où ce capital serait atténué par quelque recours exercé sur lui, la Banque déchoirait de la confiance qui fait sa force, non-seulement vis-à-vis de ses actionnaires, mais même vis-à-vis du public, qui s'exagérerait le danger de l'altération d'un de ses gages (2).	M. Mollien aurait voulu qu'à l'exemple de la Banque d'Angleterre, la Banque de France transformât, comme elle l'a fait en 1857, une partie de son capital en un prêt consenti à l'État (3).

La place qu'occupent ces opinions diverses dans les mémoires de M. Mollien, autant que la divergence elle-même de l'opinion, prouvent que le ministre de Napoléon 1er savait soumettre ses systèmes aux circonstances. En écrivant son premier volume, il pensait que nul recours ne devait être exercé sur le capital de la banque sous peine de décheoir de la confiance qui fait sa force ; et, dans son troisième volume, il ne voulait pas la réalisation en espèces du capital de la banque. Cependant, il nous paraît qu'en obligeant ce capital à se convertir en rentes de l'Etat, *on avait exercé sur lui un certain recours ;* on l'avait exposé à

(1) Mémoires d'un Ministre du Trésor public, tome 3, page 149.
(2) Mémoires d'un Ministre du Trésor public, tome 1, page 296.
(3) Mémoires d'un Ministre du Trésor public, tome 2, page 52.

se trouver sérieusement entamé d'un moment à l'autre.

En 1807, la partie du capital de la banque convertie en rentes, offrait au public une garantie de 573,000 fr. de rentes que l'on pouvait vendre au cours du moment, à 86,70 ; en 1810, la partie du capital immobilisée ne garantissait les opérations de la banque que par 1,553,264 fr. de rentes, dont le cours était de 79.

Et en 1814, enfin, cette partie du *capital rentes* n'était plus représentée que par des titres d'une réalisation assez difficile et que l'on cotait à la Bourse 45 francs.

Plus tard, M. Mollien aurait voulu qu'à l'exemple de la Banque d'Angleterre, la Banque de France transformât son capital en un prêt consenti à l'Etat. Ce désir de M. Mollien s'explique fort bien ; mais ce n'en est pas moins une contradiction nouvelle ; il est d'ailleurs d'un faible poids dans la question qui s'agite actuellement, et nous ne pensons pas qu'il soit besoin d'en repousser l'application.

« La première condition de toute monnaie, disait M. Mollien, est de prendre dans la nécessité de son emploi la mesure de son émission, et cette condition est bien plus impérieusement obligatoire pour la monnaie artificielle qu'une banque peut émettre que pour la monnaie réelle. Lorsqu'il y a surabondance de monnaie réelle, le superflu prend aisément une autre forme ; lorsqu'il y a surabondance de monnaie artificielle, le superflu avilit toute la masse et dégrade son titre. » M. Mollien s'était fort peu occupé de la circulation métallique s'il pensait que tous les inconvénients d'une circulation trop abondante se traduisent par un simple changement de forme dans le superflu. Quant à la monnaie fiduciaire, nous ne croyons pas à son avilissement par la seule cause d'une émission exagérée.

Nous sommes sur le terrain de la liberté, c'est-à-dire dans une époque où toute facilité est laissée au public d'accepter ou de refuser les Billets qu'émet une Banque.

La masse de la monnaie fiduciaire qui circule dans un pays ne peut jamais excéder la valeur totale de la monnaie métallique que le papier remplace. Ce principe, tout en lui prêtant un sens différent, M. Wolowski l'a reconnu ; l'expérience la consacré. Il ne dépend point d'une Banque quelconque d'élever au-delà d'une certaine limite le chiffre de ses émissions. Le rapport présenté par M. Benoist à la Chambre des députés, le 5 avril 1847, disait :

« La circulation de la Banque est limitée d'une manière que l'on ne peut contester, et la preuve évidente en est offerte toutes les fois que l'émission dépasse cette limite ; une quantité à peu près correspondante se représente dans un assez court délai à l'échange contre espèces. »

Puisqu'il est impossible qu'une émission exagérée se tienne dans la circulation, pourquoi craindre la dépréciation de la monnaie fiduciaire sous le prétexte que le superflu avilit la masse ? Si la cause est matériellement reconnue impossible, il nous paraît que l'effet ne peut être bien à craindre. Ce qui est avili par la surabondance, c'est ce papier que, de son droit régalien, crée un Gouvernement, sans garantie aucune pour le public. Tant que l'émission ne dépasse pas les besoins de la circulation, la facilité avec laquelle le public prend et donne ce papier-monnaie, lui imprime une valeur qu'il ne mérite pas ; mais sitôt qu'un Billet s'est trouvé dans la circulation en dehors des besoins, le possesseur l'a présenté à l'échange contre espèces : le remboursement lui a été refusé et l'avilissement s'en est suivi, autant à cause du besoin d'espèces que des craintes qu'a pu concevoir le porteur en songeant à son impuissance vis-à-vis du pouvoir ne payant pas.

Si au contraire le possesseur eut pu, à sa volonté, échanger contre des espèces qu'il lui fallait, ce Billet dont il n'avait pas besoin, l'équilibre eut été rétabli et nulle dépréciation n'aurait eu lieu (1).

« M. Mollien n'admettait pas l'unité de la monnaie fiduciaire circulant sur tout le territoire, dans la crainte qu'une pareille combinaison ne produisît encore l'effet de rendre les véritable lettres de change moins nécessaires, et d'ôter conséquemment aux Banques leur matière première, qui est l'escompte de ces valeurs, » et M. Wolowski, ne voulant pas trouver une contradiction dans ce puissant esprit nourri à la forte école d'Adam Smith, croit pouvoir toujours laisser sous sa consécration autorisée la défense de son système unitaire, en répétant avec Horace :

Quandoque bonus dormitat Homerus.

C'est ici que le droit d'appréciation nous apparaît comme le couronnement de l'étude de l'histoire et que nous serions prêt à dire.

Que s'il n'existait pas il faudrait l'inventer.

C'est ainsi que M. Wolowski, après avoir écrit (page 41) : « La Banque de France ne parvenait, en 1806, à maintenir dans la circulation que 50,000,000 de Billets, » observe (page 71), « que la crise de 1805 fut causée par une exagération de la circulation fiduciaire portée à 80,000,000. »

(1) Une circulation de papier convertible en espèces à la volonté du porteur, dit M. Buchanan, ne doit essuyer aucune diminution de valeur par le discrédit ou l'excès, car la sécurité peut toujours être constatée par une demande en paiement, et dans le cas d'une émission surabondante, le papier émis avec excès serait renvoyé à la Banque pour y être échangé contre des espèces.

Ce qui n'empêche pas que plus tard M. Wolowski, revenant sur cette crise de 1805, ne l'analyse ainsi :

« La Banque traversa vers la fin de l'année 1805, une crise fort grave, *causée par une complaisance imprudente* en faveur des hommes qui, sous le nom de faiseurs de service, vendaient au Trésor l'illusion de leur crédit. »

Voici l'histoire de ce que M. Volowski appelle *une complaisance imprudente en faveur des faiseurs de service :* Une circulaire, *émanée des bureaux du Trésor*, avait prévenu les receveurs généraux que M. Desprez était porteur de toutes les obligations, et qu'ils étaient autorisés à lui adresser en compte-courant tous les fonds qu'ils auraient disponibles. De son côté, M. Desprez, se prévalant de cette circulaire, avait invité les receveurs généraux à lui adresser les fonds qu'ils pourraient se procurer au-dessous de 8 0/0, leur promettant un intérêt plus élevé. En très-peu de temps il reçut par cette voie des sommes énormes, dont il prêta, par vanité ou autrement, plus de 50,000,000 au commerce.

Embarrassé à son tour, Desprez déposa à la Banque de France les obligations dont il avait déjà reçu le montant en compte-courant. La Banque qui, par une pratique complètement opposée aux premières théories de M. Mollien, avait reçu l'ordre d'escompter les obligations du Trésor, accepta les remises de M. Desprez, et, pressée à son tour par le remboursement de ses Billets, elle recourut au receveurs généraux qui, au lieu d'écus, lui envoyèrent des mandats sur M. Desprez. M. Desprez n'était point en mesure, la Banque prit l'alarme, et s'empressa de suspendre ses paiements, laissant ses Billets perdre 12 0/0.

De retour d'Austerlitz, Napoléon réorganisa la Banque

sur un plan plus vaste. Elle devenait ainsi, selon M. Wolowski, *une institution mixte, dirigée par l'État, administrée par les actionnaires, conseillée par les négociants eux-mêmes.* Telle est la pensée fondamentale de la loi de 1806.

Nous ne voulons pas nous arrêter à la loi de 1806 ; notre opinion est qu'elle créait non point une Banque mixte, mais une Banque essentiellement Gouvernementale. C'est rendre un fort petit hommage à la mémoire de Napoléon Ier que chercher à dénaturer le caractère d'une institution aussi utile que nécessaire à la France du premier Empire ; et nous le disons hardiment : une Banque commerciale ou mixte simplement, eut été, en 1808, une utopie aussi grande que le serait de nos jours une Banque Gouvernementale. D'ailleurs, le rapport de M. Martin fils d'André, à l'Assemblée générale de 1814, permet de mieux juger la loi de 1806 que ne sauraient le faire les quelques lignes que M. Wolowski lui consacre : Nous le reproduisons textuellement dans notre Histoire de la Banque de France.

Arrivé à l'augmentation du capital de la Banque, M. Wolowski ne craint pas d'affirmer que la Banque avait *demandé et obtenu* de porter ses actions de 30 à 45 mille et de 45 mille à 90 mille ; ce n'était point là l'opinion de M. Jacques Laffitte (1) et certes il pouvait être bien instruit. Il en était de l'augmentation du capital comme il en avait été de l'acquisition des rentes. Napoléon Ier accordait aux actionnaires de la Banque ce qu'ils ne lui demandaient pas, et il agissait fort bien : Non pas que nous approuvions la conversion du capital de la Banque en rentes sur l'État, mais, par elle-même, la Banque de France n'eut jamais fait

____

(1) Voir page 30, Assemblée générale de 1814.

un pas ; et, outre que la mesure était nécessaire alors, elle ne pouvait pas avoir de bien fâcheuses conséquences.

Que l'on nous permette de rappeler ici une petite page de l'Histoire de la Banque ; elle pourrait bien empêcher qu'on ne vienne un jour nous dire : l'immobilisation du capital est un droit qui appartient à la Banque ; il lui a été accordé à la formation de ses statuts.

C'est un charmant passage du discours que M. Benoit-Fould prononça à la Chambre de députés, le 13 avril 1847.

« Il n'est pas inutile de dire comment la Banque a commencé à devenir propriétaire de rentes.

« Un jour, l'Empereur fit venir le Gouverneur de la Banque d'alors et lui dit qu'il croyait utile que la Banque fît un achat de rentes, de compte à tiers avec le Trésor public et la Caisse des consignations. Le Gouverneur répondit : Il faut que je consulte le Conseil général de la Banque : — Le Conseil général fut réuni, et, *à l'unanimité*, il déclara que l'opération était contraire à la loi et qu'on ne pouvait pas la faire.

Vous croyez peut-être que l'achat n'eut pas lieu. — Le lendemain vint une lettre qui annonçait au Gouverneur de la Banque que, conformément aux conventions de la veille, on avait acheté une certaine quantité de rentes. Alors on était accoutumé à obéir, et l'on obéit.—La seconde acquisition des rentes pour la Banque eut lieu pour l'emploi de ses réserves. »

Encore une citation de M. Mollien, c'est la dernière : « La surabondance *des Billets de Banque*, dit-il en écrivant la *Fonction de la Monnaie*, a des conséquences bien autrement graves, *comme l'ont prouvé les assignats*. » — Et M. Wo-

lowski, plein de bonne volonté, ajoute : « Ces lignes sont,
sans contredit, au nombre des plus belles qui aient été écri-
tes pour déterminer la fonction de la monnaie. » — Il est
cependant, entre les Billets de Banque et les assignats
que créa la Révolution, une différence qui n'a pu échapper
à M. Wolowski.

« La Banque d'Angleterre, par une connaissance exacte
du mécanisme de la circulation, est aussi solide que son
Gouvernement ; il ne faut pas demander plus à une Banque. » — Nous nous expliquons difficilement une pareille
citation. Adam Smith écrivant *l'Histoire de la Banque
d'Angleterre* et analysant les différents prêts qu'elle avait
été obligée de consentir au Gouvernement, pouvait bien se
résumer par ces mots, qui, au demeurant, ne sont pas
d'une rigoureuse exactitude : — « La Banque d'Angleterre
est aussi solide que le Gouvernement. Il faut que tout ce
qu'elle a avancé à l'Etat soit perdu avant que ses créanciers
puissent avoir à craindre la moindre perte. » — Mais, nous
n'accepterions pas que l'on voulût ériger en principe une
simple appréciation historique, un résumé de situation ;
moins encore comprendrions-nous que l'on voulût mettre
une semblable théorie sous l'autorité d'Adam Smith. Suffit-il
que les Banques soient aussi solides que les Gouvernements? Les Banques sont à la société et doivent être aussi
solides que la société elle-même. Les Gouvernements disparaissent, mais la société reste.

En demandant le libre exercice du crédit, nous n'avons
pas la prétention de revenir aux usages du premier Empire.
Nous savons fort bien que la liberté ne fût pas alors l'idole
du grand homme ; néanmoins, en matière fiduciaire, nous
sommes convaincu qui si le principe unitaire a été, non

point une règle, mais simplement un système de l'époque, ce fut pour des causes très-différentes de celles que M. Wolowski a trouvé dans *l'Histoire de la Banque de France*.

Autant que nous l'avons pu, nous avons consulté et les documents officiels et les écrits du temps; ils nous ont appris que le régime unitaire ne fut qu'une organisation provisoire, une préparation à la liberté. Les hommes étudiaient le crédit dans la pratique d'un établissement unique; mais à coup sûr, ni pour le commerce, ni pour l'Empereur, ce n'était pas là le dernier mot.

« Napoléon voulait l'unité de la Banque; » cela est fort possible; mais l'unité de la Banque, ce n'est point l'uniformité fiduciaire, la circulation monopolisée.

« Quant à des Banques départementales, il n'y a songé qu'en désespoir de cause. »

C'est là une opinion qui se détruit d'elle-même. Si la loi du 24 germinal au XI avait été publiée après la loi du 22 avril 1806, nous comprendrions que la résistance opposée par la Banque de France à l'établissement des Comptoirs eût amené l'Empereur à songer aux Banques départementales. Mais la loi de 1806, promulguée après la loi de germinal an XI, nous amène à penser, contrairement à M. Wolowski, que Napoléon ne songea à étendre la Banque de France dans les Provinces, que le jour où il vit les difficultés qui s'opposaient à l'établissement des institutions locales. « Les grandes métropoles du commerce Français ne voulaient point de cette faveur; elles préféraient les Comptoirs de la Banque. »

Et comment les Provinces auraient-elles songé à mettre à profit la loi de germinal? — Si M. Wolowski veut rappeler la situation politique de l'Europe en général, et notre situa-

tion commerciale en particulier, il conviendra que le temps
n'était guère favorable aux institutions de crédit. La Banque
de France escomptait :

> 111 millions en l'an VIII.
> 65 millions en 1806.

Assurément, il n'y avait point là matière à de nouvelles
institutions. M. Wolowski, d'ailleurs, en convient lui-même
un peu plus loin :

« On arrivait à l'unité après avoir vainement essayé dans
les départements des Banques armées d'un privilége local,
suivant la pensée de 1803. »

Ce n'était donc pas en désespoir de cause que l'Empereur
avait songé aux Banques départementales.

Non, quoi qu'en puissent penser tous les amis du monopole, nous ne saurions croire un instant que l'idée de
Napoléon Ier était d'enchaîner à la Banque de France, agriculture, industrie et commerce; les circonstances seules
firent la loi de l'époque, et nul doute que, à la tête des
destinées de la France en 1864, en présence du monde
actuel, Napoléon Ier n'aurait point dit de la Banque de
France :

Voilà le couronnement de ma pensée.

§ I

M. Wolowski consacre au rapport de M. Rossi quelques observations qui rentrent dans une catégorie plus générale et nous arrêteront un peu plus tard.

« *Le principe de la libre concurrence est-il applicable aux Banques d'émission?* » — Encore une question sur laquelle nous aurons à revenir longuement; mais en attendant, un mot sur la discussion de 1840.

M. Wolowski pense que la commission dont M. Dufaure était *l'organe* n'hésita pas à se prononcer contre la pluralité des Banques d'émission. Il observe bien que le rapporteur se bornait à *préférer pour Paris* une seule Banque, avec une circulation assez étendue pour satisfaire aux besoins du commerce, mais il ajoute : — « Si monsieur Dufaure n'articule pas le principe d'unité, il le pressent, et son argumentation serrée met naturellement sur la voie de ce progrès défini. »

M. Dufaure pouvait tenir à l'idée unitaire, nous le voulons bien; mais, en écrivant l'histoire de la discussion de 1840, M. Wolowski devait ajouter que ni la Chambre ni

9

le Gouvernement ne partageaient en rien les idées de M. le Rapporteur.

Arrêtons-nous un instant à *cette argumentation serrée* que M. Dufaure emploie à combattre la pluralité des Banques, qu'il appelle, bien à tort, *une concurrence.*

« Si deux compagnies existent, chacune se croira intéressée à multiplier ses affaires pour accroître ses dividendes, pour faire hausser ses actions, pour étendre sa clientèle... Avec deux Banques, le numéraire sera offert à qui ne songerait pas à le demander, et ce ne sera pas le seul moyen qu'elles emploieront. Elles chercheront à augmenter leur clientèle, tantôt en se livrant à des spéculations hasardeuses qui leur sont interdites, tantôt en négligeant les précautions dont doivent être entourées celles qui leur sont permises. »

A quoi tiennent donc cette prudence, cette probité, ce dévouement tant vantés de la Banque de France? Eh quoi! il lui suffira de voir ses dividendes menacés d'une réduction, pour compromettre aussitôt son crédit et sa puissance?

Un pareil argument nous surprend, invoqué surtout par un défenseur de la Banque de France.

Convenons que ce n'est pas là battre en brèche le système de la pluralité des Banques, et que l'on peut, sans se montrer bien difficile, ne pas se sentir entraîné vers le principe unitaire.

Nous sommes plein de respect pour tout ce qui tient à une recherche, quelqu'infructueuse qu'elle puisse être, en faveur de la vérité; mais, nous avons aussi, nous ne craignons pas de le proclamer hautement, une opinion trop favorable de ceux que leur talent et leur position pourraient appeler à la direction d'une Banque, pour croire un instant aux dangers dont s'effrayait M. Dufaure.

« Nous vous proposons donc, disait en terminant M. le Rapporteur, de confirmer le privilége accordé par la loi de l'an XI; toutefois, nous apportons à la proposition du Gouvernement une modification. Pendant les 28 années qui nous séparent de l'époque où finira l'effet de notre loi, l'activité du commerce et de l'industrie, les développements du crédit, peuvent faire naître de nouveaux besoins ou rendre nécessaires des précautions nouvelles. Nous croirions imprudent d'engager un aussi long avenir; nous voulons réserver à l'état la faculté soit d'abolir le privilége, soit d'en modifier les conditions. »

Serait-ce encore une preuve du grand désir qui animait M. Dufaure et la Commission de 1840, de voir enfin la Banque de France couronner l'œuvre en se constituant un privilége exclusif et sempiternel?

En 1847, une nouvelle Commission, composée de MM. Benoit Fould, Gouin, Deslongrais, de Bussières, etc..... fut chargée d'examiner un projet de loi tendant à diminuer la coupure des Billets qu'émettait la Banque de France. Son rapporteur, M. Benoist d'Azy, en profita pour hasarder quelques idées que ne partageaient ni la Chambre ni la Commission, n'en déplaise à M. Wolowski, qui les rappelle comme étant *l'expression de la majorité*.

M. Clapier (de Marseille) combattit les conclusions de la Commission et fit valoir les dangers d'une centralisation destinée à donner à une seule Compagnie le droit de vie ou de mort sur le crédit d'un pays tout entier.

« On sait, ajoute M. Wolowski, on sait à quoi s'en tenir sur ces sinistres prévisions. Rien de moins oppressif que l'action de la Banque, et loin de lui reprocher la vaine prétention de former un État dans l'État, on pourrait plutôt la trouver trop disposée à une certaine docilité vis-à-vis du pouvoir. »

M. Wolowski ne s'arrête qu'à-demi sur les observations que présentait M. Clapier, au sujet du pouvoir que donnait à la Banque la centralisation que l'on demandait pour elle. Ce que craignait M. Clapier, ce que redoutait M. Garnier-Pagès, ce n'était point que la Banque usât sa puissance à menacer le Gouvernement, bien au contraire : La Banque de France ne se sentait déjà que trop disposée à mettre son influence à la disposition du Gouvernement, à concourir avec lui à l'exercice du pouvoir.

« Monsieur le Rapporteur a profité d'un moment où la Banque a commis des fautes impardonnables, des fautes aussi désastreuses pour le commerce et l'industrie, pour venir demander précisément l'absorption de toutes les Banques départementales par la Banque de Paris. Je demande à la Chambre la permission de lui citer une autorité bien respectable, celle de M. Gautier, pour lui dire quel est le pouvoir immense que tient la Banque de France dans ses mains, et je conclus en disant : Non, messieurs, non, il n'est pas possible de mettre un pareil pouvoir dans la main d'une Compagnie à côté du Gouvernement. Je ne veux pas, comme le disait mon regrettable frère, que la monarchie constitutionnelle, telle qu'elle existe, soit gouvernée par les banquiers. J'avoue que le Gouvernement me paraîtrait alors un peu plus mauvais encore (1). »

M. Wolowski pense-t-il que M. Garnier-Pagès, décrétant avec le Gouvernement Provisoire la réunion des Banques locales avec la Banque de France, s'inspirait de ses princi-

---

(1) Chambre des Députés, séance du 14 avril 1847, M. Garnier-Pagès.

pes économiques et consacrait le monopole actuel de la
Banque de France?

« Bien qu'il se prononçât contre l'absorption de tous les
établissements par l'institution-mère, M. *Bussières* (de la
Marne) demandait l'unité de la circulation. »

Voici les quelques lignes qui dans l'*éloquent* discours
de M. *Bussières*, se rapportent le plus directement à la
question actuelle.

« Le rapport de la Commission traite deux questions :
celle des coupures des Billets de circulation, et celle de
l'organisation générale des établissements de crédit en
France. Je ne suis pas monté à la tribune pour parler sur
la première ; mon intention n'est pas de traiter à fond la
seconde ; mais mon intention est de ne point laisser passer,
sans contestation, les conclusions de la Commission qui
tendent à la suppression, dans l'avenir, des Banques locales, et à y substituer les Comptoirs de la Banque de France.
(*très-bien, très-bien.*)

C'est ainsi que la Chambre manifestait une opinion
que M. Wolowski nous donne comme favorable à l'absorption.

Je ne voudrais pas, je le répète, que cette opinion
passât sans contradiction. A l'appui de son système d'absorption, la Commission a dit : « La Banque n'a point fait opposition à l'établissement de ces Banques, comme elle eut
pu le prétendre d'après son privilége. » — Je conteste formellement cette prétention que l'on exprime au nom de la
Banque de France. La loi de germinal an XI, article 31,
dit positivement le contraire.

Je préfère, quant à moi, à l'établissement d'un système
général de Comptoirs dépendant de la Banque de France,

une fédération de Banques locales établies et à établir successivement sur les divers points de la France.

« Le rapport, pour citer les titres que la Banque de France peut avoir à étendre ses Comptoirs et à les substituer aux Banques départementales, parle des services qu'elle a rendus, de son excellente organisation, et il ajoute qu'elle seule lui paraît offrir des garanties suffisantes. Eh bien ! je crois que ces trois points peuvent être facilement réfutés..... »

Cette réfutation amenait M. Bussières à blâmer devant la Chambre le rachat clandestin des actions de la Banque, et à désapprouver, en s'appuyant sur l'affaire de Russie qu'il nommait, avec raison, un traité miraculeux, l'immobilisation du capital de la Banque.

« N'invoquons donc point, s'écriait-il, à l'appui du système au moyen duquel on veut faire absorber les Banques locales par la Banque de France, la perfection très-contestable de son organisation. . . . .

« Je termine en constatant que, de ma part du moins, l'absorption des Banques locales au profit de la Banque de France, proposée par la Commission, n'a pas été accueillie sans d'énergiques réclamations. (1) »

C'est là ce que M. Wolowski appelle très-modestement : *Se prononcer contre l'absorption* et *demander l'unité de circulation*.

M. Clapier (des Bouches du Rhône) :

« La Banque nourrit un projet qu'elle ne dissimule pas ; elle veut absorber dans son sein toutes les Banques de Province, et c'est pour atteindre ce résultat qu'elle veut commencer par attirer dans ses coffres tous les écus du pays.

(1) Séance du 13 avril 1847, M. Bussières (de la Marne).

Les Banques de Province seront alors à la merci de la Banque de France. Du moment où ce résultat aura été obtenu, la dernière heure des Banques de Province aura sonné.

« J'ai entendu dire dans une occasion récente qu'un des dangers, qu'un des inconvénients de notre situation politique, c'était cette centralisation excessive qui met entre les mains du pouvoir toutes les places, tous les emplois du pays, et l'on disait que le pouvoir qui peut disposer de toutes les places, de tous les emplois, tient dans ses mains tous les votes, toutes les consciences. Eh bien ! je dis qu'il y a une centralisation plus périlleuse que celle des fonctions et des emplois, c'est celle des fortunes, c'est celle des écus, c'est celle du crédit. Un établissement qui tiendrait entre ses mains tout le crédit du pays, tiendrait plus que tous les votes du pays, il tiendrait toutes les existences.

« Eh quoi ! il y a dix ans, nous avons vu les efforts inouïs qu'on a fait dans un certain pays pour abattre la Banque centrale ; Jackson ne crut pas trop faire, pour atteindre ce résultat, que de bouleverser son pays, d'appeler sur lui la crise la plus épouvantable qui ait eu lieu, et, au dire des hommes sages, cet avantage n'a pas été acheté trop cher ; et ce que les Etats-Unis ont renversé avec tant de peine, tant d'énergie, vous voudriez le créer parmi nous ?

« Ce serait, je le répète, une faute, un danger. »

M. Wolowski croit que le temps a fait justice des craintes que manifestait M. Clapier, mais il ne nous dit pas les motifs qui lui inspirent une pareille confiance. Nous voyons, nous, dans la situation actuelle de notre marché, bien des raisons en faveur de l'opinion qu'émettait l'honorable M. Clapier. Quelque peu que M. Wolowski y tienne, nous serons heureux de les soumettre à son appréciation.

Voici quelle était l'opinion de *M. Benoit Fould* :

« Quant à moi, je ne vois aucun avantage à la suppression des Banques locales. Je regrette que le rapport ait énoncé une opinion favorable à cette suppression ; je ne l'ai point partagée. »

M. Beaumont (de la Somme), reprochait à la Banque de n'être d'aucune utilité à l'agriculture : « Pour elle, la Banque est un être presque imaginaire dont elle connait à peine le nom. »

M. Lestiboudois : « Il y a dans les dispositions de la loi qui nous est soumise un oubli considérable, oubli que je m'explique par la pensée, déjà émise, qu'il y aurait nécessité de supprimer les Banques de Province. C'est sur ce point que j'appelle l'attention de la Chambre ; il me paraît de la plus haute importance.

« Supprimer les Banques de Province, les Banques Départementales, pour donner le monopole de toutes les affaires d'escompte à la Banque de France, me paraît la chose du monde la plus grave. Chacun comprend que les conditions faites au commerce seront d'autant meilleures que la concurrence pourra exister ; mais il y a une raison bien puissante, qui doit nous faire hésiter lorsqu'on nous présente en perspective de pareilles dispositions, c'est celle-ci : La Banque de France est tellement liée avec le Gouvernement, que les besoins de celui-ci pèsent toujours d'une manière énorme sur la Banque elle-même. De telle façon, qu'à un moment où le Gouvernement a des besoins, tout doit lui être sacrifié ; il n'est plus possible qu'il reste aucune ressource pour le commerce ordinaire. »

M. Victor Grandin : « On a beaucoup vanté, à cette tribune et ailleurs, les services rendus par la Banque de France ;

mais l'éloge le plus complet qui ait jamais été imprimé est, tout le monde en conviendra, je pense, celui qui fait l'objet du rapport de l'honorable M. Benoist.

« Je suis loin de vouloir contester les services rendus par la Banque de France, mais il me sera permis de regretter qu'on n'ait mis en lumière qu'une seule face de ce grand établissement que le rapport appelle *une admirable machine.*

. . . . Convenons, en outre, pour être justes envers tout le monde, que la concurrence des Banques privées n'a pas peu contribué à imprimer à la Banque de France une certaine activité et à stimuler son zèle pour satisfaire aux besoins du commerce et de l'industrie. Disons les choses telles qu'elles sont : Comme toutes les institutions où le lucre est la récompense de l'habileté déployée, la Banque a surtout été guidée par son intérêt ; je regrette qu'elle ne l'ait pas toujours bien compris. Aussi, quand elle a cru pouvoir ou devoir augmenter le taux de son escompte, elle l'a fait ; quant à le diminuer, jamais. Ainsi, dans les temps de prospérité, tandis que la Banque maintenait opiniâtrement son escompte à 4 0/0, on a pu escompter ce qu'on appelle, en style de Banque, le papier doré sur tranche, à 3 1/2, 3, 2 1/2 et jusqu'à 2 1/4 0/0.

« Qu'est-il arrivé? C'est que les Billets et grosses valeurs que la Banque préfère quand elle peut choisir, n'allant plus à elle, elle a dû se contenter des valeurs moins réputées et rechercher même jusqu'aux plus petites, et c'est alors que la Banque s'est décidée à créer des Comptoirs en Province, dont le nombre a été porté de 4 à 16 en moins de six années, c'est-à-dire 12 depuis 1840. Et le motif en est fort simple ; c'est, que comme l'argent est toujours beaucoup plus cher en Province qu'à Paris, la Banque espérait trouver là un em-

ploi plus productif pour ses capitaux et augmenter la masse
des Billets en circulation qui, dans tous les cas, n'a jamais
pu dépasser à Paris une certaine limite; et, pour le dire en
passant, on pourrait bien voir dans ce fait l'explication de ce
qu'on est convenu d'appeler *la grande prudence de la Banque de France* . . . .

. . . . . Messieurs, il faut parler nettement. Ce qu'on
veut pour la Banque, et avec la Banque, c'est un moyen,
non pas de lutter avec les Banques départementales, la Banque de France n'aime pas la lutte, mais le moyen de les anéantir et de pouvoir se substituer complètement à elles. Au surplus, le langage de la Commission est assez clair, et, quant
à l'occasion de ce qu'elle appelle un simple changement
dans la forme des Billets, elle trouve moyen, dans son rapport, de consacrer 40 pages sur 45 à démontrer les avantages d'une Banque unique, il n'est guère permis de se tromper sur le but qu'on veut atteindre.

« Messieurs, *je ne partage pas du tout les idées de la
Commission, ou, si l'on veut, les intentions de monsieur le
rapporteur.* . . . .

. . . . J'appelle la plus sérieuse attention
de la Chambre sur tous ces périls, et j'adjure particulièrement mes honorables collègues dans les départements des-
quels il existe des Banques, ou qui peuvent espérer de voir
s'en former, de se réunir à moi *pour repousser la loi qui
n'est qu'un ballon d'essai,* une sorte de machine de guerre
dirigée contre elles. »

Désireux de voir se terminer un débat si victorieusement
soutenu déjà, *M. de Morny* négligeait de s'arrêter à l'absorption des Banques locales; mais l'appréciation qu'il faisait de la monnaie fiduciaire, dans son action sur la mon-

naie métallique, permettait de croire qu'il ne sentait en rien le besoin de concentrer l'émission des Billets dans l'unité de la Banque de France.

Enfin, *M. Benoist* lui-même, témoin de l'opposition qu'avaient rencontrées ses tendances à l'absorption des Banques locales, clôturait ainsi le débat :

« Il y a des choses merveilleuses réalisées ailleurs qui vous sont complètement inconnues, en ce sens qu'on n'y a pas encore réfléchi. Ainsi les Banques d'Écosse ont amené de si admirables résultats, que j'aimerais à vous les faire connaître. Ce serait comme un épisode qui peut avoir pour la chambre quelqu'intérêt : Il existe en Écose des Banques qui réalisent ce grand problème, qu'elles suffisent aux grandes affaires du pays et qui descendent ensuite d'étage en étage jusqu'aux plus petits intérêts. Elles prêtent au plus petit commerçant, au plus petit agriculteur; elles prêtent sur deux cautions qui lui sont présentées. Elles ouvrent des crédits à découvert : Ces crédits amènent à ces Banques toutes les affaires de celui à qui ils sont ouverts, et il y a bénéfice réciproque; et ces crédits qui s'étendent à la totalité de la population n'ont jamais donné lieu à aucune perte. Les hommes les plus éclairés qui ont été consultés dans toutes les enquêtes du Parlement ont affirmé que ces crédits ont été la source des fortunes qui se sont créées dans le commerce et l'agriculture. L'homme intelligent doit à ces belles institutions, aussi utiles au point de vue moral qu'au point de vue économique, la fortune à laquelle il parvient. Eh bien ! ce fait réalisé en Ecosse, il semble étrange qu'on ne puisse pas le réaliser ailleurs. Y a-t-il possibilité d'établir chez nous la même chose? peut-être; cherchons-le, pensons-y.

« *C'est ce que nous avons voulu établir dans la Commission.*

« Je ne reviendrai plus sur ces questions. Si quelques orateurs cherchaient à les ramener de nouveau, je les supplierai de penser que, dans ce que la Commission a exprimé à cet égard, il n'y a point d'hostilité contre le système des Banques particulières; il y a seulement regret, c'est que les Banques, dans leur existence actuelle, ne paraissent pas plus propres à réaliser la pensée générale que j'indique. Si l'un trouve une combinaison telle que les Banques rentrent dans un système plus général, si ces Banques peuvent réaliser ce que nous cherchons, nous serons les premiers à y applaudir. »

Voilà le débat que M. Wolowski résume ainsi :

« *Ces idées ne rencontrèrent que peu de contradicteurs; le rapporteur, M. Benoist d'Azy, maintint énergiquement les conclusions de son travail.* »

Il faut une bien grande volonté pour découvrir, à travers ce tableau des Banques d'Écosse, l'unité actuelle de la Banque de France. Tout chemin mène à Rome, mais il en est de bien longs. Si M. Benoist a pu penser un instant que le monopole de la Banque de France était de nature à réaliser ses espérances, convenons qu'il s'est grandement mépris : jamais plus noble idée ne rencontra pire application.

Le renouvellement du privilége de la Banque de Bordeaux ramena la discussion et prouva que la Chambre conservait encore, en 1848, le même désir de s'opposer à la destruction des Banques locales.

« Je crois, disait *M. Deslongrais*, que le système à établir
pour les Banques ne doit pas être aussi absolu que le système unitaire... »

Monsieur *Ducos*, rappelant les débats antérieurs, ajoutait : « La prétention de la Banque de France, timidement
énoncée alors et qui se produit aujourd'hui avec tant d'éclat,
ne fut pas même l'objet d'un débat sérieux. . . . . . .

. . . . Les Banques départementales fonctionnent depuis un grand nombre d'années ; en est-il une seule dont le
crédit ait cessé d'inspirer confiance au commerce ou au
Gouvernement ? . . . .

. . . . Ne serait-on pas jaloux de leur prospérité qui
va toujours croissant, quand après l'avoir dédaignée lorsqu'elle tardait trop à se révéler, on se montre aujourd'hui
si préocupé de les absorber à son profit ?

« Les Banques départementales s'inspirent des besoins,
des intérêts, des sympathies des localités ; un certain esprit
de famille préside à leur direction ; c'est ainsi qu'elles main-
tiennent leurs escomptes à un taux modéré, toutes les fois que
la situation commerciale, plus que leur propre intérêt, leur
en fait la loi. Avec un Banque unique, une crise devient
générale.

« Oui, Messieurs, je vous le demande, croyez-vous qu'il
soit de l'intérêt public que la moindre palpitation de la
Banque de France se fasse simultanément sentir à toutes
les extrémités du royaume ? Croyez-vous qu'il soit utile à
l'État de constituer une puissance financière aussi étendue
que celle qu'on voudrait donner à la Banque de France ?
Songez-vous à ce pouvoir immense qui serait donné à une
institution unique de se constituer le juge, l'arbitre souverain des destinées commerciales de toute la France ? »

M. Léon Faucher : « L'établissement des Banques locales a rendu de très-grands services au pays. Ces Banques ont eu le courage de fonder des institutions de crédit dans les villes où les premiers efforts de la Banque de France avaient échoué. Elles ont groupé les forces locales et ont commencé le réveil de l'esprit d'association hors de la capitale. Nous leur en devons une véritable reconnaissance, et, quand je songe aux services passés, je me pénètre plus que jamais de la conviction qu'il y aurait vraiment de l'ingratitude à détruire les Banques départementales.

« Ce n'est pas leur destruction que je demande, c'est leur transformation. »

M. Galos rejetait aussi le système d'une Banque unique, et *M. Benoit Fould* repoussait, une fois encore, l'idée de l'absorption des Banques locales. Le Gouvernement lui-même, par l'organe de *M. Cunain-Gridaine*, ministre du commerce, demandait leur conservation.

C'est après une semblable discussion que M. Wolowski écrit : « La question des Banques revenait une dernière fois devant la Chambre des députés en 1848, à l'occasion de la prorogation du privilége de la Banque de Bordeaux. *La discussion de ce projet, interrompue par la Révolution de Février, préparait les voies à l'unité des Banques, consacrée le 24 Avril suivant par le Gouvernement provisoire. Cette grande mesure ne fut donc pas, comme on a voulu le prétendre, un acte improvisé, un simple expédient imposé par la pression des circonstances, en un mot, un fait imprévu et révolutionnaire.* »

Quel mépris de l'histoire !

§ II

.

« Les écrivains qui préconisent aujourd'hui le système
des Banques départementales, (continue M. Wolowski,) et
notamment M. L. de Lavergne, oublient trop les erreurs
dont elles s'étaient rendues coupables et la position difficile
dans laquelle les a trouvées la Révolution de Février. Beaucoup de ces établissements avaient montré de l'imprudence,
en multipliant leurs opérations basées sur un capital trop
faible. »

Nous nous sommes longuement demandé s'il n'y avait
pas une apparence de prétention à répondre aux quelques lignes plus particulièrement adressées au travail de
M. Léonce de Lavergne ; mais le désir de rétablir la vérité
méconnue a vaincu nos hésitations.

Il serait trop long de revoir l'histoire particulière de toutes les Banques locales que les décrets du Gouvernement
provisoire réunirent avec la Banque de France. Déjà, dans
notre *Historique de la Banque de France*, nous avons résumé leur situation annuelle et le montant général de leurs
opérations ; c'était tout ce que nous permettaient les documents à notre disposition, et cela, d'ailleurs, nous semblait

suffire à la connaissance des Banques locales. L'opinion exprimée par M. L. Wolowski nous oblige à entrer dans de plus longs détails ; nous le ferons aussi brièvement qu'il nous sera possible. Nous ne suivrons pas une à une toutes les opérations particulières de ces établissements, si utiles alors et si injustement blâmés aujourd'hui ; nous nous arrêterons au résumé des opérations de l'un d'eux, la Banque de Lille, par exemple. On ne nous accusera pas d'avoir trop choisi, nous l'espérons :

La Banque de Lille fut autorisée par une ordonnance du Roi, le 29 juin 1836. Ses statuts, dictés par le seul égoïsme de la Banque de France, étaient, comme ceux de toutes les autres Banques locales, plus propres à limiter son action bienfaisante qu'à faciliter son développement. Son capital était de 2 millions, divisés en deux mille actions de mille francs.

La Banque de Lille commença ses opérations en juin 1837 ; mais les documents que nous avons pu nous procurer ne datent que de 1838. Ce n'est, du reste, qu'à cette époque que l'on peut la considérer comme entièrement organisée.

Voici le tableau de ses escomptes pendant l'exercice 1838 :

	1er semestre.	2e semestre.	Total.
Lille.	6.232.004f 12	7.547.592f 66	13.779.596f 78
Roubaix	81.802 18	46.667 77	128.469 95
Turcoing.	24.460 45	12.087 20	36.547 65
Paris.	2.090.741 59	1.489.301 92	3.580.043 51
Total.	8.429.008 34	9.095.649 55	17.524.657 89

Le montant des comptes-courants fut de 32,239,106 fr.

L'excédant du numéraire sur le tiers de la circulation des Billets, cumulé avec la dette des comptes-courants, présentait :

Le mois de janvier, une moyenne de. . . . .   151.849^{f}26^c
Le mois de juillet, ...   329.927 56
Et le mois de décembre, ...   251.936 38

Suivons le développement de la Banque de Lille, et voyons le jour où elle mérita le reproche que M. Wolowski adresse à toutes les Banques locales.

Les comptes-rendus par M. le Président se résument dans les tableaux suivants :

Mouvement général des Caisses.

PREMIER SEMESTRE

	1838	1839	1840	1841	1842	1843	1844	1845
B. de 1000 f.	21.316.000	45.316.000	41.403.000	55.918.000	60.197.000	58.365.000	60.294.000	69.481.000
B. de 250 f. .	21.556.500	25.312.000	17.852.000	15.556.000	17.068.500	15.917.250	16.783.000	16.697.500
Virements . .	2.434.176	2.508.192	2.535.208	2.047.842	1.227.445	4.180.885	4.939.679	3.447.229
Espèces. . . .	36.475.324	59.777.573	43.411.825	67.621.674	101.422.079	70.335.252	68.836.732	85.562.487
Total. . . .	81.782.000	132.913.765	105.202.033	141.143.516	179.915.024	148.798.387	150.853.411	175.188.216

DEUXIÈME SEMESTRE

	1838	1839	1840	1841	1842	1843	1844	1845
B. de 1000 f.	34.768.000	44.564.000	50.605.000	62.916.000	59.206.000	60.296.000	69.502.000	68.650.000
B. de 250 f. .	25.039.000	22.578.500	21.081.750	17.471.500	18.614.250	16.070.000	18.760.750	18.491.250
Versements. .	3.109.074	2.416.242	2.809.311	2.965.401	1.834.532	6.007.100	6.563.059	2.477.434
Espèces. . . .	57.008.645	51.614.624	59.137.820	84.217.767	88.933.150	86.463.859	91.364.107	89.691.884
Total. . . .	119.924.719	121.173.366	133.633.881	167.570.668	168.587.932	168,836.959	186.189.916	179.310.568

	1838	1839	1840	1841	1842	1843	1844	1845	1846
Janvier. . . .	915.038	1.685.357	2.793.502	2.879.370	3.250.800	3.236.284	4.059.048	4.524.288	4.228.788
Février. . . .	1.053.781	1.805.075	2.667.750	2.900.989	3.290.100	3.312.573	4.127.980	4.515.741	4.229.281
Mars.	1.097.222	2.104.476	2.672.087	3.025.898	3.091.580	3.545.935	4.330.394	4.540.067	4.241.336
Avril.	1.212.210	2.177.300	2.656.509	2.956.769	3.132.710	3.905.820	4.152.548	4.321.750	4.323.259
Mai	1.356.432	2.419.298	2.870.750	2.871.670	3.341.670	4.363.952	4.203.644	4.388.913	4.350.220
Juin.	1.543.846	2.447.550	3.006.096	3.112.470	3.492.360	4.330.019	4.264.000	4.280.860	4.287.077
Juillet. . . .	1.568.961	2.447.435	3.183.908	3.150.592	3.210.220	4.161.471	4.355.676	4.194.037	4.107.555
Août.	1.675.712	2.609.605	3.182.260	3.559.144	3.077.150	4.118.990	4.127.971	4.228.880	4.101.250
Septembre .	1.600.450	2.497.000	2.972.959	3.233.298	2.899.460	4.236.039	4.188.590	4.265.317	4.092.270
Octobre . . .	1.628.268	2.626.044	2.919.907	3.180.640	2.759.490	4.053.904	4.375.305	4.258.925	4.207.439
Novembre . .	1.885.860	2.779.690	3.042.440	3.079.570	2.985.920	3.972.700	4.435.550	4.084.687	4.222.220
Décembre . .	1.813.970	2.823.230	2.694.644	3.111.120	3.073.010	3.798.500	4.512.250	4.163.028	4.318.010

PORTEFEUILLE. — MOYENNES MENSUELLES

	1838	1839	1840	1841	1842	1843	1844	1845	1846
Janvier. . . .	2.524.999	2.749.092	3.521.440	2.604.376	3.264.477	3.355.852	2.257.802	2.692.413	3.492.309
Février. . . .	2.435.497	2.858.668	2.990.826	1.851.284	3.180.587	3.145.149	2.533.861	2.758.306	3.500.776
Mars. . . .	2.400.275	3.207.718	2.986.745	1.771.758	2.985.935	2.667.796	2.920.063	3.739.358	3.812.153
Avril. . . .	2.692.709	2.985.626	2.691.518	1.812.406	2.717.524	1.981.826	2.941.207	3.582.605	4.255.471
Mai	2.813.622	2.727.259	2.293.825	1.931.466	2.878.095	1.298.293	2.983.129	3.522.976	4.292.162
Juin. . . .	2.229.751	2.370.968	2.083.112	2.054.737	2.794.249	870.782	3.255.044	3.523.542	4.152.421
Juillet. . .	1.950.241	2.536.590	2.113.709	2.014.764	3.096.383	754.164	3.056.121	3.615.462	4.256.350
Août. . . .	2.103.387	2.572.114	2.492.841	2.426.096	3.280.999	871.673	2.281.047	3.572.188	4.377.223
Septembre . .	2.821.247	2.890.722	2.167.939	2.747.162	3.408.241	1.363.965	2.122.322	3.725.639	4.057.291
Octobre . . .	2.103.387	3.565.418	3.367.917	3.287.965	3.258.317	1.771.773	2.277.388	4.095.047	4.829.128
Novembre . .	2.872.474	3.410.025	3.460.617	3.031.510	2.862.181	2.254.950	2.336.417	3.855.397	4.913.720
Décembre . .	2.493.069	3.336.433	3.107.881	3.057.221	3.417.417	2.156.251	2.615.134	3.736.116	5.026.639

Assurément, il n'est là rien qui puisse alarmer même la prudence la plus timorée, et l'on se demande où M. Wolowski a pu prendre les erreurs qu'il reproche aux Banques locales.

Que l'on compare ensemble la Banque de Lille et la Banque de France, et l'on verra que relativement, il n'est pas une seule opération où l'avantage reste à la Banque de France. Nous nous trompons : à la colonne des dividendes, la prudence et la moralité de la Banque de France reprennent le dessus.

Prenons, par exemple, l'exercice 1841.

Voici les différentes situations qu'il présente :

	Banque de France.	de Lille.
Rapport de la circulation au capital.	3.31	1.55
Rapport du mouvement des caisses au capital.	151.210	153.861
Rapport du mouvement des billets à la circulation.	17.53	50.625
Rapport du mouvement des espèces au capital	11.053	75.918
Rapport du portefeuille à la circulation . . .	1.71	1.30
Rapport du mouvement des espèces à la circulation.	33.40	50.613
Rapport du capital à la somme des escomptes (Paris)	15.811	9.552
Rapport de la réserve au portefeuille.	1.56	2.38
Rapport des dividendes au capital.	12.600	58.000

Dans le rapport du capital à la somme des effets escomptés, l'avantage était à la Banque de France. Mais, faut-il s'en étonner ? Enchaînées par leurs statuts, les Banques locales ne pouvaient étendre leurs escomptes que dans un cercle fort restreint. Vainement elles réclamaient, en 1840 déjà, des modifications reconnues nécessaires et par la science et par l'expérience ; M. Dufaure pensait que le moment n'était pas arrivé. Vainement encore, la Banque de Lille sollicitait, en 1841, l'autorisation d'admettre à l'escompte les ef-

fets de commerce payables dans les villes chefs-lieux d'ar-
rondissements du département du Nord ; la demande des
actionnaires, bien que forte de l'appui du Préfet, du Rece-
veur général, de la Chambre de commerce et des Députés
du Nord, allait augmenter les paperasses des ministères du
commerce et des finances. Bien d'autres considérations
encore s'unissaient à cette puissante approbation : la mesure
sollicitée avait l'avantage de favoriser tous les intérêts sans
en blesser aucun.

« Si elle est admise, disait fort justement M. le Président
à l'Assemblée des actionnaires, si elle est admise, la mesure
sollicitée contribuera essentiellement à la réduction du taux
de l'escompte, car plus la matière escomptable aura d'accès
chez nous, plus la circulation de nos Billets prendra d'extension, et plus, par conséquent, nous serons en position d'offrir
au commerce des conditions modérées sous le rapport du
taux de l'escompte. Et pourquoi ne le serait-elle pas ? Crain-
drait-on que l'accroissement d'affaires qui résulterait de la
modification réclamée n'embarrassât notre marché ? Il est
facile de s'éclairer à cet égard en jetant un coup-d'œil sur
les tableaux mêmes que nous venons de présenter : *tous at-
testent que les opérations faites sont inférieures en sommes
à ce qu'elles auraient pu être.* »

Oui, il était facile de se convaincre ; mais il fallait vouloir
être convaincu.

Le capital de la Banque de Lille était de.   2,000,000 f.
La moyenne de son passif, (circulation et
comptes-courants,) était, en
1841. . . . .   3,600,000 f.

A reporter. . . .   2,000,000 f.

Report. . . . .   2,000,000 f.

Déduisant de cette somme le tiers qui, selon
l'article 14 des statuts, devait être conservé
en numéraire, il restait à la Banque. . . .   2,400,000

Soit en totalité un capital de . .   4,400,000 f.

Rien donc ne pouvait empêcher que la Banque n'admît
dans son portefeuille 4,400,000 francs d'effets de commerce,
alors que les comptes-rendus présentaient des moyennes
mensuelles de 1,800,000 fr. seulement, et que la moyenne
annuelle s'arrêtait à 2,400,000 francs. Les valeurs sur Dunkerque, Valenciennes, Douai, Cambrai, Avesnes et Haze-
brouck pouvaient-elles procurer à la Banque de Lille les
deux millions qu'aurait pu recevoir son portefeuille? Evi-
demment non : Roubaix et Turcoing avaient une importance
commerciale bien supérieure aux nouvelles places où l'on
demandait l'autorisation de s'étendre, et pourtant les effets
payables dans ces villes ne figuraient dans le portefeuille
de la Banque de Lille que pour des sommes insignifiantes.
La somme des effets escomptés en 1841, avait été pour Roubaix et Turcoing, de 179,360 fr. 25.

Et, d'ailleurs, l'expérience n'avait-elle pas démontré que
les grandes affaires se soldaient toujours en papier payable
dans les places de premier ordre?

Nulle objection sérieuse ne pouvait être soulevée; aussi
M. Desmazières s'écriait : « Espérons, Messieurs, espérons
que ces considérations frapperont les hommes éclairés qui
tiennent dans leurs mains les destinées de notre établissement, et que bientôt nous obtiendrons les solutions que
nous désirons tous. »

L'honorable M. Desmazières comptait sans la Banque de France.

Il serait donc injuste de reprocher à la Banque de Lille son infériorité relative vis-à-vis de la Banque de France, dans ce *chapitre de l'escompte*.

§ III

•

M. Wolowski ajoute : « La Révolution de Février trouva
les Banques locales dans une position difficile. » Nous avons
déjà donné le tableau de la situation des Banques locales
le 27 janvier 1848 (1) ; c'est la situation publiée par la
Banque de France elle-même. Il ne nous est pas permis de
comparer la situation de la Banque de France et celle des
Banques départementales au moment où fut rendu le décret
du 15 mars ; celle des dernières nous manque. Cependant,
il est une chose assez aisée à détruire ; c'est l'accusation
que soulève contre elles M. Wolowski :

« Un décret du 25 mars avait fait participer au privilége
du cours forcé les Billets des Banques départementales : Il
est à remarquer que le décret se borne à reproduire la
pensée énoncée dans celui du 15 mars, que la limitation
formellement stipulée des émissions donne au public toute
la sécurité désirable ; il ne parle point de la situation prospère de ces établissements. Comment l'aurait-il fait alors
que plusieurs d'entre eux menaçaient ruine , alors que le tiers
de leur capital était absorbé par les Billets en souffrance ! »

(1) *Histoire de la Banque de France,* pages 91, 92.

Le décret du 25 mars négligeait la situation des Banques départementales. Est-ce là un argument sérieux contre elles? A quoi bon parler de cette situation, si, comme l'observe M. Wolowski lui-même, la limitation formellement stipulée des émissions donnait au public toute la sécurité désirable? Ce n'est point lorsqu'on est inquiet du présent que l'on répond de l'avenir.

« Les Banques locales menaçaient ruine. » — Et pourquoi?

Parce que le tiers de leur Capital était absorbé par les billets en souffrance?

Que M. Wolowski nous permette de l'observer, une institution ne menace pas ruine, par cela seul que, le lendemain d'une révolution, le tiers de son Capital est représenté par des effets en souffrance dans son portefeuille; sans cela, nous pourrions bien ajouter que la Banque de France n'eût pas fait que menacer.

M. Wolowski ignore-t-il donc qu'à la même époque 84 millions d'effets en souffrance encombraient le portefeuille de la Banque de France? Et certes, si la situation des Banques locales ayant 23,350,000 francs de capital et 7,703,000 francs d'effets en souffrance, peut s'appeler dangereuse, de quel nom qualifier la position d'une Banque qui, avec un capital de 67,900,000 francs, a dans son portefeuille 84 millions d'effets en souffrance?

« L'encaisse total des neuf Banques, continue M. Wolowski, était réduit à 19,450,000 francs au moment où elles ont obtenu le privilége du cours forcé. »

Ici la comparaison nous est possible, et nous sommes heureux de la présenter à M. Wolowski.

Du 27 janvier au 25 mars, la réserve des Banques locales avait baissé de 41,658,000 francs à 19,450,000, soit une diminution de 53 0/0 à peu près.

A la Banque de France, l'encaisse de Paris était, au mois de février, de 226 millions ; le 15 mars, il ne restait plus à la Banque de Paris que 59 millions ; la diminution était de 74 0/0. Et pourtant, si quelque chose était de nature à compromettre les réserves des Banques départementales, c'était bien le cours forcé imprimé aux Billets de la Banque de France ; le décret du 15 mars aurait dû les anéantir. Dix jours ! c'était plus qu'il n'en fallait pour ruiner en entier le crédit des Banques locales..... mais on avait oublié les sympathies qu'elles avaient su s'attirer ; on n'avait pas songé aux besoins qu'elles étaient appelées à satisfaire.

Que M. Wolowski veuille bien rappeler ces quelques lignes du rapport adressé par le Conseil général de la Banque de France à M. le Ministre des Finances : « Du 26 février au 14 mars, l'encaisse de Paris a diminué de 70 millions. — Ce matin (15 mars) plus de dix millions ont été payés en numéraire. » Qu'il veuille bien tenir compte de tout ce qu'exigent les approvisionnements de Paris, et il conviendra, que si le décret du 15 mars n'avait été rendu que le 25, la Banque de France, au lieu de voir la diminution de sa réserve s'arrêter à 74 0/0, aurait été bien sûrement dans l'obligation de suspendre le remboursement de ses Billets.

« On a prétendu, continue M. Wolowski, ne voir dans les décrets du 27 avril et 2 mai, qu'un résultat obligé du cours forcé et non l'adoption d'un principe nouveau. Personne ne s'y est trompé ; le cours forcé n'avait fait qu'ajouter un argument d'urgence à une mesure accueillie par l'adhésion universelle. »

Nous avons vu comment la Chambre des députés avait accueilli, en 1847 et 1848, l'idée seule du monopole de la Banque de France. Faut-il s'étonner si l'opinion générale accepta favorablement les décrets des 27 avril et 2 mai? Assurément non ; mais il n'y faut pas chercher un témoignage en faveur de la centralisation du crédit. Puisque le cours forcé était imprimé aux Billets de toutes les Banques, il est évident que les Provinces n'auraient su se contenter d'un moyen d'échange dont l'utilité et le pouvoir s'arrêtaient aux murailles d'une ville. Que ce papier, devenu *monnaie en échange* par un acte du Gouvernement, reçût aussi de lui la faculté de circuler sur tous les points de la France, la seule justice le commandait. Mais, on ne saurait accepter qu'un décret réglant la valeur et la circulation d'un titre fiduciaire, alors que son caractère essentiel ne l'accompagnait plus, puisse être considéré comme l'application d'un nouveau principe à l'organisation générale de notre crédit.

Sacrifier aux besoins de l'époque, voilà le principe que consacraient les décrets des 27 avril et 2 mai. M. Wolowski en convient lui-même si bien, que nous ne nous expliquons pas comment il a pu, à la suite de ces quelques lignes, trouver dans la réunion accomplie en 1848, la consécration du principe unitaire.

« Mais ce privilége, dit-il, à propos du cours forcé des billets des Banques locales, mais ce privilége était limité pour chacune de ces Banques au territoire du département dans lequel elle se trouvait établie ; il en résultait une impossibilité de circulation. Un papier purement local ne pouvait servir à solder les transactions des départements entre eux, *les affaires s'arrêtèrent ; la nécessité de transformer les Banques locales en Comptoirs de la Banque cen-*

trale devint évidente. Une fusion immédiate était indispensable.....

« On l'opéra en échangeant les actions valeur nominale contre valeur nominale de celles de la Banque de France, et au détriment de celle-ci, la seule dont les titres eussent conservé un cours sérieux. Avec le cours moyen de 1847, il résultait, au détriment de la Banque de France, une différence de 27 millions 210 mille francs; mais ce calcul, parfaitement vrai au commencement de janvier 1848, était devenu rétrospectif et hypothétique après les graves événements accomplis en février.

« La Banque, faisant passer l'intérêt général avant celui d'un équilibre mieux conservé pour les actionnaires, accepta un sacrifice incertain quant à la quotité, mais positif et considérable, dans la double espérance de rendre au pays un service signalé et de constituer enfin cette unité de la circulation, qu'elle travaillait depuis plusieurs années à établir. »

Que M. le comte d'Argout expliquât ainsi aux actionnaires de la Banque de France le fait et les motifs de la réunion des Banques, rien de plus naturel; mais que M. Wolowski trouve aujourd'hui, dans ces considérations d'un Gouverneur de la Banque de France, un argument en faveur du dévouement de la Banque, cela se comprend moins. Il est par trop mal aisé de venir nous faire aujourd'hui le tableau des préjudices qu'affrontait la Banque de France, en acceptant les décrets des 27 avril et 2 mai, d'autant mieux que ce prétendu préjudice n'était guère que dans l'imagination.

En acceptant les moyennes de M. Wolowski, ou si l'on veut de la Banque de France, la différence entre les actions de la Banque de France et celles des Banques départementales, était bien de 27 millions; mais était-ce là une perte pour les actionnaires de la Banque de France? Et d'ailleurs, ce n'est plus de la moyenne de 1847 qu'il faudrait s'inspirer pour établir une comparaison exacte entre la valeur des diverses actions. Nous ignorons ce que valaient en 1848 celles des Banques locales, mais nous savons fort bien que celles de la Banque de France se présentaient à la réouverture de la Bourse, le 7 mars, avec le cours de 2,400 fr., pour descendre jusqu'au 27 à 1,450, 1,400 et 1,350 fr. Les Banques départementales apportaient à la Banque de France les bénéfices d'une circulation fiduciaire de 102 millions, et, certes, cela compensait bien des différences.

Les indemnités de l'avenir commençaient en 1853. En janvier 1848, l'actif disponible et le passif exigible de la Banque de France ne dépassaient pas 500 millions; en janvier 1853, cet actif et ce passif s'élevaient à un milliard. Quand aux dividendes, il fallait remonter à 1847 pour en trouver de plus élevés. Les anciennes Banques départementales avaient concouru aux bénéfices nets des opérations pour une somme de 2,273,210 fr. En 1857, le produit net de leurs opérations s'élevait à neuf millions à peu près, soit, pour les actionnaires de la Banque en 1848, 134 fr. par action.

C'était magnifiquement payer ses droits à l'adoption.

Du reste, quelle était l'opération de la Banque de France en acceptant qu'on lui adjoignit les Banques Départementales? Sans bourse délier elle échangeait 23,350 de ses actions contre 23,350 de celles des Banques Départementales. Les actions de la Banque de France pouvaient bien valoir un peu plus; mais, s'agissait-il de vendre?

Était-il question de payer des différences?

Nullement : Tout se résumait en une augmentation du capital de la Banque, et il devait lui importer fort peu qu'elle s'effectuât par un échange ou par une création nouvelle. Le nombre des actionnaires augmentait, cela est vrai ; mais rien n'empêchait les mécontents de racheter ces actions, qui leur eussent appartenu sans doute ; elles valaient, le 10 avril 1848, 960 francs.

L'essentiel c'est que les 23,360 actions des Banques locales représentaient dans le capital 23,500,000 francs, tout aussi bien que les actions de la Banque de France elle-même. Le droit des nouveaux co-partageants à la réserve réalisée, voilà tout le préjudice supporté par les actionnaires de la Banque de France, 62 francs par action. Réaliser son vœu le plus cher au moyen d'un sacrifice de 62 francs par action, ce n'était pas, on en conviendra, une affaire bien malheureuse, *un contrat à titre onéreux*, selon M. Wolowski.

« C'est sur l'expérience, dit Horace Say, que doit s'appuyer la science pour marcher avec certitude, et c'est là une raison de plus pour étudier à fond et scrupuleusement les faits économiques à mesure qu'ils se présentent. »

« Nous essayons, ajoute M. Wolowski, de mettre en pratique ce sage conseil en ce qui concerne la question des Banques ; nous laissons la parole aux événements accomplis au lieu de nous renfermer dans des formules abstraites. »

Très-sage, en effet, est le conseil de M. Horace Say ; malheureusement, les événements accomplis n'apportent avec eux que les leçons de l'expérience, laissant à chacun la liberté de les prendre à sa façon. L'expérience, c'est beaucoup sans doute, mais est-ce tout ? A l'étude du passé il est indispensable d'ajouter les considérations nées de la situation présente. Alors seulement on pourra consentir à trouver bonnes les réformes que le développement des peuples inflige aux systèmes du passé.

Que M. Wolowski consente à observer notre situation industrielle, commerciale et financière, et nul doute qu'il reconnaîtra la nécessité d'une institution nouvelle, nous voulons parler d'une Banque pour les titres mobiliers. Il n'est pas besoin de nous étendre sur les dangers que l'organisation actuelle du crédit fait peser sur la Banque de France, en l'obligeant à accepter, en partie, un rôle terrible pour elle et désastreux pour les valeurs mobilières. Que M. Wolowski prenne en considération ce besoin de notre époque et qu'il nous dise comment il pense que peut exister une Banque mobilière, sans opérer dans notre organisation financière une réforme sérieuse, une réforme qui, si elle n'est pas la liberté, ne soit au moins, ce que tant il semble honnir, *le Duopole.*

« L'économie, a dit M. Mac Culloch, ne diffère en rien des autres vertus ; et il serait déraisonnable d'espérer qu'elle pourra se développer, si elle ne porte avec elle-même une rémunération correspondante. »

Bien convaincu de cette vérité, que M. Wolowski nous enseigne un moyen pratique de concilier ensemble, et notre organisation financière et le droit de l'ouvrier à se constituer un capital?

« Les caisses d'épargne sont utiles sans doute pour la classe aisée des ouvriers ; mais pour la classe la plus nombreuse, qui n'a aucun superflu et par conséquent aucun moyen de faire des économies, ce système est complètement insuffisant... Vouloir, en effet, soulager la misère des hommes qui n'ont pas de quoi vivre, en leur proposant de mettre

tous les ans de côté *un quelque chose* qu'ils n'ont pas, est
une dérision ou une absurdité. »

Et cependant, comme l'a fort justement dit Raynal, si le
travail de la faim est aussi borné que sa cause, le travail
soutenu par l'espoir de l'aisance est infatigable, et l'on voit
plus communément l'ouvrier à la tâche, méconnaitre et dépasser les limites de ses forces, que s'arrêter au point où
son gain suffirait aux nécessités de sa conservation.

Ce sont là de puissantes considérations, et certainement
elles excuseraient bien des tentatives, même infructueuses.

Nous arrivons à la loi de 1857. Nous n'avons pas le des-
sein de nous arrêter aujourd'hui à cette séance unique où
dans un instant fut décidée la question la plus importante
à l'avenir de notre pays; cependant, nous ne saurions ne pas
reproduire les quelques lignes que M. Wolowski lui consacre :

« Un débat assez vif s'engagea devant le Corps législatif:
mais ni les discours entendus, ni le rapport de M. Devinck,
ne contiennent rien qui puisse faire supposer une hésitation
quelconque pour admettre, comme vérité établie, le principe
servant de point de départ à l'ensemble de la loi, *le privilége
exclusif et général de la Banque de France. . . . .*

« M. Kœnigswarter fit une vive opposition à l'ensemble des
dispositions soumises au Corps législatif, mais sans toucher
en rien à l'unité de l'émission fiduciaire. — M. le Rapporteur
lui répondait : « La commission a voulu que la grande institution de crédit de la France fût la première du monde;
pour qu'il en soit ainsi, il importe qu'elle soit riche et prospère. . . . . »

« La prorogation du privilége pour une période de trente
années, alors que la loi de 1840 s'était bornée à le proroger

pour 12 ans, avait soulevé le plus de résistance. M. Vuitry
expliqua les motifs de cette différence : — l'existence de ce
grand établissement ne devait pas être laissée en suspens,
surtout dans l'intérêt du commerce et de l'industrie.

« Il résulte clairement de cette partie de la discussion de
la loi de 1857, que l'unité de la Banque centrale était acceptée par tout le monde. Aucun doute ne saurait s'élever
à cet égard. »

Voilà de l'histoire économique.

Que les plus difficiles lisent le *Moniteur* du 28 juin 1857.
Ce n'est pas long ; deux pages résument la discussion.

Les questions qui terminent le livre de M. Wolowski ont
un caractère trop spécial pour qu'il nous soit permis de les
renfermer dans une simple analyse. Ce sera en nous occupant de chacune d'elles en particulier, que nous continuerons
nos observations sur le travail publié par M. Wolowski.

TROISIÈME PARTIE

ÉTUDES GÉNÉRALES

> Il est encore bien des points à éclaircir, des préjugés de plus d'un genre à dissiper, des vérités à établir.
>
> P. Rossi. *Rapport à la Chambre des Députés*.

§ I

Le Privilége de la Banque de France.

« En France, dit M. Victor Bonnet, nous vivons sous le régime du monopole en fait d'émission de Billets au porteur. Depuis 1848, il n'y a plus qu'une seule Banque qui ait le droit d'en émettre : c'est la Banque de France. Par conséquent, le droit de la Banque de Savoie allait se trouver en compétition avec le privilége de la Banque de France (1). »

Oui, en fait, la Banque de France seule est autorisée à émettre des Billets au porteur et à vue ; mais, en droit, nous serions bien aise que l'on nous dise qu'elle est la loi qui

(1) *La Liberté des Banques d'émission*, par M. V. Bonnet. Guillaumin et Cie, 1864.

défend, en France, les Banques d'émission autres que la Banque de France.

Qu'est, à son origine, la Banque de France? — Une association dont les membres, considérant que, par le résultat inévitable de la Révolution Française et d'une guerre longue et dispendieuse, la nation a éprouvé le déplacement et la dispersion des capitaux qui alimentaient son commerce, l'altération du crédit public et le ralentissement de la circulation de ses richesses, ont résolu de former, sous la dénomination de *Banque de France*, une société dont l'objet sera :

1° Escompter des Lettres de change et Billets à ordre, revêtus de trois signatures de citoyens Français ou de négociants étrangers ayant une réputation notoire de solvabilité ;

2° Se charger, pour le compte des particuliers et pour celui des établissement publics, de recouvrer le montant des effets qui lui seront remis, et faire des avances sur les recouvrements de ces effets, lorsqu'ils paraîtront certains ;

3° Emettre des Billets payables au porteur et à vue, et des Billets à ordre payables à un certain nombre de jours de vue.

La Banque de France se constitue le 24 pluviôse de l'an VIII. Définitivement organisée, elle réunit à son établissement celui de la Caisse des comptes-courants, et commence ses opérations le 1er ventôse de l'an VIII. Le 6 ventôse de la même année, les Régents et les Censeurs sont admis à l'audience des Consuls. Le citoyen Lecoutleux, Président provisoire de la Régence, fait au Premier Consul l'hommage des Statuts de la nouvelle Société, et les met sous l'égide de l'autorité qui lui avait été confiée pour la défense de notre liberté politique et civile.

Le Premier Consul recevant avec intérêt les Statuts de la Société, annonçait que le Gouvernement favoriserait de tout son pouvoir un établissement qui pouvait donner de grands résultats d'utilité générale dans la circulation et l'intérêt de l'argent.

La loi de germinal an XI, la première, donne à la Banque de France le privilége exclusif d'émettre des Billets de Banque, et annulle à son profit tous les autres établissements d'escompte alors existants à Paris. Dans les départements, la même loi conserve au Gouvernement (article 31) le droit d'autoriser la formation de Banques nouvelles.

La loi du 22 avril 1806, proroge le privilége accordé à la Banque de France jusqu'en 1843; le décret du 16 janvier 1808 l'oblige à établir des Comptoirs d'escompte dans les villes où les besoins du commerce en feront sentir la nécessité; mais rien n'abroge ce qui, dans la loi de germinal an XI, a rapport à la faculté que s'était réservée le Gouvernement, d'autoriser la création des Banques locales avec le droit d'émission.

Le décret rendu par l'Empereur au Palais de Saint-Cloud, le 8 septembre 1810, n'apporte aux lois antérieures aucune modification. — « La Banque de France exercera son privilége dans les villes où les Comptoirs d'escompte sont établis, de la même manière qu'elle est autorisée à l'exercer à Paris. » — Telle est l'unique disposition du décret impérial.

La loi du 2 avril 1818 maintient le privilége accordé à la Banque par la loi du 22 avril 1806, et conserve toujours au Gouvernement la faculté d'autoriser la création des Banques d'émission dans les départements. Il ne dépend pas de la Banque de France que l'article 10 du décret du 16 janvier 1808 ne demeure complètement abrogé.

Lorsqu'il plaît à la Banque de renouveler dans les provinces ses tentatives d'agrandissement, aucune disposition
nouvelle n'est adoptée ; l'ordonnance royale du 6 mai 1836
se borne tout simplement à autoriser la création d'un Comptoir à Rheims, en se conformant au décret de 18 mai 1810.

La loi du 30 juin 1840 ne fait que proroger jusqu'au
31 décembre 1867, le privilége accordé à la Banque par les
lois des 24 germinal an XI et 22 avril 1806.

Est-il jusque-là, dans tous ces différents décrets, un titre
quelconque en faveur de ce monopole que prétend s'arroger
la Banque de France ? Évidemment non.

Le Gouvernement provisoire, ordonnant en 1848 la réunion
des Banques, a-t-il consacré le monopole de la Banque de
France, a-t-il institué ce privilége universel que rien ne
laisse découvrir dans aucune des lois antérieures ? Nous
n'hésitons pas à répondre encore négativement.

Le décret du 27 avril 1848 réunit bien les Banques de
Rouen, de Lyon, du Havre, de Lille, de Toulouse, d'Orléans
et de Marseille avec la Banque de France ; le décret du
2 mai réunit bien encore les Banques de Bordeaux et de
Nantes avec la Banque de France ; mais, est-ce à dire pour
cela que cette réunion, uniquement imposée (c'est le décret
lui-même qui en fait foi), par les difficultés que les statuts
des Banques locales créaient à la circulation forcée de leurs
Billets, consacrât pour l'avenir un privilége exclusif ? Ce serait
un fait singulier que les membres d'un Gouvernement Répu-
blicain, des hommes issus d'une tourmente révolutionnaire,
inaugurassent leur autorité par un décret constituant des
priviléges, des monopoles. Le fait lui-même de la réunion des
Banques, consommé en deux fois, n'est-il pas une preuve évidente de la répugnance qu'éprouvait le Gouvernement pro-

visoire à constituer, n'eut-ce été que l'ombre d'un monopole ?

Les décrets du Gouvernement Provisoire ordonnèrent, par mesure de circonstance, une unité aussi provisoire que le Gouvernement lui-même, unité issue, tout comme le Gouvernement, des besoins et des craintes du moment; mais rien, nous le répétons, ne consacre un privilége exclusif s'étendant à toute la France.

Que l'on songe aux discussions des 21, 22, 23 et 24 Février et l'on se convaincra que, ce à quoi pensait le moins la chambre législative, le jour même de la Révolution, c'était assurément à la suppression des Banques locales. Le Gouvernement, lui aussi, repoussait l'absorption, et demandait à la Chambre de ne faire que ce qu'elle avait fait en 1840, alors qu'aussi la question d'une Banque unique avait été soulevée, de passer à la discussion des articles.

Est-ce que M. Garnier-Pagès aurait pu consacrer le monopole de la Banque de France? — Il pouvait appuyer une mesure de circonstance; voilà tout.

Cependant, comme nous l'avons déjà dit, M. Wołowski n'hésite pas à déclarer que la réunion des Banques en 1848, fut la consécration definitive, évidente, du monopole dont jouit actuellement la Banque de France. A cet égard, nul doute ne lui semble plus permis; sans cesse poursuivi par le souvenir de ce contrat onéreux accepté par la Banque au nom de l'intérêt public, il s'écrie plein de conviction :

« Comment la Banque de France aurait-elle pu admettre un pareil sacrifice, s'il ne lui avait point procuré en échange le droit d'émission dans la France entière, ou s'il avait été borné dans les résultats à la durée du cours forcé ? C'est une question de bonne foi qui ne semble laisser aucun doute sur la solution. L'avantage assuré à la Banque de France aurait été illusoire, s'il n'avait point été mis à l'abri de créations nouvelles, qui auraient, dans d'autres localités, repris l'œuvre des établissements supprimés. »

Quelque respect que l'on doive, en pareille matière, à l'opinion de M. Volowski, nous nous permettrons de ne pas la partager. Jamais la Banque de France elle-même ne reconnut aux décrets des 27 avril et 2 mai, ce caractère de privilége exclusif que M. Wolowski leur attribue ; le rapport que M. Bineau, Ministre des finances, avait l'honneur de présenter à Mgr. le Prince Président de la République, le 4 mars 1852, en est une preuve convaincante ; nous ne saurions mieux nous appuyer.

Voici, en abrégé, le rapport de M. Bineau :

« Monseigneur,

« Le conseil général de la Banque a réduit à 3 0/0 le taux de l'intérêt de l'escompte.

« Pendant que la Banque étudiait cette question, dont la solution appartient à elle seule, je l'ai appelée à délibérer sur un autre objet important : les moyens de crédit à donner par elle aux valeurs de Chemins de fer. Jusqu'ici la Banque n'a pu prêter son assistance aux actions et obligations émises par les Compagnies de Chemins de fer ; ses statuts ne le lui permettaient pas, et elle était peu disposée à entrer dans cette voie nouvelle.

« Il importait cependant, et c'est depuis longtemps votre pensée, Monseigneur, de donner de puissants moyens de crédit à ces valeurs dont l'ensemble s'élève déjà à des sommes considérables.

« J'ai demandé à la Banque de faire pour les actions et obligations de chemins de fer, ce qu'elle fait pour les rentes. La Banque accepte cette nouvelle tâche.

« Elle prètera sur actions et obligations de Chemins de fer comme elle prête sur rentes . . . . .

« En exécution du traité de 1848, le Trésor a reçu de la Banque au taux de 4 0/0 d'intérêt, un prêt de 75 millions qui doit-être remboursé cette année, en trois termes égaux de 25 millions chacun, aux échéances du 15 avril, 15 juillet et 15 octobre. — J'ai demandé à la Banque de substituer à ces échéances des termes beaucoup plus éloignés. La Banque y consent ; le prèt de 75 millions sera remboursé en 15 ans, par sommes de 5 millions, payables le 1er juillet de chaque année. Le taux de l'intérèt, abaissé comme le taux de l'escompte, sera aujourd'hui de 3 0/0 ; il suivra le taux de l'escompte sans pouvoir jamais s'élever au-dessus de 4 0/0.

« En échange de l'appui qu'elle prètera aux valeurs de chemins de fer et des nouvelles concessions qu'elle accorde au Trésor pour le remboursement du prêt de 75 millions, voici ce que demande la Banque :

« *Que l'Etat renonce à la faculté qui lui est laissée par la loi du 30 juin 1840, de modifier ou annuler le privilége de la Banque le 31 décembre 1855, et que son existence soit assurée jusqu'au 31 décembre 1867.*

« Cette demande me paraît devoir être accueillie. Du jour où la Banque consent à modifier ses statuts et à étendre ses opérations de manière à satisfaire aux besoins nouveaux que le temps a fait naître, il n'y a plus de raison, ni pour laisser suspendue sur sa tète la menace de révision, ni pour hâter l'époque à laquelle son privilége doit expirer.

« C'est par ces motifs, Monseigneur, qu'après avoir pris vos ordres, j'ai passé provisoirement avec la Banque la convention ci-jointe, dans laquelle sont formulées les dispositions dont je viens d'avoir l'honneur de vous exposer le but et la pensée. »

Cette convention contient :

Article 3. — « Le paragraphe deuxième de l'article 1er de la loi du 30 juin 1840 est abrogé. »

M. Wolowski pense-t-il que si la Banque de France avait vu, le 4 mars 1852, l'existence de son privilége assurée seulement jusqu'à la limite maxima que lui accordait la loi de 1840, elle n'eut pas trouvé, dans son dévouement, de nouvelles faveurs à demander à Mgr. le Prince Président de la République ?

Est-il encore, dans cette convention de 1852, une disposition quelconque qui abroge, ou modifie même, la loi de l'an XI sur les Banques départementales ?

Voici, du reste, le décret du 27 avril :

« Le Gouvernement Provisoire, *considérant que les plus grands intérêts du pays réclament impérieusement que* TOUT BILLET DÉCLARÉ MONNAIE LÉGALE PUISSE CIRCULER LIBREMENT SUR TOUS LES POINTS DU TERRITOIRE ;

« Décrète : — Article 1er. La Banque de France et les Banques de Rouen, de Lyon, du Havre, de Lille, de Toulouse, d'Orléans et de Marseille, sont réunies. »

Le décret du 2 mai ne consacre rien de plus.

Il est évident que ce que réunissaient les décrets du Gouvernement Provisoire, ce n'était pas l'émission libre et régulière des Billets de Banque en France. Obéissant à d'impérieuses circonstances, il concentrait simplement dans les mains de la Banque de France *tous les Billets déclarés monnaie légale*. Alors le Billet était monnaie, et il était du devoir du Gouvernement qui lui avait donné ce caractère, de s'occuper de sa circulation. Il faut de la bonne volonté pour

réglementer du même coup et par le même principe, un papier fait monnaie et une obligation librement contractée et
librement reçue.

La loi de 1857 a-t-elle modifié ou abrogé les lois antérieures ? Pas davantage. A-t-elle rien ajouté aux priviléges de
la Banque de France, en ce qui tient à l'émission fiduciaire ?
Certainement non. Il suffit de lire la loi pour se convaincre.

« Napoléon . . . . .

« Article 1er. Le privilége conféré à la Banque de France
par les lois des 24 germinal an XI, 22 avril 1806 et 30
juin 1840, dont la durée expirait le 31 décembre 1867, est
prorogé de 30 ans et ne prendra fin que le 31 décembre
1897. »

La loi du 24 germinal an XI,

La loi du 22 avril 1806, singulièrement abrogée de fait
sinon de droit, par la conduite de la Banque en 1814,

Le décret du 8 septembre 1810,

La loi du 30 juin 1840,

Le décret de décembre 1852,

Et enfin la loi de 1857,

Voilà les titres que peut produire la Banque de France
en faveur de ce privilége exclusif qu'elle prétend lui appartenir. Rien, dans ces différentes lois, n'enlève au Gouvrnement la faculté qu'il s'était réservée par l'article 31 de la loi
du 24 germinal an XI. Nulle part il n'existe une loi statuant
que la Banque de France pourra seule émettre des Billets
au porteur et à vue.

Aucune Banque ne pourra se constituer sans l'autorisation du Gouvernement ; c'est fort bien : mais où est-il dit
que pour complaire à la Banque de France, toute Banque
existante en dehors d'elle doive être supprimée ?

Les décrets de 1848 désignent les Banques qui sont réunies avec la Banque de France ; nous convenons que toutes celles existantes alors y figurent, et, si l'on tient compte des causes qui ordonnaient la réunion, il est à supposer qu'un plus grand nombre eussent été annexées, si elles avaient existé ; mais la conclusion est-elle que toute Banque doit appartenir à la Banque de France, ou être suspendue ?

Si malheureusement une loi pareille existait, il faudrait se hâter de l'abroger, fallut-il racheter bien cher à la Banque de France le privilége qui lui aurait été accordé ; mais il n'en est rien. Cela d'ailleurs, hâtons-nous de l'ajouter, nous préoccuperait peu. Nous connaissons trop son désintéressement et son dévouement pour penser qu'elle pût un instant opposer l'intérêt de ses actionnaires à l'intérêt public. *En pareil cas, elle n'a jamais hésité ;* cela est assez connu.

§ II

Le droit Régalien.

Il est à remarquer que tous les défenseurs du monopole de la Banque de France ont commencé par nous prévenir qu'ils étaient grands partisans de la liberté en toutes choses, mais en reconnaissant que, même dans les sociétés les plus libres, il y a, en dehors de l'administration proprement dite, des services qui incombent à l'Etat ou doivent être accomplis en son nom avec un monopole.

Tels sont, par exemple, le transport des dépêches, l'exploitation des chemins de fer, la fabrication de la monnaie, et, *par amplification*, l'émission des Billets de Banque.

Nous n'avons pas à nous occuper aujourd'hui du transport des dépêches ou de l'exploitation des chemins de fer ; cependant nous pensons que s'il fallait en venir là, bien des considérations militeraient encore en faveur d'une réforme sérieuse, peut être même en faveur de la liberté.

La fabrication de la monnaie métallique, et surtout l'émission des Billets de Banque ; voilà la question.

« Tout le monde reconnaît que l'Etat seul a le droit de battre monnaie, c'est-à-dire de mettre dans la circulation des pièces d'or, d'argent et de cuivre, après les avoir revêtues de son empreinte, *en leur attribuant* une valeur déterminée (1).

« .... Le Billet au porteur circule comme monnaie ; il libère celui qui l'a donné en paiement, *quand on a bien voulu l'accepter* ; donc il est monnaie (2). »

Tel est le raisonnement qui a amené Messieurs *les économistes de droit régalien* à demander si l'on pouvait donner à tout le monde le droit de faire, sous forme de papier, ce que l'État seul peut faire sous forme de métal.

Nous ne méconnaissons pas ce principe en vertu duquel on reconnaît à l'État le soin de frapper la monnaie métallique, mais nous observerons qu'il nous semble être au progrès un obstacle bien grand. Le maintien d'un pareil droit pourra-t-il s'allier jamais avec l'uniformité monétaire ?

C'est méconnaître singulièrement et la monnaie et le crédit et l'État lui-même, que vouloir fondre en un même creuset une pièce de cent francs et un Billet de Banque ; nous sommes d'autant plus surpris que quelques économistes persistent à vouloir soutenir cette assimilation des Billets de Banque à la monnaie réelle, que de leur vraie classification dépend, à notre avis, la diminution, l'extinction même des dangers attachés aux Banques d'émission.

En nous occupant de la monnaie et des Billets, nous reproduirons des arguments bien souvent invoqués déjà ; mais il n'importe ; on peut, en faveur d'une question aussi capitale, s'exposer à des répétitions, quelques nombreuses qu'elles puissent être.

Quelle a été l'origine de la monnaie ?

Il nous semble à peu près impossible de remonter jus-

1-2 La liberté des Banques d'émission et le taux de l'intérêt, pages 9 et 11, par M. V. Bonnet. — Guillaumin et Cie., 1865.

qu'au premier jour de sa création, mais en s'aidant de l'o-
pinion des maîtres et des principes les plus simples de la
théorie des valeurs, il est aisé de déterminer le caractère essentiel de la monnaie, et c'est là, selon nous, toute la question.

Il en est, qui ne considérant que ce seul moment où l'argent fût un simple moyen d'échanges, ont voulu n'accorder
à la monnaie qu'une valeur toute imaginaire ; erreur gros-
sière autant que dangereuse, dont la conséquence la plus
immédiate devait être l'idée que la monnaie pouvait se passer de toute valeur intrinsèque, et partant la consécration
de cette doctrine fatale en vertu de laquelle tous les souverains de l'Europe s'arrogèrent le droit d'altérer les monnaies.

Du moment où une pièce de monnaie ne devait sa valeur
qu'à la volonté du souverain et à l'imagination des peuples,
qu'importait qu'elle contînt une plus ou moins grande
quantité de métal? Qu'importait le titre lui-même de ce
métal ?

D'autres, pleins de bonne foi peut-être, mais mal inspi-
rés, à coup sûr, ont enlevé au métal choisi ce caractère de
grandeur et de sécurité dont l'entourait l'idée que sa valeur était née du consentement libre et spontané des peuples, et hardiment ils ont affirmé que la monnaie était une
portion de matière à laquelle l'autorité seule avait le pouvoir de donner une valeur.

Où pouvait aboutir une semblable théorie? à des conséquences que personne n'ignore : à rabaisser d'abord et à ruiner ensuite les peuples.

Ce pouvoir souverain, qui seul suffisait à donner une valeur à l'argent, pouvait-il ne pas la donner aussi au cuivre
ou à tout autre métal? Fallait-il encore s'arrêter à cela?
Substituer le papier aux métaux était tout aussi simple et

bien moins dispendieux qu'altérer les monnaies ou remplacer l'argent par le cuivre.

C'est ainsi que toutes les nations de l'Europe ont eu leur papier-monnaie; la France, ses Billets d'État et ses Assignats, la Russie, ses Roubles en papier.

C'est à tort qu'on reproche à la liberté toutes les erreurs dont le *droit régalien* seul fut cause; nous le prouverons plus longuement en précisant les motifs qui amenèrent en Amérique la monnaie continentale, et, en Angleterre, la circulation du papier non remboursable; mais déjà nous pouvons conclure que : Si dans le moyen-âge, ce système qui amena l'altération des monnaies fut un acte de barbarie et d'ignorance; si les doctrines qui aux xvii⁰ et xviii⁰ siècles occasionnèrent la circulation du papier-monnaie, constituèrent un crime de lèse-nation; dans nos sociétés policées où le véritable rôle et le caractère essentiel de la monnaie, pas plus que les droits respectifs des souverains et des peuples ne sont une découverte à faire, le *droit régalien* érigé en principe vis-à-vis de l'émission du papier de circulation, deviendrait, abrité de n'importe quel système, un crime de lèse-humanité.

Les difficultés que présentait la circulation des choses nécessaires à la vie livrée au seul système des trocs, amena les hommes à rechercher un signe commun, c'est-à-dire une marchandise avec laquelle on put toujours se procurer une autre marchandise quelconque.

Dans le livre de sa politique, Aristote nous a laissé sur l'introduction du métal dans les échanges, quelques lignes qui n'excusent guère toutes les erreurs qu'un grand nombre d'écrivains ont publié sur le caractère de la monnaie.

« On ne pouvait que fort difficilement échanger les choses dont on avait le plus grand besoin ; aussi fut-il convenu que pour obvier aux inconvénients qui résultaient dans les trocs par rapport à la quantité équivalente, on se donnerait et accepterait réciproquement une chose qui, malgré que n'étant pas du nombre de celles essentielles à la vie, fut cependant *utile par elle-même* et d'un usage facile. »

Il est évident que la marchandise destinée à jouer un rôle aussi général devait réunir un certain nombre de qualités indispensables, telles que celles de fixité, de permanence, de divisibilité et de commodité.

L'argent, employé déjà, il est permis de le supposer, à des usages tout à fait indépendants de la nouvelle fonction qui allait lui être attribuée, sembla, mieux que tout autre produit de la nature et de l'industrie, réunir ces conditions indispensables au signe des échanges ; mais ce fut uniquement son degré d'utilité comme marchandise qui, sans doute, dut servir d'abord à établir son degré d'utilité dans l'échange ; c'est-à-dire qu'avant d'être appelé à remplir la fonction d'évaluateur commun, l'argent ne fut qu'un simple moyen d'opérer avec facilité l'échange de deux produits de qualité et de quantité inégales.

Les besoins de la circulation et l'intervention continuelle du métal dans les échanges, devaient bientôt mieux consacrer ces qualités qui le rendaient propre à circuler en tous lieux, et de simple moyen *d'équivalence* qu'il était, l'instituer aussi le *mesureur de la valeur* de toutes les autres marchandises employées dans le trafic des peuples.

Cette nouvelle fonction ajouta évidemment à *la valeur marchandise* de l'argent, une *valeur emploi* entièrement dé-

terminée par la demande qu'on en pouvait faire comparée
à sa quantité et à sa production ; mais, ici encore, ni l'imagination des peuples, ni la volonté des rois, n'eurent aucun
rôle à jouer.

L'introduction d'un évaluateur commun dans les échanges avait simplifié et conséquemment de beaucoup augmenté les transactions ; mais tous les obstacles n'étaient
pas écartés. Comment s'assurer à première vue du titre et
du poids d'un lingot ? Il fallait le peser pour en connaître
la quantité ; il fallait l'essayer pour en connaître la qualité ;
et ces opérations, très-difficiles pour tous, devenaient, pour
un grand nombre, impraticables.

L'argent était susceptible de recevoir une empreinte que
sa solidité lui permettait de conserver longtemps ; aussi
est-il naturel de penser que l'on songea bientôt à s'assurer
une fois pour toutes du poids et de la qualité du métal con-
tenus dans un lingot, et à l'imprimer sur les pièces destinées
à servir aux échanges. Alors eut lieu l'intervention de l'autorité, mais il serait choquant de vouloir découvrir dans
cette intervention un *droit* ou un *pouvoir* quelconque. On
comprend que dans cette époque de barbarie et d'ignorance,
le consentement général des peuples confiât aux rois le soin
d'attester la quantité et la qualité d'une marchandise destinée à s'échanger contre toutes les autres ; mais de ce choix
libre il ne pouvait naître qu'un *devoir*, et c'est celui que
remplit l'État lorsqu'il vérifie et contrôle, lorsqu'il frappe,
en un mot, les pièces destinées à la circulation.

Comment les rois ont-ils répondu à cet appel que leur
adressait la confiance des peuples ? On le sait : en altérant
les monnaies.

Pourquoi ? Nous l'avons dit et nous le répétons :

Parce que, à ce qui n'était qu'un *devoir*, l'ignorance des courtisans et la cupidité des princes substituèrent un *pouvoir* et un *droit*, violation du pacte qui s'appela DROIT RÉGALIEN.

D'ailleurs, de quelque façon qu'au point de vue social on veuille envisager cette intervention de l'autorité, il demeurera toujours évident qu'elle ne saurait modifier en rien ni la nature ni la fonction de la monnaie qui fût, est, et sera toujours, quelle que soit la matière qui la constitue, une marchandise retirant uniquement sa valeur de sa nature d'abord, et ensuite de son emploi.

Puis donc que l'Etat ne saurait donner, même à un lingot, une valeur quelconque en dehors de celle qui lui appartient comme marchandise et comme emploi, est-il rationnel de vouloir qu'il l'imprime à une matière ayant par elle-même une valeur essentiellement déterminée ?

« Le Billet au porteur remplit l'office de monnaie ; par conséquent, il doit, comme la monnaie elle-même, exister avec la garantie de l'Etat (1). »

Le Billet au porteur ne remplit pas plus l'office de la monnaie, qu'il n'est la monnaie elle-même. Pour ceux qui veulent bien l'accepter, un Billet de Banque remplit momentanément le rôle de *l'argent moyen d'échanges ;* mais conclure qu'il devient pour cela monnaie, ce serait singulièrement se méprendre et sur la valeur du mot et sur la propriété de la chose. Le caractère vrai de toute monnaie, c'est de valoir effectivement ce qu'elle dit valoir, c'est-à-dire de représenter exactement la contre-valeur de la marchandise que l'on reçoit ou donne en échange.

Est-ce là une qualité qui soit applicable au papier des Banques ?

(1) V. Bonnet. *La Liberté des Banques d'émission et le taux de l'intérêt.*

Dire que le Billet de Banque est une monnaie, c'est croire que la monnaie n'est qu'un signe représentatif; car plus jamais, nous l'espérons, on n'imaginera que le papier puisse devenir un évaluateur. Que la confiance du public et les besoins du commerce rapportant à la personne le crédit généralement accordé à la chose, aient donné à cette obligation des Banques la faculté de liquider un grand nombre d'obligations particulières, à merveille; mais la conclusion ne saurait être que cette faculté, librement accordée, pût convertir le papier en monnaie, moins encore en une monnaie dépendante du pouvoir souverain. La monnaie acceptée par le consentement universel a un pouvoir; le Billet de Banque, subi par une infinité de consentements partiels et sans cesse révocables, ne saurait, même imposé par une nécessité des temps ou par un abus de l'autorité, acquérir jamais au-delà d'une faculté.

La monnaie a un caractère essentiel, celui d'être le mesureur universel de la valeur, et une attribution principale, celle d'accélérer et de simplifier le mouvement des échanges. De ces propriétés distinctes, le Billet de Banque emprunte l'une, l'attribution; mais il ne la conserve que grâce à la certitude qu'a le public de ne lui voir jamais acquérir, par lui seul, le caractère de valeur en échange. Cette attribution de la monnaie qui accompagne le Billet de Banque, tient uniquement à la confiance, vertu publique qui ne saurait exister dans toute sa force, hors du terrain de la civilisation et de la liberté.

Dire que le Billet de Banque est monnaie par cela seul qu'autant que la monnaie il facilite la circulation des marchandises, c'est propager une vieille erreur et un faux principe. Est-il une différence quelconque entre Law et les partisans d'une semblable théorie? — Si le papier peut remplir dans la circulation le rôle de la monnaie métallique, rien n'empêche qu'il ne devienne monnaie; — voilà ce qu'avait pensé le hardi financier, et voilà ce que répètent, après lui, les économistes de *droit régalien*. Seulement, un peu intimidés par l'expérience et l'insuccès de la Banque Royale, ils ont pensé produire une théorie nouvelle parce qu'ils ajoutaient : « Le Billet ne peut conserver son caractère de monnaie qu'autant qu'il garde assurée la faculté de le devenir. »

Plaisante théorie, dont le caractère essentiel est de détruire l'effet en l'opposant à la cause, de saper ce même principe du remboursement en le mettant sous la responsabilité, ou simplement sous la garantie de l'Etat.

Mais cette grande considération, *le principe du remboursement à vue*, Law ne l'avait pas ignorée ; lui non plus, dans la constitution de sa Banque Royale, ne l'avait pas écartée ; malheureusement, le *droit régalien* la rendit inapplicable.

Et comment le Billet de Banque serait-il une monnaie? Réunit-il une seule des conditions qui déterminèrent l'acceptation du métal? L'or et l'argent ont une valeur intrinsèque, et c'est en son nom, surtout, qu'ils circulent. — Satisfaire un besoin avec une quantité déterminée de métal, c'est opérer un échange de valeurs réelles, c'est appliquer le crédit universellement accordé à la chose. Solder une transaction à l'aide d'un Billet de Banque, c'est tout simplement substituer au crédit personnel, peu connu d'ordinaire, un crédit collectif librement accepté.

Pourquoi donc voudrait-on que cette convention générale, mille fois renouvelée par jour, à l'abri de la liberté indi-

viduelle et par sa seule puissance, ne soit qu'une attribution
de la souveraineté? Pourquoi vouloir qu'une valeur uniquement d'emprunt et d'acceptation, sans cesse soumise au
caprice d'un chacun, soit une valeur par le fait d'un droit
conféré par l'Etat, qui, au demeurant, ne l'accompagne
d'aucune garantie?

Qu'une catastrophe engloutisse demain la Banque de
France, et que l'on nous dise ce qu'accordera l'Etat à un
de ses Billets resté dans mes mains, de plus qu'à un Billet
protesté chez un particulier? La surveillance de l'Etat,
c'est la protection de la loi; et sous ce rapport, il est indifférent de placer sa confiance dans un Billet de cent francs
imprimé à la Banque de France, ou de la donner à une
simple promesse particulière.

Substituer la surveillance de l'Etat à la vigilance d'un chacun, voilà donc à quoi se réduit l'avantage du *droit régalien*.

Mais cette intervention de l'Etat dans tout ce qui touche
de plus près aux intérêts de l'individu, est-elle donc si salutaire qu'il faille toujours et quand même la demander, la
défendre? Nous ne savons où M. Bonnet, par exemple, a
pu lui trouver des effets assez bons pour n'avoir plus que
des éloges à donner. Nous le regrettons sincèrement; nous
avions lu, avec bien du plaisir, les quelques lignes qu'il consacrait en 1859, à l'intervention de l'Etat en général:

« Reste la prudence individuelle. Malheureusement, c'est
un élément sur lequel il ne faut pas trop compter, dans notre
pays; nous sommes tellement habitués à être conduits par
l'Etat dans toutes nos actions, à suivre la direction qu'il
nous trace, que, quand cette direction nous manque, nous
sommes comme un navire sans boussole, nous ne savons
plus ni remuer ni agir. . . . .

« ...C'est encore l'Etat qui, chez nous, demande à la Banque de prêter tel ou tel concours aux affaires, d'abaisser ou d'élever le taux de l'escompte, selon que cela lui convient. En un mot, il administre ce qui touche l'industrie et le commerce, presque autant que ce qui concerne la sécurité intérieure ; et, à l'ombre de cette réglementation *beaucoup trop étendue*, l'énergie individuelle s'affaisse ; personne ne songe à avoir de la prévoyance lorsque l'Etat est chargé d'en avoir pour tout le monde. *C'est là le grand mal dont nous souffrons.*

« Nous savons bien que, dans les pays où la responsabilité individuelle est le plus développée, on n'évite pas les crises ; mais, il faut les voir dans l'intervalle. Quelle vigueur dans l'action, et quelle rapidité dans le progrès ! Nous consentirions volontiers, pour notre pays, à éprouver de temps en temps ces bourrasques violentes, à condition de déployer la même vigueur dans l'action, et d'obtenir la même rapidité dans le progrès ; en définitive ce sont les résultats qu'il faut envisager, et personne ne contestera que l'Angleterre, que les Etats-Unis, malgré leurs crises, n'aient encore fait plus de progrès dans une période de temps déterminée que les pays qui n'en ont éprouvé aucune ou qui en ont éprouvé beaucoup moins.. . . . .

« ...On a souvent vanté l'esprit pratique de la race Anglo-Saxonne ; cet esprit vient précisément de l'habitude qu'elle a contractée depuis longtemps de faire elle-même ses affaires, et de prendre la responsabilité de ses actes. Après Dieu, l'individu ne compte que sur lui-même pour tout ce qui peut lui arriver de bon ou de mauvais. Nous voudrions qu'il en fût ainsi dans notre pays, et qu'au lieu d'avoir sans cesse les yeux tournés vers l'État pour toutes

nos affaires, nous apprissions à compter davantage sur nous-
mêmes. Il n'y a de nation forte et digne que celle où les in-
dividus savent se défendre et se protéger eux-mêmes (1). »

L'Etat, d'ailleurs, peut-il céder un pouvoir qu'il n'a pas
lui-même ? Toutes les fois qu'un Gouvernement, assimilant
l'émission des Billets de Banque à la fabrication des espèces, a voulu user, par lui-même ou par l'intermédiaire
d'une société privilégiée, de ce prétendu droit souverain, il
a fait du papier-monnaie, il a battu en brèche le crédit public. La liberté seule, donnant à l'individu le droit de se
défendre, a su répandre l'usage du billet et consacrer le
crédit. La licence a bien pu détruire une partie des bons
résultats obtenus au moyen de la liberté; jamais, cependant,
ses effets les plus funestes n'ont approché des malheurs occasionnés par l'abus du pouvoir, d'autant mieux que jamais
un bien, tant minime soit-il, n'a pu leur être une compen-
sation.

Où nous conduit ce principe, qu'une Banque émettant des
Billets au porteur, exerce un *droit régalien* ?

Napoléon Ier s'est chargé lui-même de répondre :

« Je dois être le maître à la Banque de France, parce
qu'elle est bien plus à moi qu'à ses actionnaires, puisqu'elle
bat monnaie à la place et du droit de l'Etat. »

En matière fiduciaire, le *droit régalien* n'est autre chose
que l'exploitation du crédit public réservée à un certain nombre d'êtres privilégiés ; à eux les avantages de l'exploitation,
à eux la situation financière et le crédit d'un peuple tout
entier. Est-il juste que par le seul motif que l'Etat protége,
le public ne compte qu'au moment du danger? Est-il utile

(1) V. Bonnet. *Questions économiques a propos de crises.* Paris, Guillaumin et Cie, 1859.

que la moindre palpitation de ce centre intéressé qui chez nous s'appelle la Banque de France, devienne une commotion violente pour tout ce grand corps industriel et commercial qui travaille si ardemment à la prospérité et à la grandeur de notre pays ? Assurément non.

Il existe une différence bien grande entre l'Etat, frappant une pièce de monnaie, et la Banque de France émettant un Billet.

En frappant une pièce d'or ou d'argent, l'Etat ne produit rien. Possesseur d'un lingot, il lui donne la forme la plus commode et la plus généralement acceptée, constate, avec sa marque particulière, le poids et la finesse du métal, et enfin le livre à la circulation. Son pouvoir s'achève avec sa provision métallique, et c'est là surtout ce qui justifie son intervention.

En échange d'un service qu'on lui a rendu ou de produits qu'il a reçus, l'Etat a remis à un individu un lingot dont il a fait 200, 100, 50 parties égales, en lui disant : voilà mille francs ; c'est-à-dire voilà de quoi vous procurer immédiatement les choses qui pourront satisfaire vos besoins ou vos goûts, dans une proportion universellement acceptée, dont ces signes sont le rapport et la garantie.

La Banque de France, en remettant un billet, peut-elle dire à celui qui le reçoit : voilà de quoi satisfaire immédiatement un besoin ? Si celui qui dispose des choses nécessaires au possesseur du billet ne connait pas le titre qu'on lui présente, ou refuse de lui accorder cette valeur uniquement de confiance, que devient l'utilité de ce papier, qui n'a par lui-même aucune valeur intrinsèque ?

C'est donc à la seule confiance du public, et non point au pouvoir de l'Etat, que le billet de Banque doit sa valeur facilitante. Ce n'est point l'Etat que l'on regarde en acceptant l'obligation contractée par la Banque de payer au possesseur du titre une quantité de monnaie déterminée ; son voisin, d'abord, et la Banque de France après ; voilà tout.

Combien en est-il à qui ce prétendu droit de l'Etat, son intervention même, sont entièrement inconnus et qui cependant ne refusent pas à un billet de Banque la valeur qu'il représente ?

Combien encore n'accepteraient qu'avec beaucoup de difficultés cette valeur représentative, s'ils la savaient accompagnée et dépendante d'un *droit régalien ?*

Une autre différence non moins sensible existe entre la monnaie métallique et le Billet de Banque.

Un billet ne retirant sa valeur et son utilité que de la confiance et des besoins du public, ne peut se présenter et être accepté comme un signe de crédit que dans le pays où l'on peut à chaque instant le convertir en une quantité de numéraire égale à celle qu'il représente. Son usage est entièrement national. Celui de la monnaie, au contraire, est essentiellement extérieur. L'or et l'argent conservent partout cette valeur intrinsèque qui les rend propres à circuler en tous lieux.

Que le devoir de garantir à l'étranger cette valeur, cette quantité de métal contenue dans une pièce de monnaie, soit réservé à l'Etat ; rien de mieux. Nulle garantie, nulle empreinte plus puissante et plus noble ne saurait lui être donnée ; qui, mieux que le Chef du pouvoir, représenterait la Nation ? Qui, plus sûrement et plus religieusement que lui, remplirait ce devoir, dont dépendent en partie et sa conservation intérieure et sa dignité extérieure ?

« La monnaie métallique n'a qu'un type et la garantie de

l'État ; nous ne voyons pas qu'il y ait lieu de faire autrement pour la monnaie fiduciaire (1). »

L'État garantit, jusqu'à un certain point, la monnaie
métallique, fort bien ; mais où a-t-on pris que cette même
garantie fût à la monnaie fiduciaire? La surveillance de
l'État peut bien influer un peu sur les opérations de la Banque qui émet les billets, mais là s'arrête toute intervention.
Si elle reparaît, ce n'est que dans un moment critique, et
alors cette prétendue garantie se change en une autorité
imposant au public ce qui n'existait que par sa seule confiance ; en une protection autorisant la Banque à manquer
à ses engagements. Dans cette organisation, la sécurité
est toute entière à la Banque, les bénéfices tous à la Banque ; l'exposition et les sacrifices, telle est la part réservée
au public.

L'émission des Billets de Banque, c'est la représentation
du crédit public dans le public lui-même.

La fabrication de la monnaie métallique, c'est la mise
en circulation de la fortune nationale dans le monde entier.

Voilà les différences que nous trouvons entre frapper de
la monnaie et émettre des Billets de Banque.

La Banque, dit-on, bat monnaie de par le droit que lui a
confié l'État. Tant que ce *droit régalien* a pu être accepté,
il eut été plus juste de dire : « La Banque bat monnaie pour
le Roi. » De nos jours, elle ne bat plus qu'à l'ouïe d'un petit
nombre ; la faculté d'abattre lui reste encore un peu. Dé-
fendez-là, cette faculté, vous qui attachez à cette organisation les facilités de l'État ; mais non pas vous qui faites
métier de savant et vous affichez comme recherchant surtout le plus grand bonheur de tous ; non pas vous, non plus,

____
(1) V. Bonnet. *La Liberté des Banques d'émission.*

qui, amis éclairés du Gouvernement, le voulez véritablement
fort, véritablement utile, véritablement aimé.

Il est ailleurs qu'à la Banque de France, le crédit de
l'État.

Il n'est plus, il ne doit plus être, ce temps où lord By-
ron pouvait écrire : « Qui tient la balance du monde? Qui
domine les congrès royalistes ou libéraux? Qui soulève,
ô Espagne, tes patriotes sans chemise? qui graisse les res-
sorts de toute politique? Qui semble l'ombre audacieuse de
Bonaparte?...

» Le Juif Rothschild et son confrère chrétien Baring.»

§ III

La limite de l'échéance et l'obligation des trois signatures.

Il est dans les statuts de la Banque de France, deux articles qui ne nous semblent pas à l'abri de tout reproche|; ce sont, d'abord, l'échéance maxima de 90 jours, et surtout l'obligation des trois signatures. Une organisation semblable a bien pu n'être pas sans utilité ; mais aujourd'hui, est-elle nécessaire ? — On ne saurait le nier : l'imprudente destination maintenue au capital de la Banque conseille, jusqu'à un certain point, sa conservation ; mais, d'un autre côté, combien n'est-il pas de puissants motifs d'abrogation ?

Dans un rapport présenté à la Chambre des députés le 22 juin 1840, M. Rossi se prononçait en faveur de la règle des trois signatures. — Nous savons ce qu'on doit de respect à l'opinion de M. Rossi, cependant il nous semble que les arguments invoqués en 1840, ont aujourd'hui beaucoup perdu de leur vérité.

Qu'a voulu le législateur en imposant à la Banque de France l'obligation de n'escompter que les effets revêtus de trois signatures au moins ? — « Lui interdire le commerce des risques ; » — telle est la réponse de M. Rossi.

Que Napoléon Ier eût pour l'enfance de sa création une sollicitude toute paternelle, fort bien ; que M. Rossi ait craint d'arracher la Banque à son organisation primitive, fort bien encore ; ni Napoléon Ier, en 1806, ni M. Rossi, en 1840, n'avaient eu l'expérience d'institutions déterminant avec exactitude les dangers d'une théorie contraire à la leur. Mais que de nos jours encore, on érige en thèse générale de fermer la porte des Banques aux effets non revêtus de trois signatures au moins, voilà qui devient contestable.

Les relations habituelles du commerce ne créent que des billets à deux signatures, celle du vendeur et celle de l'acquéreur. La Banque n'acceptant que les billets revêtus de trois signatures au moins, il faut que ces titres qui cependant sont le résultat d'affaires positives, de transactions accomplies, empruntent à l'intervention d'un tiers le droit de recourir au crédit collectif de la Banque de France.

C'est là, non-seulement un inconvénient mais aussi une perte réelle, voire même un surcroît de coût injustement imposé au loyer du capital. Cette troisième signature que l'escompteur vend au producteur, coûte en moyenne, à la consommation, pour les effets qu'escompte la Banque de France seulement, de 50 à 60 millions par an. Pour savoir jusqu'à quel point la Banque de France a raison d'imposer au producteur cette augmentation de frais, il faudrait lui opposer la perte que supportent ceux qui donnent la troisième signature.

M. de Laborde, combattant l'obligation des trois signatures, s'appuyait sur le Comptoir d'escompte fondé en 1830. Ce Comptoir, qui n'était que le témoignage des efforts que le Gouvernement faisait en faveur du commerce et de l'in-

dustrie, avait reçu un capital de cinq millions que l'on considérait comme perdus ; cependant il escompta, sur une et
deux signatures, plus de 80 mille billets formant un total
de 20 millions à peu près, et ses pertes ne s'élevèrent pas
au-delà de 250 mille francs. Ce fait est tellement vrai,
qu'un homme fort éclairé, M. Ganneto, s'en inspirait en
1834, et proposait à la Chambre d'autoriser la Banque de
France à fonder un Comptoir spécialement destiné à l'escompte des effets revêtus de deux signatures.

Plus près de nous, nous trouvons de nouveaux arguments en faveur de l'escompte à deux signatures ; ils sont
dans les Comptoirs nationaux.

Nés d'une perturbation immense, les Comptoirs nationaux créés en 1848, avaient pour mission essentielle d'aider, de secourir, de sauver. Pendant leur existence, les règles de prudence n'étaient plus permises ; il s'agissait de
prévenir un désastre général. Eh bien ! voici leur histoire
en partie, dans ce qui tient aux dangers de l'escompte à
deux signatures.

Du Ier juillet au 31 décembre 1848, le Comptoir national de Rouen escomptait 4,797,975 francs, et 41,080,
seulement, offraient un recouvrement douteux ou difficile.

Le Comptoir national de Nantes escomptait :

Du 25 mars au 31 décembre 1848.	15.342.796[f] 43[c]
Dans le premier semestre de 1849	6.213.312 04
Et dans le deuxième semestre de 1849.	3.824.656 26
Ensemble.	25.380.764[f] 73[c]

Et le contentieux se résumait ainsi :

Du 1er janvier au 31 décembre 1849.   21.487[f] 09[c] sur lesquels 6.047[f]
17[c] étaient des ef-

A reporter. . . . .   21.487[f] 09[c]

Report . . . . . .   21.487^f 09^c

fets à trois signa-
tures au moins.

Effets arriérés en 1848. . . . .   11.159 65

Soit ensemble   . .   32.646^f 74^c sur lesquels les
rentrées présuma-
bles étaient, con-
formément au
compte rendu à l'as-
semblée générale,

de. . . . .   25.985^f 91^c

A Marseille, M. Chautard présentait à l'assemblée générale des actionnaires, le 30 septembre 1848,

32.238,618 fr. 66 c. d'effets escomptés, et   590.149^f 22^c
d'effets en souffrances, sur lesquels

176 effets de l'importance de . .   330,455^f 77^c
devaient donner lieu à une liquida-
tion un peu lente.

160 effets formant la somme de.   247,397 70
étaient de rentrée assurée, et

27 effets seulement, s'élevant à   12,295 75
pouvaient être classés parmi les
créances mauvaises.

Certes, si sur 62,387,358 fr. 39 c. d'effets escomptés à une
et à deux signatures, en 1848 et 1849, les Comptoirs de
Marseille, Nantes et Rouen n'ont eu que 19,367 fr. 38 c.
d'un recouvrement difficile, il nous paraît qu'en des temps
ordinaires, un portefeuille quelconque n'aurait pas beaucoup
à craindre en s'ouvrant aux billets à deux signatures.

Du reste, il n'est nullement besoin de s'en tenir aux sup-
positions.

Parmi les créations du Gouvernement Provisoire, il en
est qui nous sont restées. Entr'elles, le Comptoir National
d'escompte de Paris, a déjà parcouru une carrière aussi
brillante qu'honorable ; prenons-le pour exemple ; quinze
années d'épreuves lui donnent droit à une certaine autorité.

Comme le disait fort justement M. Hyppolyte Biesta à l'assemblée générale du 19 septembre 1848, le Comptoir national d'escompte se fondant au milieu de la déroute générale du crédit, avait à choisir entre deux systèmes :

1° Obéir à la prudence absolue;

2° Adopter les vues d'une administration large et libérale.

Le premier principe l'eut conduit à repousser la plus grande partie des valeurs présentées à l'escompte, c'est-à-dire à abandonner le commerce et l'industrie à toutes les exigences de la crise.

En adoptant le second, il s'attachait, avant tout, à prévenir les désastres que l'on pouvait éviter.

Bien convaincue des rigueurs de la situation et bien éclairée sur sa vraie mission, l'administration n'hésita pas un instant. Aidée d'un capital de 2,587,024 fr., elle inaugura, le 18 mars, cette gestion aussi habile que libérale, dont l'effet a été de constituer après une quinzaine d'années, l'établissement qui est, sans contredit, le plus vrai et le plus utile auxiliaire de notre commerce. Qu'on ne l'écarte pas de sa mission !.....

Les effets admis à l'escompte au Comptoir national étaient de trois sortes :

1° Effets à deux signatures;

2° Effets à une seule signature, accompagnée de récépissés de marchandises;

3° Effets à deux signatures, présentés par les Sous-Comptoirs de garantie.

Quelles ont été les conséquences de l'appui ainsi prêté au commerce et à l'industrie?

Notre travail ne va pas jusqu'à les poursuivre dans toute

13

leur étendue; mais en nous arrêtant spécialement à ce danger que font courir au capital des opérations ainsi garanties, nous sommes convaincu que le principe appliqué par l'administration du Comptoir national d'escompte, fut aussi favorable aux intérêts publics en général, qu'utile au commerce et à l'industrie en particulier.

Pendant son premier exercice, le Comptoir national escompta pour une somme de 93,125,587 fr. 51 c. (1) en effets de diverse nature, et le total de son contentieux s'éleva à 1,389,757 fr. sur lesquels 80,223 fr. seulement étaient considérés par le comité du contentieux comme provenant d'effets d'un recouvrement douteux et difficile.

Du 1ᵉʳ septembre 1848 au 30 juin 1849, les escomptes s'élevèrent à 98,274,287 f. 60 c. sur lesquels 323,625 fr. 97 c. allaient grossir le débit du contentieux; mais, alors déjà, les prévisions que M. Biesta exprimait dans la précédente assemblée se trouvaient en partie réalisées. Du 1ᵉʳ septembre 1848 au 30 juin 1849, il était entré au crédit des effets en souffrance, la somme de 1,066,131 fr. 68 c.

Pendant la troisième année de son existence, du 1ᵉʳ juillet 1849 au 30 juin 1850, le Comptoir national escompta 159,069 effets, s'élevant ensemble à la somme de 127,966,393 francs. Malgré l'augmentation obtenue dans le chiffre de l'escompte, le contentieux ancien ne s'augmenta dans cet exercice que de 91,745 fr. 90 c. sur lesquels 14,115 fr. 72 c. seulement, présentaient un recouvrement douteux,

(1) Dans la somme des effets escomptés pendant les deux premiers exercices, nous n'avons pas compris :

Au premier semestre :   15.904.956 f. 75 c. provenant des effets reçus à l'encaissement.

Au deuxième semestre :
1° 12.788.143 f. 63   provenant des effets reçus à l'encaissement.
2° 1.055.385 f. 70   provenant des effets escomptés sur l'étranger.

tandis qu'au contraire, le crédit des effets antérieurement
en souffrance s'augmentait de 300,124 fr. 37 c., ce qui réduisait le découvert du contentieux primitif à 447,829 fr.
80 c. et le total général, au 30 juin 1850, à la somme de
539,575 fr. 70 c.

« En résumé, le Comptoir national de Paris, après une
révolution qui avait fait éclater une des plus grandes crises
industrielles et commerciales que notre pays ait eu à subir,
avait escompté (le 30 juin 1849) 244,297 effets, pour une
somme de 192,455,260 fr. 81 c. Sur le total des effets escomptés, 18,650 représentant une somme de 9,445,118 francs,
avaient été remboursés par les cédants, avant protêt, et sur
7,817,471 francs d'effets protestés, 2,026,929 fr. avaient
été remboursés après protêt. Le Comptoir, M. Biesta le mentionnait à bon droit, était venu en aide aux maisons embar-
rassées, pour une somme quatre fois plus forte que son capital disponible, et cependant le solde du contentieux au 30
juin 1849 était réduit à la somme de 747,000 francs (1). »

Dans cette période de quinze mois, les actionnaires avaient
reçu un dividende de 6 0/0, et, en dehors de la réserve sta-
tutaire, un prélèvement de 346,358 f. 48 c. était passé du
montant général des bénéfices au crédit du contentieux.

A l'assemblée générale du 29 juillet 1850, le bilan total
du contentieux présentait un découvert de 539,575 fr. 70 c.
« Quelle sera la perte définitive ? disait M. Biesta, — le
comité du contentieux s'est livré à un travail minutieux, et
il a trouvé qu'elle n'atteindrait pas 340,000 francs. »

Arrêtons-nous après ces trois années d'existence, et, avec
l'honorable directeur, remarquons les mouvements de ce
chapitre des effets en souffrance au Comptoir d'escompte.

(1) Assemblée générale du 27 juillet 1849.

« Le contentieux, qui pendant les cinq mois du premier exercice, s'était élevé à la somme de 1,389,757 francs sur 109,030,544 fr. 26 c. de valeurs escomptées, et qui pendant la seconde période de dix mois, s'était soldé par 424,328 fr. 20 c. sur 112,117,816 fr. 93 c., n'a atteint pendant la troisième période de douze mois qui vient de s'écouler, que 91,745 fr. 90 c. sur 145,630,576 fr. 58 c. »

Assurément, semblables résultats n'amènent pas à se prononcer, avec M. Rossi et autres, pour la nécessité d'imposer aux Banques d'escompte, fussent-elles Banques d'émission, l'obligation de n'escompter que les effets revêtus de trois signatures au moins.

Pendant l'exercice 1850 — 1851, le Comptoir national escompte pour 215,195,904 fr. 27 c. d'effets divers, et les recouvrements en souffrance ne s'élèvent pas au-delà de 48,755 fr. 35 c. En même temps, des rentrées successives d'une importance de 143,952 fr. 49 c. réduisent le solde de l'ancien contentieux à 395,623 fr. 21 c.

A cette époque-là déjà, les réserves prélevées sur les bénéfices, en dehors des dividendes distribués, excédaient le découvert général de 5,621 fr. 42 c.

Du 1er juillet 1851 au 30 juin 1852, sur 273,473,901 fr. 97 c. d'effets escomptés, 28,953 fr. 64 c. seulement, restaient en souffrance, et l'ancien compte se réduisait de 69,724 fr. Cette même année, le Comptoir d'escompte réalisa en entier son capital social. Conformément aux statuts, il était composé de 20 millions, dont un tiers en argent, un tiers en bons du Trésor, et un tiers en obligations de la ville de Paris.

Le 18 février 1853, un arrêté de S. Exc. M. Bineau, ministre des finances, approuva les modifications adoptées dans l'assemblée générale des actionnaires du 22 janvier de la même année ; ces modifications avaient pour objet d'élever le capital du Comptoir national à 33,333,500 francs, ainsi constitués :

20,000,000 f.   versés par les actionnaires souscripteurs,
6,667,000   versés par la ville de Paris en obligations,
6,666,500   versés par l'Etat en Bons du Trésor.

L'émission de 26,667 actions réalisa le complément du capital et porta la réserve à 2,008,769 fr. 76 (1).

Jusque-là, le Comptoir d'escompte avait eu, pour remplir sa mission, un capital espèces qui, de 2,587,021 francs, s'était successivement élevé jusqu'à 6,666,500 francs.

L'exercice 1852-1853 répondit à l'augmentation partielle du capital : 596,758 effets, s'élevant à la somme de 502,670,434 fr. 09 c. furent escomptés et léguèrent au contentieux 111,688 francs ; les exercices antérieurs recouvraient 40,543 fr. 81 c., ce qui réduisait l'ensemble du contentieux, au 30 juin 1853, à 474,691 fr. 13 c.

A dater du 1ᵉʳ juillet 1853, le Comptoir opère avec un capital entièrement réalisé (dans la partie qui pouvait l'être, bien entendu,— 22,008,769 f. 76 c. capital actions et réserve) et poursuit énergiquement son développement. Les comptes-rendus à l'assemblée générale du 31 juillet 1854, présentent : 628,521,791 fr. 62 c. d'effets escomptés, 99,243 f. 07 c. d'effets en souffrance, et 35,025 fr. 60 c. recouvrés sur l'ancien contentieux.

Pendant l'exercice 1854-1855, les escomptes s'élèvent à 653,943,808 fr. et le contentieux n'ajoute à son débit que

______

(1 Les actions étaient livrées au prix de 550 francs, dont 500 en addition au capital social, et 50 destinées à l'accroissement de la réserve.

40,495 fr. 95 c., pendant que son crédit s'augmentait de
65,669 fr. 93 c. recouvrés sur les exercices antérieurs.

Du 1er juillet 1855 au 30 juin 1856, le Comptoir escompte
936,898 effets s'élevant ensemble à 704,946,321 fr. sur lesquels 132,639 fr. 28 c. restent en souffrance ; en même
temps 33,205 f. 67 c. viennent s'ajouter aux recouvrements
arriérés du contentieux.

Pendant l'exercice 1856-1857, le Comptoir national sol-
licite en vain l'autorisation d'élever son capital social, de 20
à 40 millions. S. E. M. le ministre des finances ne croit
pas devoir se rendre aux instances de l'administration, et
le Comptoir, sous l'influence d'une crise que l'élévation de
son capital eût en partie conjurée, voit ses escomptes se réduire à 681,970,262 fr. 76 c. en 1857 et à 665,160,385 fr.
62 c., pendant l'exercice 1857-1858.

Les effets en souffrance sont pour les deux années de
365,831 fr., et les recouvrements arriérés s'élèvent, malgré
la crise violente qui frappe notre commerce, à 247,674 fr.
87 c.

Du 1er juillet 1858 au 30 juin 1859, 633,256,702 f. 47 c.
d'effets escomptés, augmentent l'ancien contentieux de
164,528 fr., pendant que les recouvrements opérés le réduisent de 78,951 fr. 45 c.

Le 25 mai 1860, un décret donne encore au Comptoir de
nouvelles facilités, celle entre autres de recevoir à l'escompte
les effets de commerce d'une échéance de 75, 105 et jusqu'à
180 jours. Cette mesure ne porte aucune atteinte à la sécurité des opérations du Comptoir. Pendant l'exercice 1859-
1860, il escompte 1,099,064 effets, montant ensemble à
680,175,759 fr. 27 c., et les effets en souffrance s'arrêtent
au chiffre de 57,419 fr. 13 c. Les rentrées arriérées compen-

sent ce nouveau découvert; elles sont pour l'année de
53,607 fr. 28 c.

Le 30 août, S. Exc. M. le ministre des finance, consent
à autoriser l'émission de 40,000 actions nouvelles (1). Dans
cette augmentation du capital social, une partie était destinée à la création des agences autorisées, le 31 mai, à Shang-
Haï, Calcutta, Madras, Bombay et Pondichéry, ainsi qu'aux
relations nouvellement établies entre le Comptoir et les
Banques de nos colonies. (Guadeloupe et Martinique.)

Les conséquences de cette mesure ne se font pas attendre.
Depuis le 1er juillet 1860 jusqu'au 30 juin 1861, le Comptoir voit ses escomptes s'élever à 915,536,355 fr., sur lesquels 147,792,492 fr. 86 c. proviennent des valeurs sur
l'étranger. Le contentieux s'élève à 236,960 fr. 87 c. et les
rentrées s'arrêtent à 44,079 fr. 17 c. Pendant l'exercice suivant, les escomptes s'élèvent à 887,760,526 fr. 48 c. et les
effets en souffrance atteignent un moment le chiffre de
335,668 fr.; mais les rentrées successivement opérées,
autant sur le compte ancien que sur le nouveau, réduisent
le contentieux de 257,100 fr. 24 c.

Du 1er juillet 1862 au 30 juin 1863, le Comptoir escompte
1,226,718 effets, d'une valeur totale de 959,510,042 fr., sur
lesquels 224,513,426 fr. 28 c. appartiennent aux valeurs
sur l'étranger. Pendant l'exercice, les effets en souffrance s'é-
lèvent à 177,525 fr. 62 c. et le crédit du contentieux s'augmente de 228,192 fr. 34 c.

Telle est, dans cette partie, l'histoire d'un établissement
qui peut certainement être consulté dans la question de l'es-

(1) Ces 40,000 actions furent émises au prix de 580 francs, dont 500 en addition au capital, et 80 en augmentation de la réserve, qui se trouvait ainsi
portée à 7,358,382 f. 34, non comprise la part qui devait lui être attribuée dans
le semestre courant.

compte à trois signatures ; résumons-là dans le tableau suivant ; à l'avantage de présenter ensemble cette quantité de sommes qui échappent si aisément à la mémoire, il joint celui de déterminer exactement le rapport du contentieux au mouvement général des escomptes.

Comptoir national d'escompte de Paris.

Escomptes et contentieux comparés.

EXERCICES	ESCOMPTES	CONTENTIEUX		LIQUIDATION	
		DOIT	AVOIR	DOIT	AVOIR
1818	93.125.587 51	1.389.757 »	»	.	»
1818 1849	98.271.287 »	323.625 97	1.066.131 68	617.251 29	»
1849 —50	127.966.393 »	91.715 90	300.121 37	»	208.378 17
1850 —51	215.195.901 27	18.755 35	143.952 19		95.197 11
1851 —52	273.173.901 97	28.951 64	69.721 »	»	10.770 36
1852 —53	502.670.131 09	111.688 11	10.543 81	71.111 30	
1853 —54	628.521.791 62	99.243 09	35.025 63	64.217 16	»
1854 —55	653.913.808 05	10.195 95	65.669 93	»	25.173 98
1855 —56	701.916.321 96	132.629 28	33.205 67	99.423 61	»
1856 —57	681.970.262 76	57.865 19	51.486 78	6.378 11	
1857 —58	665.160.385 62	307.966 58	196.188 09	111.778 19	
1858 —59	633.256.702 17	164.528 14	78.951 15	85.576 69	
1859 —60	680.175.759 27	57.119 13	53.607 28	3.811 85	
1860 —61	915.536.355 07	236.960 87	11.079 17	192.881 70	•
1861 —62	887.760.526 18	335.608 92	257.100 21	78.568 68	
1862 —63	959.510.012 89	177.527 62	228.192 31		50.664 72
	8.721.188.164 03			1.361.032 18	120.184 67

Balance au compte des profits et pertes. 940.847 81

                   1.361.032 18

Rapport du contentieux à l'escompte :

1,08 0⁄000, ou 0,0108 0⁄0.

1,08 pour dix mille francs escomptés, ou 0,0108 0/0, voilà le danger qu'ont fait courir au capital du Comptoir national d'escompte de Paris, neuf milliards, à peu près, d'effets à deux signatures, escomptés pendant une période de seize ans !....

Quelle eût été, à tout prendre, dans de semblables conditions, la perte infligée à la Banque de France, en 1863 par exemple?

614,329 fr. 33 c. sur 5,688,234,600 f. d'effets escomptés !

N'est-ce pas, que si l'auteur de la loi du 24 germinal an XI avait eu l'expérience pour lui prouver qu'en ouvrant la Banque de France aux effets à deux signatures, il ne faisait que réduire à 39,835,305 fr. 67 c. les 40,449,635 fr. que produisait l'organisation primitive, il n'eut pas hésité un instant à écarter une loi au moins inutile (1)?

A cette perte qu'eût éprouvé la Banque de France, opposons maintenant le prix que le commerce et l'industrie ont payé cette troisième signature, exigée par les statuts de la Banque.

En arrêtant à 1/2 0/0 la Commission prélevée par les Banquiers sur les effets remis à l'escompte de la Banque, on en conviendra, nous n'exagérons rien. Eh bien ! même à ce prix-là, cette troisième signature a coûté, dans l'exercice 1863, 28,441,173 fr. C'est donc 27,821,155 fr. que la Banque de France aurait pu épargner au producteur et par conséquent au consommateur, par la simple modification d'un article de ses statuts, et cela, sans rien perdre ni de ses bénéfices ni de son crédit.

Et l'agriculture? Pense-t-on que cette obligation des trois signatures lui permette d'approcher de la Banque de France et d'employer ses Billets? C'est pourtant avec du papier que les États-Unis ont défriché leur forêts.

Et les Banques d'Écosse?— Sur deux cautions elles prêtent au plus petit agriculteur; à découvert, elles ouvrent des cré-

(1 La loi du 24 germinal an XI, limita à 8 0/0 le dividende de l'an XII et à 6 0/0 les suivants, à compter du 1er vendémiaire an XIII.

dits qui, s'étendant à la totalité de la population, leur amènent toutes les affaires du pays.

En est-il jamais résulté pour elles une perte insolite? — Les
hommes les plus éclairés ont affirmé que ces crédits avaient
été la source des fortunes qui s'étaient créées dans le commerce et l'agriculture. « L'homme intelligent, disait M.
Benoist, doit à ces belles institutions aussi utiles au point de
vue moral qu'au point de vue économique, la fortune à laquelle il parvient. »

En France, on a trop peu fait cas de l'agriculture; cependant, nous sommes convaincu que rien dans la pratique
ne s'opposerait à ce que l'agriculteur trouvât autant de facilités que l'industriel. N'a-t-il pas, lui aussi, ses capitaux de
roulement, ses besoins à satisfaire, ses épargnes à utiliser?
On a fait le Crédit foncier (1). Loin de nous l'idée de mettre en jugement l'utilité du Crédit foncier; mais est-il démontré que ce soit là la création opportune, vraie par excellence? Peut-être nous tromperions-nous en formulant
une réponse précise; cependant, qu'il nous soit permis d'a-
vouer que tel qu'il nous apparaît, le Crédit foncier nous
semble avoir pour effet essentiel de mettre en lutte continuelle les besoins de l'agriculture avec *ceux de l'industrie*
en général. Dans tous les cas, ce n'est pas, ce ne sera jamais par une organisation semblable que se trouvera réalisée la pensée fondamentale du décret du 28 février 1852.

« En dehors du motif capital de la sécurité, qui doit être
complète, se présentent les raisons puisées dans l'abaissement et dans l'unité du taux de l'escompte. »

1. Crédit hypothécaire.

Voilà un argument que M. Wolowski aurait peut-être bien fait de laisser au rapporteur de 1840.

Lorsque la Banque de France se tenait, non point à un taux d'intérêt toujours bas, (c'est là un principe qui n'a jamais été le sien) mais simplement à un taux d'escompte rationnel et invariable, M. Rossi pouvait, en quelque sorte, opposer les profits des actionnaires à la sécurité du public. En 1840, la Banque de France avait encore le droit d'invoquer les raisonnements du législateur ; mais de nos jours, il serait par trop mal aisé de défendre la sécurité de la Banque au nom de l'abaissement et de l'unité du taux de l'escompte.

Les amis de la Banque de France ont traité de prétention l'uniformité qu'elle a maintenu dans le taux de son escompte jusqu'en 1847 ; ils auraient pu mieux faire. La sécurité que donnait à la Banque un portefeuille de valeurs trois fois garanties, ne lui permettait pas de vendre trop cher un crédit qui ne lui coûtait rien, un crédit qui ne lui avait été donné que pour amener l'abaissement du taux de l'intérêt. L'eut-elle fait, l'opinion publique, à défaut de la loi, n'eut pas manqué de flétrir une pareille conduite, comme cela est arrivé de nos jours.

Si l'on reproche à la Banque de France ses profits, ce n'est pas uniquement parce qu'ils sont énormes ; c'est plutôt parce qu'ils sont usuraires. Le mot est dur peut-être, mais il est vrai. Le jour où à la faveur d'une crise terrible, la Banque de France a introduit dans le principe de son administration le système de l'intérêt mobile elle a foulé aux pieds l'idée du législateur, elle a fait la loi immorale.

En 1769, une consultation dans laquelle avaient pris part Viel, Tronchet etc., etc., détermina la signification du mot usure ; elle chercha à établir que l'usure ne consiste

pas à tirer un profit, même excessif, de l'argent, mais à tirer
ce profit sans courir aucun risque.

En 1863, la Banque de France a retiré de ses opérations
40,449,635 francs et 132,643 fr. 80 ont suffi à couvrir tous
les risques de ses opérations.

M. Wolowski pense-t-il que ce soit là un intérêt résultant
uniquement de la combinaison du profit dû au capital et de
la prime qu'exige le risque?

En 1840, la Banque de France donnait encore 14 0/0 à
ses actionnaires, cela est vrai ; mais le commerce pouvait
espérer. On n'avait pas encore inventé que les Billets de
Banque étaient une marchandise, et surtout une marchandise dont la fabrication devait être monopolisée, dans l'intérêt du consommateur, bien entendu. M. Rossi lui-même
respectait la réforme possible.

« Au surplus, disait-il en terminant son rapport, au surplus, pour les questions dont nous avons eu l'honneur de
vous entretenir, et pour toutes celles que cette importante
et difficile matière peut faire naître, il est une observation
générale qui doit rassurer tous les esprits et satisfaire toutes les opinions.

« Dans le projet primitif on demandait la prorogation
pure et simple du privilége jusqu'au 31 décembre 1867.
(art. 4). Par un amendement que le Gouvernement a accepté, on vous propose de dire que, néanmoins, le privilége pourra prendre fin ou être modifié douze ans après
son renouvellement, c'est-à-dire le 31 décembre 1855, s'il
en est ainsi ordonné dans l'une des deux sessions qui pré-
céderont cette époque.

« En une matière si délicate, se hâter c'est mal faire ; trop
de faits l'ont prouvé ; mais ce délai ne doit pas, ce nous

semble, paraître excessif à aucun esprit sérieux, quel que soit d'ailleurs son désir de voir de nouveaux progrès se réaliser et la puissance du crédit s'établir de plus en plus dans le pays. *Il est encore bien des points à éclaircir, des préjugés de plus d'un genre à dissiper, des vérités à établir.*

« *Fions-nous sans impatience au temps, à la discussion, à la publicité.* »

Les raisons qu'invoquait M. Rossi pour limiter à 90 jours l'échéance maxima à la Banque de France, ne nous semblent pas, aujourd'hui, entièrement vraies.

« Escompter des effets dont l'échéance excède trois mois, c'est alimenter des circulations fictives, ou bien prêter, non pour fait de marchandises, mais pour fait de spéculation. Aujourd'hui c'est avec du papier à trois mois que les opérations commerciales se liquident. Admettez à l'escompte les effets à quatre mois et les producteurs seront à l'instant même assaillis de demandes pour obtenir le même délai. »

Que quatre-vingt-dix jours fussent à l'époque de M. Rossi la mesure du terme généralement accordé par le producteur au négociant, cela est fort possible ; mais, de nos jours, il n'en est plus ainsi. Que l'on fasse un appel aux producteurs et l'on verra combien peu nombreuses sont les transactions commerciales qui ne constituent qu'un contrat de quatre-vingt-dix jours.

Dans les conditions où vit la Banque de France, il est évident que la rentrée *prompte* des sommes avancées à titre d'escompte, est la garantie fondamentale de son crédit.

Mais, si reconnaissant enfin le vrai caractère des Banques en général et faisant droit à la moralité et au développement du commerce français, la loi, désireuse d'être un peu plus utile au public et un peu moins à l'actionnaire, oblige les Institutions financières à appuyer leur crédit un peu sur leur capital, la Banque de France échappera à cette situation si fausse, que lui crée l'obligation où elle est de garantir une dette fondée par une dette flottante.

Alors il lui suffira que la rentrée des sommes avancées au commerce à titre d'escompte soit *régulière*.

Nous aurons occasion de le démontrer dans le chapitre suivant.

§ IV

La disponibilité du Capital.

Lorsque la loi du 24 Germinal an XI obligea la Banque de France à convertir en rentes (5 0/0 consolidés), non point son capital, mais simplement les fonds de sa réserve, pas une voix dans le conseil de régence n'applaudit à la disposition que venait de dicter l'Empereur.

Il était à présumer qu'un des premiers soins de la Banque, en recouvrant une partie de sa liberté, aurait été de revenir sur cette destination donnée déjà presque à tout son capital; mais il n'en fut rien. On avait retiré 15,191,966 fr. de cette conversion si mal venue; et 15 millions, c'était plus qu'il n'en fallait pour justifier, même à la Banque de France, la loi de 1803.

M. Martin, fils d'André, se plaignit bien un peu de l'usage qu'on avait fait du capital de la Banque; mais M. le Gouverneur provisoire, résumant la réforme présentée au Gouvernement nouveau, n'eut garde de soulever une pareille question. La loi fut maintenue à la grande satisfaction du conseil de régence, et depuis lors, la Banque de

France n'a eu son capital disponible qu'un moment, en 1847.

Il est peu d'écrivains qui n'aient blâmé cette immobilisation imposée au capital de notre Banque ; cependant, il s'est trouvé de très-bons esprits qui ont pensé qu'un capital disponible était inutile, nuisible même, au succès des Banques d'émission.

Quelque considération que l'on doive au talent dont ont souvent fait preuve messieurs les partisans du capital immobilisé, nous ne craignons pas de le dire, le système appliqué à notre Banque est une grave erreur.

Le capital des Banques d'émission n'est pas un capital uniquement destiné à servir de garantie dernière. Le réduire à cette seule fonction, c'est lui attribuer un caractère que rien ne justifie. Croire en outre que cette garantie peut être, au gré des administrateurs ou du pouvoir, représentée autrement que par des valeurs non susceptibles de dépréciation, c'est-à-dire par de l'or ou par de l'argent, c'est établir un principe que tous en général, théoriciens et praticiens, ont condamné.

Voici quelle était, à ce sujet, l'opinion de l'un des secrétaires de la trésorerie aux États-Unis, où grand nombre de Banques avaient leur capital représenté par des valeurs mobilières :

« Le Billet au porteur ne se trouve pas suffisamment garanti par un dépôt de valeurs mobilières. Avoir cette garantie dernière vaut mieux, assurément, que n'en avoir aucune, mais l'erreur est de croire qu'on la trouve quand on en a le plus besoin. Les causes mêmes qui empêchent les Banques de rembourser leurs Billets, entraînent la dépréciation des valeurs sur lesquelles repose l'émission de ces

Billets. Cette garantie dernière est bonne tout au plus pour le négociant qui escompte du papier et peut le garder des mois ou des années ; mais l'artisan qui a des Billets ainsi garantis, trouve, lorsque les payements sont suspendus, que la garantie dernière sur laquelle repose le remboursement, ne l'empêche pas de perdre 25, 50 et même 75 0/0.

« Nous avons besoin, pour le papier fiduciaire, d'autre chose que d'une garantie dernière ; il faut une garantie immédiate, une garantie qui soit bonne aujourd'hui, qui le sera demain, après demain et toujours, et cette garantie n'existe que dans une réserve en métaux précieux. »

Un homme très-autorisé, M. Gautier, pair de France et Sous-Gouverneur de la Banque, décrit ainsi le rôle du capital des Banques d'émission :

« C'est une nécessité pour les Banques que d'avoir un capital considérable, parce que c'est sur la connaissance qu'a le public de la puissance de ce capital, que se fonde principalement leur crédit.

« Si les Banques n'ont pris pour objet du commerce qu'elles se réservaient de faire, et admis pour gage des prêts qu'elles s'obligeaient à consentir, que les monnaies et matières d'or et d'argent, c'est que ce sont les seules marchandises qui ne soient sujettes à aucune détérioration, dont la valeur soit à peu près invariable, dont la vente soit toujours possible, les seules en un mot qui puissent présenter aux Banques cet avantage indispensable au maintien de leur crédit, que, soit en les achetant pour leur propre compte, soit en les admettant pour gage ou nantissement de leurs avances, elles n'aliénent pas la disponibilité de leur capital.

« *Cette disponibilité du capital est, en effet, autant et plus peut-être que son étendue, la source du crédit de ces éta-*

14

blissements : Leur plus grand intérêt est donc de ne jamais la compromettre : car, pour que le commerce ait foi dans une Banque, pour qu'il puisse compter de sa part sur le pouvoir autant que sur la volonté de lui rendre les services qu'il a le droit d'attendre d'elle, il faut qu'il soit certain, non pas seulement qu'elle ne compromettra pas la sûreté de ses fonds, mais encore qu'elle n'en puisse faire un emploi qui, dans des temps difficiles, en paralyserait l'usage.

« C'est à quoi les Banques seraient évidemment exposées si elles achetaient par spéculation des valeurs mobilières autres que des monnaies et matières d'or et d'argent, ou si elles prêtaient sur ces valeurs, et bien plus encore, si elles achetaient des biens fonds ou si elles prêtaient sur hypothèques. »

On a voulu trouver dans l'opinion de M. le comte de Mollien, une autorité en faveur de l'immobilisation du capital de la Banque de France ; que l'on en convienne, cependant : si le capital des Banques d'émission n'est à leurs opérations que ce que le cautionnement d'un comptable des deniers publics est à sa gestion, s'il n'est simplement destiné qu'à servir de garantie aux éventualités de perte, il résulte de ce principe que ce capital est indéfiniment réductible.

Admettons la capacité et la moralité des administrateurs, et c'est là certainement une hypothèse permise, et l'on conclura immédiatement qu'il n'est pas besoin d'élever à 200 millions la garantie d'une circulation fiduciaire de 800 millions. Il serait assez difficile, nous dirons même impossible, que la Banque de France puisse, de l'un à l'autre de ses bilans, compromettre 200 millions. Cela reviendrait à une perte de 33 à 35 0/0 sur des affaires qui apportent avec elles un caractère d'infaillibité aussi étendu que possible.

Dans le cataclysme qui suivit la révolution de 1848, la somme des effets en souffrance à la Banque de France s'éleva à 85,000,100 francs, soldés en fin de compte, par un million à peu près (1).

D'un autre côté, réduire le capital des Banques d'émission à ce rôle passif, c'est appliquer à cette partie de la circulation dont le produit constitue la réserve métallique, le caractère d'un capital emprunté à des conditions étranges; c'est lui enlever les propriétés et les avantages réservés aux titres fiduciers; c'est établir sur des bases éminemment irrégulières, une immense maison d'escompte, commanditée par l'émission, au détriment du crédit.

Un écrivain anonyme persifflait, il y a quelque temps déjà, sans le vouloir certainement, les conséquences d'un pareil système, en demandant pour la Banque le seul moyen d'échapper à sa situation toujours incertaine, *le droit d'ajourner à trois mois le remboursement de ses Billets, avec 5 0/0 d'intérêt.*

Le capital des Banques d'émission sert de garantie aux éventualités malheureuses, cela n'est pas contestable; mais il doit être, avant tout, la garantie de la circulation, le gage certain que les Billets pourront à leur présentation s'échanger contre la monnaie qu'ils représentent. C'est sur ce capital, et non point sur un encaisse constitué au détriment de la circulation fiduciaire et avec les sommes déposées en compte courant, que les Banques doivent compter pour assurer le remboursement de leurs Billets.

Dans un moment critique, déposants et possesseurs de billets se présentent ou peuvent se présenter au guichet,

(1) 1,215,000 francs, assemblée générale de 1854—55.

et certes, ce n'est point avec des rentes ou des capitaux empruntés à la circulation que la Banque pourra conserver son portefeuille et rembourser ses créanciers.

En réalité, si l'on exige des Banques la possession d'un capital déterminé, c'est afin qu'elles puissent, dans une époque de crise, recourir à lui ; en temps ordinaire, elles n'en ont, à le considérer strictement, qu'un besoin bien moindre. Tout son rôle se borne à exercer sur le développement et la sécurité du crédit une influence salutaire.

Une autorité souvent invoquée en faveur de l'organisation de la Banque de France, M. Léon Faucher, se prononce en ces termes sur le capital des Banques d'émission :

« Les billets de Banque ne sont reçus dans la circulation et n'y font office de monnaie que par le privilége qu'on leur conserve de s'échanger à la première demande contre de l'or ou de l'argent. Cette obligation de rembourser les Billets sans délai et à bureau ouvert, condamne les établissements qui les émettent à tenir en réserve dans leurs caisses une masse considérable de métaux précieux et à étudier les variations du marché, pour mesurer à ce thermomètre décisif quoi qu'un peu obscur, l'étendue de la circulation fiduciaire. *Une Banque y pourroit au moyen de son capital qu'elle a soin, lorsqu'on la dirige prudemment, de garder disponible.* »

Une des erreurs les plus graves de la loi de 1857, ce fut la conservation, nous dirons même la consécration du principe qui, en 1803, avait immobilisé la réserve, et plus tard le capital de la Banque de France.

Que Napoléon Iᵉʳ, en présence de besoins dont la satisfaction ne souffrait aucun retard, ordonnât à la Banque de
France de lui échanger son capital contre des titres de rente,
on le comprend sans peine. Le crédit public offrait par
lui-même fort peu de ressources, et, d'ailleurs, ce n'était là
qu'une conséquence du principe qui avait présidé à la constitution de la Banque de France ; elle devait être le premier
créancier de l'Etat. Mais en 1857 les mêmes motifs n'existaient plus.

La situation du Trésor obligeait à convertir en rentes le
nouveau capital que l'on imposait à la Banque de France.

« Ou vendre cent millions de rentes à la Banque, ou
recourir à l'emprunt. »

Et pourquoi ne pas recourir à l'emprunt ?

Que d'épargnes n'eût pas fait la fortune nationale, si
pour parer à la promulgation de la loi de 1857 il eut suffi
de prêter, de donner même, cent millions à l'Etat !

D'ailleurs, s'il n'était question que de satisfaire à un besoin de l'Etat, on pouvait mieux faire. Telle que l'inventa
la commission chargée de la formuler, l'augmentation du
capital de la Banque fut, à elle seule, un don de 200 millions
que se partagèrent les 6,888 porteurs des actions existantes.
Qu'avaient-ils donc fait de si méritoire pour qu'on ajoutât
aux bénéfices déjà perçus depuis un demi siècle, encore
deux cent millions, une prorogation du privilége et le huitième article de la loi ?

La dette de l'Etat, quelqu'élevée qu'elle soit, ne nous
effraye en rien ; mais à tout prendre, nous eussions mieux
aimé cent millions employés à l'amortissement ou à la consolidation de la dette flottante, que 200 millions répartis aux
six mille porteurs d'actions. Cela eut produit sur la rente

un effet bien plus heureux que le prix que l'on imposa à la Banque de France.

Dans la séance du 28 mai 1857, un homme dont on ne saurait méconnaître l'autorité, M. Vuitry, mettait en question l'utilité d'un capital disponible à la Banque de France. Convaincu que les crises se doivent à l'inégalité qui, à certains moments, existe entre les Billets en circulation et le numéraire en caisse, tout se résumait en quelques mots :

« De ce que le capital de la Banque serait resté à sa disposition, l'encaisse métallique en serait-il plus considérable (1) ? »

M. Vuitry, ce nous semble, se plaçait à un point de vue trop restreint en ne considérant que les crises qui ont pour effet d'attaquer le crédit des Banques ; car celles-là, seulement, ont pour cause la disproportion existante entre la réserve métallique et les Billets en circulation ; néanmoins, même en ne s'attachant qu'à elles, l'honorable orateur avait-il complètement déterminé l'action du capital sur l'encaisse ?

La Banque paye et reçoit ; elle paye quand elle escompte les effets de commerce ; elle reçoit lorsqu'elle touche, à l'échéance, ces mêmes effets. Lorsqu'un bordereau est présenté à ses guichets, la Banque paye en Billets les effets de commerce qu'elle escompte. Quelle est l'opération que fait la Banque ?

Elle achète une obligation *convertible en espèces ou en*

(1) Nous acceptons le principe de M. Vuitry, malgré que nous soyons fortement convaincu que l'inégalité existante entre le numéraire en caisse et les billets en circulation ne saurait jamais occasionner au-delà d'une panique. Cette panique trop prolongée peut attaquer fortement la réserve des Banques : mais on citerait difficilement l'exemple d'une Banque qui, armée d'un capital proportionné à ses opérations et défendue par une publicité faisant connaître suffisamment sa situation, n'ait pas immédiatement empêché les effets de la crainte.

Billets, dans 40, 50, 60 ou 90 jours, et en échange, elle remet une de ses propres obligations *immédiatement convertible en numéraire seulement*. La rentrée des effets de commerce étant le seul moyen de remboursement aux Billets émis par la Banque, la conséquence la plus vraie de l'opération qui vient d'avoir lieu, c'est une diminutoin de l'encaisse.

Il est évident que les Billets que la Banque vient de livrer à la circulation ont le droit de se convertir à tout instant en espèces, au lieu que la Banque n'a jamais que le droit de convertir les effets de commerce qu'elle a escomptés, en Billets de Banque.

Assurément la rentrée des Billets à l'échéance des effets escomptés, arrache la Banque à quelques possibilités de remboursement ; mais dans aucune de ses phases, l'opération consommée ne peut amener des écus à la caisse de la Banque, tandis qu'elle peut toujours lui en enlever.

Nous savons bien qu'une grande quantité des Billets remis par la Banque à la circulation ne viennent pas au remboursement ; mais ce n'est point parce que le public commerçant n'a pas beson de numéraire ; c'est uniquement parce que le capital circulant entre les mains du commerce et de l'industrie ne lui suffisant pas, il doit, sous peine d'attenter à sa propre existence, soutenir l'agent qui le remplace. L'histoire des Banques en est une preuve suffisante ; a-t-on vu jamais une crise, même monétaire, avoir pour effet de diminuer la circulation fiduciaire d'une Banque ?

Si l'excès du numéraire retenait seul dans la circulation le papier des Banques, il est probable que l'on verrait se produire ce que M. Vuitry donnait comme un fait acquis.

« Quand on paie la Banque, on la paie en écus plutôt

qu'en Billets, de sorte que ce sont les écus qui s'amassent dans les caves de la Banque. »

Mais il n'en est rien.

« A certains jours du mois, les hommes préposés à la recette de Paris quittent les bureaux à la première heure, emportent plus de cent mille effets de commerce, vont les encaisser dans les 35 ou même 40 mille domiciles et rentrent à la fin du jour, rapportant à l'administration centrale *plus de cent millions, dont 4 ou 5 seulement en numéraire.* »

Voilà quel est, en réalité, le secours que le recouvrement des effets de commerce prête à la constitution de l'encaisse de la Banque de France.

Sans nul doute, le plus regrettable serait qu'il n'en fût pas ainsi ; mais de tels résultats, en même temps qu'ils consacrent le véritable principe des Banques d'émission, condamnent le système qui, à la Banque de France et généralement dans toutes les Banques officielles, fait reposer le remboursement des Billets émis sur le recouvrement des effets escomptés.

On ne cesse de répéter à tout propos : « Le crédit des Billets qu'émet une Banque dépend du numéraire qui en garantit le remboursement, » et pourtant, à la Banque de France, les deux cent millions de numéraire destinés à parer au remboursement de cette quantité de Billets qui ne se tient pas avec certitude dans la circulation, ne sont eux-mêmes que le produit de deux cent millions de Billets émis sur une garantie qui n'est encore qu'un gage de crédit, des rentes sur l'Etat. Très-bien pour la garantie dernière ; mais les Billets de Banque ne sont point remboursables en rentes sur l'État ; ils sont payables en numéraire et ils sont payables à présentation.

Quand la Banque fait l'escompte des Effets de commerce avec des Billets, elle fait une opération raisonnable, sans nul doute, à la condition de n'envisager que l'opération en elle-même. Mais si l'on veut poursuivre jusqu'au bout tous ses effets possibles, on verra que cette opération si raisonnable ne trouve son excuse que dans les besoins commerciaux.

Malgré que le Billet de Banque employé à l'escompte des effets de commerce réponde à une nécessité commerciale, à une transaction déjà opérée, il ne faut pas oublier que l'opération qui s'accomplit au moment où la Banque escompte, peut bien n'être occasionnée que par une nouvelle nécessité commerciale, par une transaction non encore opérée et qui ne pourra se solder qu'avec du numéraire. Dans ce cas, si la Banque n'a pas à sa disposition une quantité de numéraire entièrement indépendante de toute obligation contractée, elle s'expose, en faisant son opération raisonnable, à donner naissance à une opération qu'elle ne pourra aider jusqu'au bout.

De là cette situation anormale, dangereuse même jusqu'à un certain point, qu'elle ne croit conjurer qu'en arrêtant à chaque instant la machine commerciale, en la déroutant au moyen de taux d'escomptes aussi irréguliers qu'inconcevables.

De là encore, cette nécessité où est la Banque de s'attacher fortement à la conservation d'une réglementation à bon droit contestée, *l'échéance maxima de 90 jours.*

« Avec le Billet de Banque employé à l'escompte des effets de commerce, il y a peu d'abus à craindre. » — Telle est aussi notre opinion, mais à la condition que pour parer au remboursement des Billets remis aux présentateurs de bordereaux, la Banque aura, dans son capital, une ressource qui lui permettra d'attendre, sans secousses, l'échéance successive des effets escomptés. Sans cela, comment expliquer la conduite de la Banque de France élevant le taux de son escompte?

Il faut, de deux choses l'une : ou que les Banques d'émission aient leur capital disponible, ou qu'une quantité de Billets, égale au capital converti en rentes, soit déclarée monnaie légale, ait cours obligé autant que le numéraire. Telle est, peut-être, l'idée principale qui inspirait à sir Robert Peel son Act de 1844.

Quelque respect que l'on doive à la mémoire du célèbre réformateur, qu'il nous soit permis d'ajouter que nous n'applaudirions pas à l'introduction d'un pareil système chez nous.

Soumise à cette règle fixe qui restreindrait l'émission à la quantité garantie par le capital immobilisé, il se pourrait fort bien que la circulation de ce papier non convertible ne fût pas exposée à tous ces fléaux qui accompagnent le papier à cours forcé; mais, d'un autre côté, il est évident que les avantages que l'on retirerait, dans ce cas, de la substitution *du papier-monnaie* au numéraire converti en rentes, ne sauraient être assez importants pour conseiller une révolution aussi hardie.

Là, peut-être, est la base du système à venir; mais il serait superflu, téméraire même, de songer à une révolution économique, avant qu'une réforme sérieuse dans la législation n'en eut au moins autorisé la discussion.

Espérons que ce qui nous arrête aujourd'hui ne nous arrêtera pas demain.

§ V

La Solidarité des Banques.

« La Banque de France pourra, *si les circonstances l'exigent*, élever le taux de son escompte et l'intérêt de ses avances au-dessus de 6 0/0. »

Tel est le huitième article de la loi qui, en 1857, prorogea et augmenta les priviléges de la Banque de France.

L'usage que la Banque de France a fait de cette faculté, toute casuelle, que lui accordait la loi, et les inconvénients qui en ont été la conséquence inévitable, nous obligent à nous arrêter un moment sur ce principe que l'on a si plaisamment décoré du nom de *Solidarité des Banques*.

Il se peut très-bien qu'entre les divers pays il existe une certaine solidarité, ne serait-elle que dans la dépendance sociale, dans l'égalité et la fraternité des peuples ; mais cette solidarité va-t-elle jusqu'à s'imposer au crédit, et surtout à la circulation métallique ? Nous ne le pensons pas. Les Banqueroutes de Law et de la Révolution n'ont pas un seul instant arrêté le développement du crédit en Angleterre, et les décrets du président Jackson ne lui ont rien enlevé de sa richesse métallique.

Messieurs les économistes défenseurs de la Banque de France ont donné à cette prétendue théorie de la solidarité, une élasticité inconcevable.

Est-il question de plaider en faveur de l'unité fiduciaire ? C'est au nom de la solidarité que l'on attaque le principe de la liberté :

S'agit-il de démontrer à l'opinion publique, non-seulement la justice, mais aussi la nécessité de l'élévation continuelle du taux de l'escompte? C'est encore sur la solidarité que l'on s'appuie.

Nous n'avons pas à examiner aujourd'hui la puissance des liens qui unissent les unes aux autres les institutions d'un pays ; nous essayerons seulement de déterminer ce que peut être, en réalité, la Solidarité financière, ou plutôt la *Solidarité métallique* (qu'on nous passe l'expression), des différents marchés.

Avant d'aller plus loin, arrêtons-nous à ce nouveau pouvoir que la loi de 1857 donnait à la Banque de France.

Selon M. de Germiny (1), le droit de décider des élévations supérieures à l'ancien taux de 6 0/0, aurait été accordé à la Banque de France, parce que les pouvoirs publics ont prévu que, suivant l'accroissement de la circulation comparé à une diminution trop prompte des encaisses, il pourrait devenir utile de rendre plus efficace le principe de cette mobilité, de tout temps tutélaire.

Nous reconnaissons avec M. Ch. de Germiny, que telle a été l'origine de ce droit fatal, mais nous regrettons qu'un pouvoir aussi discrétionnaire ait pu naître d'un principe aussi faux.

C'est renfermer les crises dans un cercle bien étroit, que

1) Assemblée générale du 29 janvier 1863.

les croire dépendantes de cette proportion plus ou moins grande qui existe entre le numéraire en caisse et les Billets en circulation. Que le crédit des Banques tienne en partie à cet équilibre, nous le voulons bien; mais il ne faut pas conclure que cet équilibre doive être maintenu au moyen d'une élévation dans le taux des escomptes. Les conséquences qu'entraîne forcément une pareille théorie sont si souverainement dangereuses, que la Banque de France elle-même n'a jamais osé les poursuivre jusqu'au bout.

Dans les reproches que Fullarton adressait à *l'Act* de 1844, il en est un que l'on peut justement appliquer à cette théorie conservatrice de notre Banque : — « Il est un but qu'on ne peut manquer d'atteindre en persévérant dans ce système; la combinaison sur laquelle il repose tend à assurer que, toutes les fois que sur le marché des capitaux il surviendra un dérangement coïncidant avec une diminution momentanée des réserves de la Banque, on ne manquera jamais d'avoir une de ces crises dont les effets ont toujours été déplorables? »

En effet, d'après le système invoqué, la circulation fiduciaire devrait subir exactement les variations de l'encaisse; c'est-à-dire qu'à chaque diminution de la réserve métallique, la circulation fiduciaire devrait répondre, non point par une diminution égale, mais bien par une réduction trois fois égale à la réduction subie par la réserve métallique.

Serait-ce là le moyen de conjurer une crise?

La Banque de France élève le taux de son escompte pour empêcher que sa réserve métallique ne concoure à l'exportation du numéraire. En admettant, pour un instant, l'efficacité de cette mesure, nous nous demandons quel est avant tout le devoir de la Banque de France.

Assurément la condition essentielle de son existence est
dans la certitude du remboursement de ses Billets; mais
cette certitude tient-elle au chiffre plus ou moins élevé de
ses réserves? Il est arrivé des moments où, entre l'encaisse
et la circulation des Billets cumulée avec le montant des
comptes-courants, il existait une proportion bien faible;
(1/5 le 9 janvier 1863, pour ne citer qu'un exemple). La
Banque de France a-t-elle vu son crédit menacé? Nullement : l'escompte était à 4 0/0 ; trois fois seulement la circulation a été plus élevée qu'à cette époque-là.

D'ailleurs, le sécurité de la Banque fût-elle attachée au
chiffre de son encaisse, il ne s'en suivrait pas que les frais
d'entretien doivent être à la charge de ses créancier s.

Elle seule retire les bénéfices qui lui viennent du crédit
privilégié; qu'à elle seule incombent les sacrifices que
peut lui occasionner sa conservation; le privilége ne saurait justement exiger davantage.

La commission de 1857 voulut que la Banque de France
fût la première du monde et pensa que son importance dé-
pendait de sa richesse et de sa prospérité.

Oui, si par richesse il faut entendre *capital disponible*, à
la richesse est surtout attachée l'importance d'une institution quelconque, et plus particulièrement d'une institution
de crédit; mais si par richesse et prospérité il faut entendre
dividendes, nous avouons humblement que nous sommes
bien éloigné de partager l'opinion de M. Devinck.

La prospérité ne fait la Banque ni forte ni utile; rien de
ses bénéfices n'ajoute à ses moyens d'action. Ce n'est point
la Banque qui devient riche, ce sont Messieurs les Actionnaires.

Pourquoi la Banque de France, au lieu de se constituer

d'immenses bénéfices en cherchant à empêcher l'exportation du numéraire, ne fournirait-elle pas plutôt aux besoins
d'exportation? Nous ne voyons pas l'objection que l'on
pourrait élever à cet égard; l'exportation de l'or et de l'argent a rarement une cause qui puisse affecter la circulation
métallique d'un pays, et cette invincible loi des échanges, à
laquelle n'échappent pas plus les métaux précieux que les
autres marchandises, rendra bientôt aux caves de la Banque le métal qui lui aura été momentanément enlevé.

De tous les hommes qui se sont occupés d'économique,
M. Fullarton est, sans contredit, celui qui le mieux a compris et décrit cette théorie de la circulation; appuyons-nous
sur son autorité.

« Observez, dit-il, la facilité avec laquelle la France, au
moment même où elle se relevait d'une double invasion,
paya, en argent, une contribution d'environ 20 millions
sterling, sans que sa circulation intérieure en éprouvât de la
contraction ou du changement. »

« Et, ajoute-t-il, si nous considérons ce qui s'est passé
de notre temps, (1844) nous voyons que depuis quatre ans,
la balance du commerce entre l'Europe et nous a été en notre faveur et que les importations de numéraire ont atteint
la somme énorme d'environ 14 millions sterling.

« Est-ce que pendant cette année on a ouï dire que quelque
pays du continent eût souffert une crise monétaire? Les prix
se sont-ils abaissés d'une façon notable dans un pays quelconque en comparaison des prix qui existaient en Angleterre? Les salaires ont-ils baissé ou les négociants ont-ils
été ruinés par la dépréciation de leurs marchandises? Il n'est
rien arrivé de pareil; les affaires commerciales ou monétaires sont restées calmes et tranquilles dans tous les pays. »

La Banque de France cherche à arrêter l'exportation du numéraire, ou bien encore elle veut se hâter de rappeler, par une hausse dans le taux de l'intérêt, l'or qui s'échappe.

A quoi bon? Est-il bien nécessaire que l'argent rentre aussi rapidement qu'il est sorti? Non, sous peine d'avoir une singulière ressemblance avec ces enfants dont parle M. Senior (1), qui voyant leur père leur refuser quelque chose et motiver son refus sur le défaut d'argent, en arrivèrent à conclure que la somme de leur bonheur dépendant de la quantité d'argent existante dans la maison, il fallait encourager les échanges dans lesquels le père recevait de l'argent, et éviter ceux dans lesquels il en donnait.

Une grande partie de cet argent exporté reviendra par le mouvement même du commerce, et cela, sans qu'il soit besoin de recourir à une hausse du taux de l'escompte à la Banque de France. Avec M. Isaac Péreire, nous sommes convaincu que le taux des Banques en particulier, n'a nulle influence sur l'abondance ou la rareté du numéraire d'un pays. Une chose encore nous semble assez naturelle, c'est la diminution du taux de l'intérêt dans le pays où le numéraire aura été importé, et, par conséquent, son retour forcé dans le pays qui l'aura exporté.

Ne vaut-il pas mieux que ce retour soit la conséquence de la baisse du taux de l'intérêt dans un pays étranger, plutôt que la preuve de l'élévation de l'intérêt ou d'une baisse de prix sur le marché national?

Ce qu'il importe avant tout, ce n'est point de retenir l'argent qui tend à s'exporter ; c'est d'abord de l'exporter utilement et à propos. De même que le travail de l'homme, cette

____

(1) N. W. Senior. *Principes fondamentaux de l'Économie politique.*

portion du capital ne saurait développer en entier la force
productive dont il est doué, sans une pleine liberté.

Qu'une organisation financière en rapport avec les besoins de notre époque permette au *produit* de devenir *producteur* à son tour; c'est une loi de nature qui ne saurait
avoir que d'heureuses conséquences.

Le grand tort de tous les temps, a dit un écrivain, a
été de ne savoir, de n'oser jamais se confier à la liberté.
— Que de richesses fatalement vouées à l'improductivité
par une législation ignorante ou craintive; que de misères
arbitrairement entassées par un égoïsme absurde et routi-
nier !

Que la lumière se fasse enfin, et l'on s'étonnera d'avoir
appartenu à une école qui n'aura su qu'applaudir aux abus,
dogmatiser l'erreur.

Appuyée sur ses principes, la Banque de France n'arrête
pas, mais entrave fortement le développement de notre commerce ; quelques millions de plus restent dans ses caisses,
mais quels sacrifices ne coûte pas à la nation cette prétendue prudence ! Faute d'aliment, les machines s'arrêtent;
l'ouvrier sans travail est privé de salaire, et, par une conséquence triste, mais inévitable, l'oisiveté lui crée des besoins nouveaux; la difficulté de les satisfaire augmente toujours, et la démoralisation fait bientôt, d'un homme utile à
la société, un être nuisible, d'un père laborieux et moral,
un père indifférent et dépravé.

Certes, dit l'égoïsme, c'est là un grand malheur; mais
avant tout, les principes.

Aveugles, qui ne voient pas que cet état n'est, même
pour eux, qu'une quiétude apparente ! Ignorants, qui ne
comprennent pas que sous leur calme plat et systématique,

s'agite au vent des besoins et des passions, une mer que l'on n'arrête pas aisément!

C'est, nous dira-t-on, étendre bien loin les conséquences de l'élévation du taux de l'escompte à la Banque de France; cependant, telle est la réalité; on la découvre clairement au milieu des tableaux que publie la Banque. Nous nous bornerons à une seule observation; elle est tirée du tableau n° 10, annexé au compte-rendu de 1863.

Pendant que dans presque toutes les villes de Province, *agricoles* ou *rentières* seulement, le montant des escomptes sur place éprouve une augmentation, ou tout au moins reste stationnaire, un fait bien différent a lieu dans les villes spécialement manufacturières. Dans celles-là, de 1861 à 1863, on observe une diminution constante, d'autant plus regrettable qu'elle est plus éloquente; elle est le témoignage de la situation précaire faite à l'ouvrier de ces villes. Dix d'entre elles ont éprouvé, dans les escomptes sur place, une diminution de 90 millions.

Quelles sont les affaires qui donnent naissance aux effets sur place?

Il n'est pas besoin de répondre qu'elles sont uniquement constituées par les dépenses, toutes locales, que font ou le rentier ou l'artisan.

Faut-il admettre que le rentier s'est réduit? Non : il est plus juste de conclure que dans ces villes dont nous parlons, la dépense de l'ouvrier s'est réduite en moyenne de un franc par jour, parce qu'il lui a manqué une répartition annuelle de 40 millions, que le fabricant, arrêté dans sa production, ne pouvait lui donner.

« Il n'est pas, a dit J. Stuart Mill, il n'est pas d'objet qui soit plu   égitimement digne d'occuper le législateur que

l'intérêt de ceux que la force des choses sacrifie au profit
de leurs concitoyens et de la postérité. »

Maintes fois déjà, on s'est émerveillé devant la nouvelle
position qui était faite à l'ouvrier ; cependant, à le bien
considérer, on se convaincra que le progrès n'est pas aussi
réel qu'on veut bien le proclamer.

Loin de nous l'idée de mettre en contestation les efforts
qu'a pu faire, en ce sens, le Gouvernement actuel ; mais
au moins, qu'il nous soit permis d'observer que le but est
encore bien loin d'être atteint.

Ce n'est point dans une simple digression que peut se
traiter une cause aussi intéressante ; mais, puisque l'occasion se présente de comparer ensemble la part du travail et
celle du capital, nous ne saurions nous dispenser de le faire.

C'est d'après la répartition du produit total d'une exploitation entre le capital et le travail, que l'on peut juger de
l'importance des salaires et du profit des capitaux.

Prenons, pour exemple d'une exploitation, le travail fourni
par les manufactures des dix villes en question, et sans
nous occuper de la part faite au propriétaire, où si l'on veut,
au capital fixe, considérons uniquement les mouvements du
capital circulant, représentés par la somme des produits
réalisés à la Banque de France, et l'importance des salaires, représentée par la totalité de ses escomptes sur place,
dans les villes manufacturières dont nous avons parlé.

Que voyons-nous ?

Dans ces dix succursales, la somme des escomptes présente une différence de 32 0/0 à peu près en faveur
de 1861, pendant que dans les produits réalisés par la
Banque, il n'existe qu'une diminution de 14 0/0, déduction
faite de l'inégalité des échéances qui sont, en moyenne,

de 35,8 jours en 1861, et de 29 jours en 1863. En d'autres
termes, entre les salaires payés à l'ouvrier en 1861 et 1863,
il existe une différence de 32 0/0, tandis que dans les profits du capital payés à la Banque, il n'est qu'une diminution de 14 0/0.

Qu'à cette réduction des salaires on ajoute encore la réduction que leur a occasionné la hausse (inévitable si l'on
veut, mais qui n'en était pas moins une hausse) des prix,
et que l'on juge après de la situation de l'ouvrier.

Où donc est-il, ce progrès que vous célébrez si fort,
messieurs les optimistes?

Le développement des arts producteurs, l'accroissement
de la richesse nationale.... c'est beaucoup, sans doute; mais
il est encore au progrès un moteur plus puissant : *La part
du travail, le bien-être des classes ouvrières*. La civilisation ne saurait venir qu'après.

Nous savons bien que c'est principalement entre l'entre-
preneur et l'artisan qu'il faut rechercher la portion du salaire; cependant on ne saurait nier que c'est surtout à l'é-
goïsme du capital circulant, que le travail a été redevable
de sa réduction.

Pourquoi faut-il que les dividendes à la Banque de France
augmentent d'autant plus que son utilité réelle diminue?

Il se peut que ce ne soit jamais sans regret que le Conseil de régence use de la faculté que lui a donné la loi; il
se peut qu'en attribuant les mesures restrictives à des vues
intéressées, on calomnie les intentions du Conseil et aussi
celles des actionnaires; mais comment justifier, aux yeux
de l'opinion publique, une théorie que la science peut au
moins contester? Comment sanctifier une pratique dont les
résultats les plus positifs sont des souffrances là-bas, et, ici,

des dividendes ou des réserves qui le deviendront à leur tour ?

C'est comme une théorie générale que la Banque de France a voulu établir ce principe de la solidarité, mais c'est principalement sur les variations de la Banque d'Angleterre qu'elle a cru devoir régler la faculté que lui accordait la loi, sans tenir aucun compte du caractère particulier à chacun des deux établissements.

Sans nous occuper de définir la Banque d'Angleterre telle que l'a faite la loi de 1844, nous nous arrêterons à quelques observations sur les variations du taux de son escompte ; elles suffiront pour démontrer qu'à Londres, ce qui règle le moins le taux de l'escompte, ce sont les mouvements de la réserve métallique.

Le 24 mars 1857, avec une proportion de 86 0/0 entre la circulation, l'encaisse et la réserve, et une proportion de 54 0/0 entre l'encaisse seule et la circulation, le taux de l'escompte est à 6 0/0.

Le 3 février 1864, la proportion entre la circulation, l'encaisse et la réserve s'élève à 98 0/0 ; la circulation et l'encaisse sont dans un rapport de 62 0/0, et cependant, le taux de l'escompte est à la Banque de Londres à 8 0/0.

Depuis le 31 mars 1857, jusqu'au 16 juin, la Banque d'Angleterre conserve le taux de 6 ½ 0/0, malgré que son encaisse, qui était au moment de la hausse de 9,987,559 liv. sterling, avec une circulation de 19,753,218 livres sterling, se fût élevé, le 19 mai, à 10,032,402 livres sterling, et à 10,290,694 livres sterling le 9 juin, tandis que la circulation se réduisait jusqu'à 19,450,447 livres sterling.

La même année, le 20 janvier, avec une circulation de 20,316,129 livres sterling et un encaisse de 10,110,409 livres sterling, elle avait maintenu le taux de 6 0/0 : pourquoi?

Parce que sa *réserve of notes*, qui était, le 20 janvier, de 5,122,374 liv. sterl., n'était, le 19 mai, que de 4,941,537 liv. sterling, et que son portefeuille était encore de 18,630,357 livres sterling, c'est-à-dire supérieure à celui du 20 janvier de 2,044,156 livres sterling.

Voici, d'ailleurs, quelques situations prises au hasard ; elles n'ont pas besoin de commentaires.

		Circulation.	Encaisse.	Taux de l'esc.
Mars 1854 . . .	Liv. ster.	22.140.847	15.396.685	5 0 0
— 1852 . . .	—	21.217.246	15.673.898	2 1 2 0 0
Avril 1860 . . .	—	24.637.102	14.637.102	5 0 0
Mai 1854 . . .	—	23.138.931	12.608.079	5 1 2 0 0
— 1864 . . .	—	22.045.792	12.454.204	9 0 0
— 1854 . . .	—	21.748.849	12.513.969	5 1 2 0 0
— 1864 . . .	—	21.313.352	13.267.446	8 0 0
— 1857 . . .	—	19.566.769	10.310.496	6 0 0
— 1861 . . .	—	19.982.307	12.855.456	7 0 0
Juin 1856 . . .	—	20.062.189	12.417.965	4 1 2 0 0
— 1861 . . .	—	19.743.718	13.395.793	6 0 0
Septembre 1861.	—	20.540.972	13.990.792	3 1 2 0 0
— 1864.	—	20.812.714	13.171.107	9 0 0
Octobre 1856. .	—	21.412.304	9.637.596	6 0 0
— 1857. .	—	20.585.707	9.369.794	8 0 0
Décembre 1863.	—	20.382.764	13.675.474	8 0 0

On en conviendra, en présence de ces chiffres, il est bien difficile de défendre, au nom de la Banque d'Angleterre, le principe qui, en 1857, inspira aux pouvoirs publics le huitième article de la loi qui régit la Banque de France (1).

(1) Si l'on observe que le département de l'émission, c'est-à-dire celui qui, à la Banque d'Angleterre, est chargé de maintenir la proportion ordonnée par la loi de 1844, entre le montant des billets émis et le chiffre de la réserve métallique, est entièrement indépendant du contrôle du département de la Banque, on comprend aisément que jamais les décisions de la Banque propre-

Passons à l'usage qu'on a fait la Banque de France et aux résultats qu'elle a obtenus.

———

Au commencement de 1857, la Banque d'Angleterre avait pour répondre à une circulation fiduciaire de 20,011,824 livres sterling, un encaisse de 10,182,406 livres sterling ; son portefeuille s'élevait à 19,295,308 livres sterling, et sa *réserve of notes* s'arrêtait à 5,432,106 livres sterling ; en d'autres termes : son encaisse était à sa circulation dans la proportion de 51 0/0, et sa *réserve of notes* était à son portefeuille, dans la proportion de 28 0/0 à peu près. Avec une

ment dite, c'est-à-dire du département chargé de l'escompte et de la réglementation du taux de l'intérêt, ne sauraient dépendre du numéraire en caisse : Pour lui, il n'est qu'une seule obligation, celle de considérer son portefeuille, le montant de ses dépôts et le chiffre de sa *réserve of notes* destinée à leur faire face.

Dans son magnifique travail sur *la Banque de France et l'organisation du Crédit*, M. Isaac Péreire a très-clairement décrit, § VI, cette partie du mécanisme de la Banque d'Angleterre, et très-justement analysé les différences qui existent entre elle et la Banque de France.

« *En Angleterre, on n'élève l'escompte que parce qu'on n'a pas assez de billets.*

« *En France, on ne l'élève que parce qu'on n'a pas assez d'argent.* »

Telle est la théorie ; elle est parfaitement confirmée par les réponses que les gouverneurs de la Banque eux-mêmes ont fait aux différentes questions qui leur ont été posées a ce sujet. Il nous suffira de citer celles de M. J. Morris à la Commission chargée de rechercher en 1848, les causes de la crise de 1847.

Demande. Le taux de l'intérêt fut abaissé le 29 août 1846, de 3 1/2 à 3 0/0 ; voulez-vous nous dire pourquoi ?

Réponse. Nous avions une *réserve of notes* de 9,940,000 liv. st., et nos dépôts ne s'élevaient qu'à 16,304,000 liv. st..... etc.....

Demande. Du 29 août 1846 au 16 janvier 1847, le taux de l'intérêt fut toujours le même ; voudriez-vous nous expliquer pourquoi ?

Réponse. Cette question fut discutée dans le mois de novembre. On proposa d'élever le taux de l'intérêt ; mais la majorité de l'assemblée, considérant que nous avions encore une *réserve of notes* de 8,700.000 liv. st. et.........
pensa qu'une pareille mesure n'était pas nécessaire.........................
...... L'ÉLÉVATION OU L'ABAISSEMENT DU TAUX DE L'INTÉRÊT N'A DE RAPPORT QU'AVEC L'ÉTAT DE NOTRE RÉSERVE DANS LE DÉPARTEMENT DE L'ESCOMPTE.

situation semblable, le taux de son escompe était à 6 0 0.

Pendant les mois de janvier, février et mars, la même proportion exista toujours, et la moyenne trimestrielle donna même un léger accroissement de 1 0/0 dans le rapport de l'encaisse et de la circulation, et de 2 0/0 entre la *réserve of notes* et le portefeuille. Le taux de l'escompte fut constamment à 6 0/0.

Le 29 mars, le rapport de l'encaisse à la circulation était toujours de 51 0/0, mais entre la *réserve of notes* et le portefeuille, il n'existait plus qu'une proportion de 19 0 0, et le 31 mars la Banque d'Angleterre éleva le taux de son escompte à 6 ½ 0/0, taux qu'elle conserva jusqu'au 18 juin, malgré que la moyenne proportionnelle entre son encaisse et sa circulation fut encore de 49 à 50 0/0. Ce ne fut que le 18 juin, c'est-à-dire lorsque le rapport de la réserve au portefeuille fut remonté à 35 0 0, qu'elle abaissa de nouveau à 6 0/0 le taux de son escompte.

Pendant cette période de trois mois, cette élévation de 1 2 0/0 dans le taux de l'escompte avait-elle eu pour résultat d'augmenter les réserves métalliques de la Banque d'Angleterre? Nullement.

Du premier janvier au 31 mars la moyenne de l'encaisse est de 10,213,000 livres sterling, et du 31 mars au 26 juin, la moyenne n'est plus que de 9,718,000 livres sterling, soit une diminution de 495,000 livres sterling.

Cette augmentation du taux de l'escompte à la Banque d'Angleterre, avait-elle occasionné à la France une plus grande exportation de métaux précieux et de numéraire? Moins encore.

Du premier janvier au 31 mars, les exportations générales de France s'élevèrent à la somme de 6,179,335 hecto-

grammes, dont 6,089,304 hectogrammes pour l'argent, et
90,031 hectogrammes pour l'or, et du premier avril au
30 juin, elles ne furent que de 5,440,975 hectogrammes
ainsi repartis :

    Argent monnayé et lingots. . . . . . . 5,346,132 hect.

    Or monnayé et lingots. . . . . 94,843 hect.

Le même mouvement a lieu dans les importations, si
laissant de côté les malheureuses spéculations de la Banque
avec les lingots d'or, on ne considère que l'importation de
l'argent. Dans la première période, pendant que le même
taux de 6 0/0 existe dans les deux Banques de France et
d'Angleterre, l'importation de l'argent s'élève à 1,063,364
hectogrammes, et lorsque le taux de l'escompte est à
6 $\frac{1}{2}$ 0/0 à Londres, et à 6 0/0 à Paris, notre importation atteint le chiffre de 1,213,521 hectogrammes.

Suivons maintenant la Banque de France pendant la même
période.

Dans sa situation du 8 janvier 1857, la Banque de France
présentait une circulation fiduciaire de 612,480,475 francs,
un encaisse de 191,451,614 fr. et un portefeuille s'élevant
à 565,744,774 fr. La réserve métallique était à la circulation fiduciaire dans la proportion de 32 0/0, et son portefeuille était à sa circulation dans la proportion de 92 0/0 ;
à ce moment-là, le taux de l'escompte était à 6 0/0.

Encore soumise, de ce côté, au droit commun, la Banque de France n'avait pu suivre, dans ses élévations, le régulateur Londonnien. Le 12 février elle avait, entre sa réserve métallique et la circulation fiduciaire, une proportion
de 33 0/0 ; entre son portefeuille et sa circulation, une
proportion de 89 0/0, et le taux de son escompte était toujours à 6 0 0.

Le 11 juin, la proportion entre la réserve métallique et la circulation s'était élevée à 50 0/0, et le portefeuille n'était plus à la circulation que dans la proportion de 86 0/0. Depuis le 8 janvier la circulation fiduciaire avait diminué de 43,394,775 francs; la réserve métallique, au contraire, avait augmenté de 93,301,998 francs, et cependant, le taux de l'escompte était encore à 6 0/0, malgré que le portefeuille eût aussi éprouvé une diminution de 66,361,081 fr.

Pendant ce semestre, la situation de la Banque s'était améliorée de 24 0/0, sans qu'il lui fût venu dans l'idée de songer au commerce dont la position était loin de s'améliorer aussi. Force lui fut, enfin, de suivre la Banque d'Angleterre, et le 25 juin elle réduisit à 5 1/2 0/0 le taux de son escompte.

Lorsque le 31 mars la Banque d'Angleterre, n'ayant plus entre sa *réserve of notes* et son portefeuille, qu'une proportion de 19 0/0, éleva à 6 1/2 0/0 le taux de son escompte, la loi commune empêcha la Banque de France de l'imiter. Cette impossibilité où elle était d'appliquer *in extenso* le bienheureux principe de la mobilité ascendante, lui occasionna-t-elle aucun de ces préjudices que tant elle redoute aujourd'hui?

Évidemment non. Lorsque la Banque de Londres éleva à 6 ½ 0/0 le taux de son escompte, la réserve métallique était à la Banque de France (situation de mars) de 222,285,453 fr. et le 11 juin, malgré que le taux de l'escompte fût encore de 6 ½ 0/0 à Londres, l'encaisse était à la Banque de France de 284,753,611 francs. L'écart de 1/2 0/0 entre les deux établissements n'avait pas empêché une augmentation de 62,468,158 francs à la Banque de France, et, comme nous l'avons vu, une diminution de 495,000 livres sterling, dans la moyenne trimestrielle de l'encaisse à la Banque de Londres.

Malgré que maintenu pendant trois mois, cet écart a-t-il occasionné une augmentation dans le portefeuille de notre Banque, ou retardé la reconstitution de son encaisse?

Le tableau suivant répond négativement :

PREMIÈRE PÉRIODE

	PORTEFEUILLE	DIMINUT.	ENCAISSE	AUGMENT.
Janvier . .	565.714.774	»	191.451.613	»
Février . .	527.472.576	38.272.576	195.098.373	3.646.760
Mars. . . .	501.329.491	26.143.015	222.285.453	27.187.080

Moyenne par jour de la diminution du portefeuille.	Moyenne par jour de la reconstitution de l'encaisse.	Moyenne trimestrielle du portefeuille.	Taux de l'escompte.
			Banque d'Angleterre, 5 0 0
715.726	342.598	531.515.590	Banque de France, 6 0 0

DEUXIÈME PÉRIODE

	PORTEFEUILLE	DIMINUT.	ENCAISSE	AUGMENT.
Avril. . . .	518.848.320	»	235.039.651	»
Mai	532.834.537	»	233.332.570	»
Juin. . . .	499.383.693	33.450.814	284.753.611	51.421.041

Moyenne par jour de la diminution du portefeuille.	Moyenne par jour de la reconstitution de l'encaisse.	Moyenne trimestrielle du portefeuille.	Taux de l'escompte.
			Banque d'Angleterre, 6 1 2 0 0
216.273	552.377	517.022.185	Banque de France, 6 0 0

Une nouvelle diminution de 2,495,354 livres sterling dans le portefeuille, c'est-à-dire une augmentation de 3 0/0 dans le rapport de la *réserve of notes* au portefeuille, amène, le 16 juillet, la Banque d'Angleterre à réduire le taux de son escompte de 1 2 0 0, malgré une diminution dans la proportion existante entre son encaisse et sa circulation. Cette situation se maintient à peu près pareille, et le 8 octobre, sur une simple réduction de 4 1 2 0/0 dans le rapport de l'encaisse à la circulation, la Banque d'Angleterre relève le taux de son escompte de 6 à 7 0 0 ; mais la mesure adoptée s'explique par l'écart existant entre la *réserve of notes* et le portefeuille ; la proportion n'était plus que de 23 0 0 ; elle avait éprouvé une réduction de 16 0 0.

A partir de cette époque, l'écart continue toujours de plus en plus grand, et la hausse du taux de l'escompte l'accompagne : à 9 0/0 le 5 novembre, avec une proportion de 12 0 0, il s'élève, le 12, à 10 0 0. Le portefeuille avait subi une augmentation de 3,485,202 livres sterling, et la *réserve of notes* avait éprouvé une réduction de 243,882 livres sterling ; la proportion n'était plus que de 5,60 0/0 ; entre la circulation et l'encaisse, il existait encore un rapport de 35. 0 0.

Dans toute la première quinzaine de décembre, le rapport de la *réserve of notes* au portefeuille se tient entre 7, 8 et 9 0 0, et le taux de l'escompte est toujours à 10 0/0.

La Banque de France, qu'une loi nouvelle vient d'arracher au droit commun, ne perd pas la première occasion qui s'offre à elle d'appliquer sa théorie tutélaire. Le 8 octobre, le rapport de l'encaisse à la circulation est encore de 37 0 0, mais la mesure que vient de prendre la Banque d'Angleterre l'effraie ; le 13 octobre elle élève à 6 1 2 0 0 le taux de son escompte, et le 20, elle le porte à 7 1 2 0 0.

La circulation diminue, le portefeuille diminue, et l'encaisse éprouve aussi une réduction : cependant, le 11 novembre, entre l'encaisse et la circulation, il existe encore une proportion de 33 0/0, et la Banque de France élève le taux de son escompte à 10 0/0.

A-t-elle compris l'inutilité de la mesure qu'elle vient de prendre, ou craint-elle de prolonger sans raison une situation désastreuse? — Le 27, la Banque de France réduit le taux de son escompte de 1 0/0 ; de 1 0/0 encore, le 7 décembre, et le 18, elle revient entièrement à son taux de 6 0/0. La Banque d'Angleterre était toujours à 10 0/0.

Du 27 novembre au 24 décembre, il existe entre la Banque de France et la Banque d'Angleterre un écart de 1, 2, 3 et 4 0/0.

Cet écart amène-t-il la diminution de la réserve métallique à la Banque de France, et l'augmentation à la Banque d'Angleterre? Nullement.

Le 12 novembre, l'encaisse s'élève à la Banque de France à 189,544,907 fr. et à Londres, il s'arrête au chiffre de 7,170,508 livres sterling.

Le 10 décembre, nous retrouvons l'encaisse de la Banque de France à 206,021,592 fr., c'est-à-dire avec une augmentation de 16,476,685 fr., tandis qu'à la Banque d'Angleterre, la réserve métallique n'est encore que de 6,895,770 livres sterling, le 5 décembre, soit une réduction de 274,738 livres sterling.

Cet écart occasionne-t-il l'augmentation de notre portefeuille?

Il s'élève, le 12 novembre, à 588,542,355 fr., et le 10 décembre, le montant total n'est plus que de 511,475,296 f., soit une réduction de 77,067,059 fr.

La circulation se trouve-t-elle affectée de l'infériorité du taux de notre escompte

En apparence, il existe bien entre les deux époques une diminution de 48,855,900 fr.; mais, si l'on observe que le portefeuille est l'élément premier de la circulation fiduciaire, et qu'il avait subi une diminution de 77,067,059 fr., on verra qu'au lieu d'une diminution, il y avait, en réalité, dans la circulation fiduciaire, une augmentation de 28,211,159 fr.

On ne courait donc pas au guichet de la Banque lui porter des Billets et lui demander en échange le numéraire qui, en Angleterre, se payait 3 et 4 0/0 plus cher.

Et l'exportation des métaux précieux, que fait-elle pendant que cet écart existe?

La hausse consécutive du taux de l'escompte n'empêche pas l'exportation de s'élever, pendant le mois d'octobre, à 2,999,196 hectogrammes, pas plus que la réduction n'empêche que cette même exportation ne tombe à 2,491,566 hectogrammes en novembre, et à 1,762,156 hectogrammes en décembre.

Pendant la période de parité, c'est-à-dire dans le mois d'octobre et commencement de novembre, la moyenne quotidienne d'exportation s'élève à 95,000 hectogrammes à peu près, et pendant que l'écart existe, c'est-à-dire de fin novembre au 31 décembre, la moyenne quotidienne de l'exportation n'est plus que de 60,000 hectogrammes. L'importation qui, malgré le taux de 10 0/0 conservé jusqu'au 27, ne peut s'élever en novembre au-dessus de 2,349,526 hectogrammes, atteint, dans le mois de décembre, la somme de 2,912,615 hectogrammes; les réductions successives du taux de l'escompte à 9, 8, 7 et 6 0/0, n'arrêtent pas l'augmentation; elle est de 593,089 hectogrammes.

Et le change sur Londres? — Il est pendant le mois de novembre, en moyenne, à 25,35, et en décembre, il retombe

à 25,32 1/2. Cependant, comme l'observe fort justement
M. Isaac Péreire, « en admettant que le taux de l'intérêt en
Angleterre soit assez élevé pour déterminer les Banquiers
Français à y faire passer de grands capitaux, avant de recourir à l'exportation des espèces, on achètera toutes les
lettres de change que les créanciers de l'Angleterre au-
ront à tirer sur elle. »

Au commencement de 1863, le taux de l'escompte était à
la Banque d'Angleterre à 3 0.0, et, à la Banque de France,
il s'élevait à 4 0/0.

Le danger que faisait courir au Stock métallique anglais
cet écart de 1 0/0, a-t-il été signalé par aucun de ces symptô-
mes qui précèdent inévitablement l'exportation du numéraire? Nullement.

Le change (Londres sur Paris), se cote à 25,17 1/2 et la
Banque d'Angleterre, tout en n'ayant qu'une circulation
de 20,929,993 livres sterling, voit son portefeuille s'élever à
20,887,385 livres sterling, et son encaisse se maintenir à
14,635,555 livres sterling. A la même époque, la Banque
de France aurait eu cependant un grand besoin de voir son
encaisse se reconsconstituer un peu, n'eut-ce été que pour
sauvegarder sa spécieuse théorie. Sa circulation atteignait le
chiffre de 825,412,925 francs et sa réserve métallique,
de 319,000,000 en décembre 1862, s'était réduite à
268,150,220 francs.

Un écart de 1 0/0 ainsi maintenu entre le taux d'escompte
de la Banque de France et celui de la Banque d'Angleterre,
voilà certainement plus qu'il n'en fallait pour recon-tituer

l'encaisse de notre Banque, si le principe que défendait si énergiquement M. Hubert Delisle dans son dernier rapport au Sénat, pouvait, une fois seulement, s'appuyer sur un exemple pratique.

« Un écart quelque peu important entre le taux de l'escompte de la Banque de Londres et celui de la Banque de France, ferait passer dans celui des deux pays privé de numéraire, l'encaisse de la Banque la plus richement pourvue. »

EXEMPLE :

	Cours du Change.	Banque d'Angleterre		Banque de France	
		Taux de l'escompte	Encaisse L. st.	Taux de l'escompte	Encaisse
Décembre 1862	25.17 1 2	3.0 0	14.870.795	4.	319.175,240
Janvier 1863	25.15	3 et 4.0 0	14.635.555	4 et 5.0 0	268.450.220
Différences	00.02 1 2		235.240		51.025.020

En présence d'une légère réduction dans sa *réserve of notes*, la Banque d'Angleterre élève à 4 0.0 le taux de son escompte, et, de son côté, la Banque de France qui, sans doute, s'est promis de donner le ton et non plus de le recevoir, s'empresse de porter son taux d'escompte de 4 à 5 0/0.

Nous ne savons pas l'effet que cette nouvelle mesure produisit sur l'encaisse de notre Banque, dispensée qu'elle est de publier des situations hebdomadaires ; mais, à la Banque d'Angleterre, l'encaisse était toujours à 14 millions, et le change sur Paris à 25,15 ; son portefeuille avait diminué de 690,638 livres sterling.

Le 27 janvier l'escompte est à la Banque d'Angleterre à 5 0 0 ; mais ce taux, dont rien n'indique la nécessité, est bientôt abandonné en présence d'une situation qui s'amé-

liore de jour en jour ; le 19 février, il n'est plus qu'à 4 0/0.
La Banque de France se tient ferme, mais son encaisse ne
se reconstitue pas. On le voit bien, dans la situation du 12
février, avec une légère augmentation de 20 millions, mais
il n'en faut pas accuser l'importation, que le taux élevé de
l'escompte a la prétention d'encourager ; comparée avec
le mois précédent, elle a éprouvé une réduction de la
moitié.

Le 12 mars, la réserve métallique s'élève à 343 millions,
et la Banque de France réduit le taux de son escompte à
4 1/2 0/0 d'abord, et à 4 0/0 le 29 du même mois. La circulation se réduit, l'encaisse augmente, le portefeuille tombe
à sa plus simple expression (500 millions) et la Banque de
France ne songe pas à réduire le taux de son escompte. Que
pouvait-elle craindre ? La Banque d'Angleterre voyait aussi
son encaisse s'augmenter de jour en jour, son portefeuille
diminuer et sa *réserve of notes* s'élever au chiffre énorme
de 9,200,000 livres sterling.

A Londres, au moins, on tenait compte de ces symptô-
mes rassurants, et le taux de l'escompte, d'abord à 3 1/2,
descendait à 3 0/0 le 30 avril, et l'écart de 1 0/0 existant
entre les deux Banques, n'empêchait pas que l'encaisse ne
fût à la Banque d'Angleterre de 15,348,492 livres sterling
et que le papier sur Paris ne se négociât à 25,15.

Le 8 mai, la Banque de France réduit à 3 1/2 le taux de
l'escompte et la réserve métallique s'élève à 394 millions ;
mais elle prend bientôt l'alarme, et, parce que la Banque
d'Angleterre, sur une augmentation de deux millions sterling dans son portefeuille, vient d'élever le taux de son escompte à 4 0/0, elle s'empresse de suivre la hausse. Chez
elle pourtant, le portefeuille diminuait, et à la Bourse de

Paris, le papier sur Londres se négociait encore à 25,24 ½. La circulation qui, en mai, s'élevait à 773 millions, n'était plus, il est vrai, le 12 juin, (la veille de l'élévation de l'escompte,) que de 747,460,075 fr., mais il n'en faut point accuser le remboursement des billets; la réduction du portefeuille seule en était cause.

Le 30 mai 1864, M. de Germiny disait de la Banque de Fance : « Si elle a quelque chose à se reprocher, c'est, à notre avis, de souvent trop retarder l'élévation du taux de l'escompte. »

Nous savons tout ce qu'on doit de foi à la haute expérience de M. de Germiny, mais un exemple, au moins un, n'eut rien enlevé à la justesse de ses observations : Il en est de si incrédules.

Peut-être trouverons-nous dans la suite, un jour où la Banque de France aura mérité ce reproche tout nouveau que lui adressait M. de Germiny; cela nous surprendrait d'autant moins, que dans la dernière assemblée générale qu'il présida, l'honorable Gouverneur ne l'accusait pas encore.

« Jamais la hausse de l'escompte ne manque son effet; *nous n'hésitons pas à en user* et nous continuerons à l'appliquer avec d'autant plus de fermeté que la solidarité qui existe entre les grands marchés monétaires de l'Europe nous en fait un devoir plus impérieux. (1) »

Jusqu'au 4 octobre, la Banque de France conserva le taux de 4 0/0: Peut-être fit-elle un effort: mais qu'il en devait coûter cher !

La Banque de Londres escomptait encore à 4 0/0; encaisse et *réserve of notes* se maintenaient à 14 et à 7 mil-

(1) M. Ch. de Germiny, assemblée générale du 29 janvier 1863.

lions sterling. La Banque de France donna le signal, et, le 9 octobre, elle éleva le taux de son escompte à 5 0/0 ; sa situation l'excusait peut-être un peu.

Contrairement à ce qui avait eu lieu en Angleterre, en France la circulation augmentait, le portefeuille s'élevait, et la réserve métallique diminuait. La diminution, cependant, ne suffisait pas pour obliger la Banque à élever le taux de son escompte à 6 0/0 le 7 novembre, et à 7 0/0, le 13. Ce même jour, l'encaisse s'élevait à la Banque de France à 205,390,248 francs, et à la Banque d'Angleterre, où l'on escomptait encore à 6 0/0, la réserve métallique s'élevait à 13,460,765 livres sterling.

Si après avoir suivi les variations de l'escompte à la Banque de Londres et à la Banque de France, on s'arrête aux résultats obtenus, ou se convaincra que le système protecteur de l'encaisse n'a pas été justifié en l'an de grâce 1863.

Pendant l'année, le taux moyen de l'escompte est :

A la Banque de France, de. 4. 63 0/0
A la Banque d'Angleterre, de. 4. 42 0/0

La différence en faveur de la Banque de France, est de 0. 21 0/0

Un taux d'escompte supérieur de 0,21 0/0 pendant toute la durée de l'exercice 1863, voilà l'avantage le plus évident ; hors de là tout est contraire : Le change sur Londres est pour l'année de 25.26 ; la réserve métallique, qui pendant l'exercice précédent s'était tenue à une moyenne de 370 millions, ne s'est élevée sous le principe conservateur qu'à 313 millions (moyenne annuelle). La circulation s'est maintenue au même niveau, et la moyenne du portefeuille, dans les deux années, s'est accrue de 20 millions à peu près.

Que s'est-il passé en Angleterre ? — Rien qui tienne à cet écart de 0,21 0/0 dans la moyenne du taux de l'escompte qui a existé entre les deux Banques. La moyenne de l'encaisse a éprouvé une réduction de un million et demi sterling, sur l'année antérieure. Ce n'est certainement pas l'exportation qui en a été la cause; le vice économique n'est pas en Angleterre moindre qu'en France, et si l'exportation eut touché à la Banque, la réserve métallique ne se fut pas arrêtée, dans sa réduction, à 40 ou 45 millions, lorsqu'elle s'élevait à la Banque de France à 60 millions.

Du reste, si l'on consulte les documents fournis par l'administration de la Douane, on voit que cet écart, dans le taux des deux Banques, n'a pas été un appât pour les capitaux étrangers.

Allons plus loin : De l'observation attentive des mouvements de notre marché, naît la conclusion inévitable, qu'en élevant le taux de son escompte, la Banque de France n'a rien empêché dans les exportations de numéraire et de métaux précieux, pas plus qu'elle n'en a augmenté l'importation.

Pendant le premier semestre de 1863, le taux moyen de l'escompte est à la Banque de France de 4,25 0/0, c'est-à-dire 0,32 0/0 de plus qu'à la Banque d'Angleterre, et les exportations de numéraire et de lingots s'élèvent au chiffre de 305,916,627 francs, et pendant le deuxième trimestre, avec un taux moyen de 4,98 0/0 à Paris et 4,91 0/0 à Londres, c'est-à-dire avec un écart de 0,07 0/0 seulement entre les deux Banques, nos exportations s'arrêtent au chiffre de 293,381,622 francs.

Pendant le mois de janvier, le taux de l'escompte est à la Banque de France à 4,54 0/0, et les importations de numéraire et lingots s'élèvent à 62,499,125 francs. Le taux de l'escompte s'élève au mois de février à 5 0/0, et les importations tombent à 38,726,738 francs. L'escompte est réduit au mois de mars à 4,59 0/0, et les importations de numéraire et lingots s'élèvent à la somme énorme de 83,158,586 francs.

Avec un taux d'escompte de 3,81 0/0, les importations s'élèvent au mois de juin à 33,219,853 francs, et, malgré l'élévation du taux de l'escompte à 4 0/0, elles retombent en juillet à 25,617,848 francs, à 44,959,258 francs en août, et à 20,903,896 francs en septembre, soit, pour les trois mois où l'escompte est à 4 0/0, une moyenne de 30,493,000 francs.

Si l'on rapproche encore les mois d'août et de décembre, on voit :

1863 Août,   Escompte, 4 0 0.   Importations, 44.959.248
  » Décembre,   »   7 0 0.   »   44.223.371

    Différences : Escompte, 3 0 0 de plus. Importations,   735.877 de moins.

La même impuissance se constate au sujet de la réserve métallique de la Banque.

Pendant le premier trimestre de l'année, l'encaisse, qui était réduit en janvier à 268 millions, se reconstitue avec le taux moyen de 4,70 0 0, dans une proportion quotidienne de 831,590 francs ; et, dans le dernier trimestre, l'encaisse, qui en octobre était retombé au chiffre de janvier, (272 millions) loin de se reconstituer sous les efforts du taux protecteur de 5,97 0/0 (1,27 0/0 de plus), éprouve une diminution quotidienne de 659,300 francs.

Il n'en est pas de même du portefeuille.

Sous le taux facilitant de 4,70 0/0, le premier trimestre le voit se réduire dans une proportion quotidienne de 1,460,000 francs ; et, pendant les mois d'octobre, novembre et décembre, malgré les élévations successives du taux de l'escompte à 5, 6 et 7 0/0, le portefeuille s'augmente de 204,000 francs par jour.

Ainsi se trouvent justifiées les prétentions qu'affiche la Banque de France pour autoriser l'élévation de son escompte :

1° Arrêter l'augmentation du portefeuille ;

2° Empêcher l'exportation du numéraire ;

3° Forcer son encaisse à se reconstituer.

Nous verrons mieux encore, en 1864, les effets de l'élévation du taux d'escompte dans les deux Banques de France et d'Angleterre.

La Banque de France conserve, jusqu'au 24 mars 1864, le taux de 7 0/0 décrété le 12 novembre 1863. A Londres, dans la deuxième quinzainze de janvier, le taux de l'escompte est élevé à 8 0/0, et puis il est successivement réduit à 7 0/0 le 11, et à 6 0/0 le 25 février ; ce dernier taux est maintenu jusqu'au 16 avril.

Quelles sont pour les deux Banques les conséquences de ces différents écarts dans le taux de leur escompte ? — Les voici ; elles sont loin de consacrer les principes de *l'école solidaire*.

Pendant que le taux de l'escompte est à 7 0/0 à Paris et à Londres, la Banque d'Angleterre voit son encaisse se maintenir à 14,196,000 livres sterling, et celui de la Banque de France est réduit à 168,027,009 francs.

La Banque d'Angleterre élève à 8 0/0 le taux de son escompte, et son encaisse éprouve, jusqu'au 27 janvier, une réduction de 1,190,000 livres sterling.

La Banque de France conserve le taux de 7 0/0. Quelle imprudence ! Une augmentation de 1 0/0 n'avait pu empêcher à la Banque d'Angleterre une diminution de 30 millions; qu'allait devenir la réserve à la Banque de France, où l'on tenait si peu compte des principes les plus consacrés?

La situation du 12 février apporta sa réponse. Elle constatait, non point une diminution, mais bien une augmentation de 14,546,879 francs. Ce n'était certainement pas une augmentation bien grande, mais elle était d'autant plus significative, que non-seulement elle avait vaincu le principe, mais encore, qu'elle coïncidait avec une réduction de 46,133,147 francs dans le portefeuille, et aussi avec une réduction de 38,394,050 francs dans le montant des billets en circulation. Il est bon d'observer en outre, que dans ce mois de janvier, l'importation de lingots et monnaies, d'Angleterre en France, s'éleva à 24,523,964 francs, pendant que l'exportation de France en Angleterre s'arrêtait à 6,733,130 francs.

La Banque d'Angleterre réduit son escompte à 7 0/0, le 11 février, et à 6 0/0 le 25. Ce rapprochement d'abord, cet écart ensuite avec le taux de la Banque de France, n'arrêtent pas la reconstitution, bien que lente, de son encaisse, qui de 13,300,000 livres sterling le 3 février, s'élève à 13,800,000 livres sterling, le 24 février, et à 14,450,000 livres sterling le 24 mars. La Banque de France conserve le taux de 7 0/0 et sa situation s'améliore.

Le 10 mars, son encaisse a éprouvé une augmentation de 13,420,773 fr., son portefeuille s'est réduit à 642,135,993 f. et sa circulation fiduciaire n'est plus que de 726,610,375 francs.

Pendant le mois de mars, l'escompte est à la Banque de France à 6,75 0/0, et à Londres à 6 0/0 seulement.

L'encaisse éprouve à la Banque de France une augmentation de 23 millions; mais il serait inexact de l'attribuer à cette différence de 0,75 0/0 qui agit en faveur de notre établissement. En effet, si d'abord on consulte notre mouvement de métaux précieux et monnaies avec l'Angleterre, on verra que l'importation n'a augmenté que de 1,860,060 fr., tandis qu'au contraire nos exportations ont augmenté de 2,168,100 fr. L'encaisse à la Banque d'Angleterre n'est pas non plus affecté de cette différence dans le taux de l'escompte; le 3 mars il est de 14,034,222 livres sterling, et, le 31, nous le retrouvons avec une légère augmentation de 129,297 livres sterling, c'est-à-dire à 14,163,519 livres sterling.

L'augmentation que présentait la Banque de France dans sa réserve métallique n'était qu'apparente; en réalité, une diminution avait eu lieu. La circulation avait augmenté de 33,316,050 fr., et le portefeuille de 1,434,280 fr., ce qui opposait à une augmentation de 23,326,059 fr. dans son actif, une augmentation de 33,316,050 fr. dans le montant de son passif exigible, soit, par conséquent, une diminution de 9,980,941 fr., sur lesquels 1,434,280 seulement avaient été livrés au commerce.

A quoi donc attribuer cette augmentation de la circulation?

Les documents consultés répondent : — L'exportation du numéraire en Italie a été, pendant le mois dernier, supérieure de 8,000,000 aux mois précédents.

La Banque d'Angleterre élève son escompte à 7 0/0 le 16 avril, à 8 0/0 le 2 mai, et le 5 à 9 0/0; le taux de l'escompte n'est encore à la Banque de France qu'à 6 0/0. Cet écart successif de 1, 2 et 3 0 0 ne sauvegarde pas plus la réserve métallique à la Banque d'Angleterre qu'il n'affecte celle de notre Banque. De 13,080,000 livres sterling, au moment de la hausse, elle est réduite à 12,454,000 livres sterling, à la Banque d'Angleterre, tandis qu'à la Banque de France, entre la situation du 14 avril et celle du 12 mai, il faut constater une augmentation de 23,503,889 fr., augmentation d'autant plus vraie qu'elle a lieu sans s'imposer à la circulation des Billets, qui n'augmente que de 7,000,000, pendant qu'à Londres, entre les deux époques, la *circulation of notes* éprouve une augmentation de 13,000,000 fr. à peu près, et la *réserve of notes* une diminution de de 1,643,649 livres sterling, soit 41,088,000 francs.

Cette élévation du taux de l'escompte à la Banque de Londres n'empêche pas que notre exportation de métaux et monnaies, en Angleterre, ne soit moindre que dans les mois précédents, et notre exportation générale, qui pendant le trimestre antérieur, avait été, en moyenne, de 60,139,557 f. par mois, de 66,177,392 fr. en avril et de 68,832,116 fr. pendant le mois de mai 1863, se réduit, en mai 1864, à 38,436,615 fr.

Le 16 juin, la Banque d'Angleterre réduit à 6 0 0 le taux de son escompte ; la Banque de France le maintenait depuis le 26 mai. Encore une période où tout l'avantage semble rester à la Banque d'Angleterre ; cependant le 9 juin, à Londres, l'augmentation de la réserve métallique n'est encore que de 299,186 livres sterling, soit 7,479,000 fr., tandis qu'à la même époque, la situation publiée par la Banque de France constate une augmentation de 52,067,686 fr. dans la réserve métallique, coïncidant avec une réduction de 42,061,550 francs dans le montant des Billets en circulation.

Jamais encore, dans le courant de l'année, l'encaisse n'avait été aussi élevé. De 168,027,009 fr. en janvier, il s'était élevé à 294,892,295 francs, soit une augmentation de 126,865,286 fr. sans que jamais une seule situation eût présenté de réduction.

Il n'est pas inutile de comparer, dans cette partie, les mouvements de la Banque de France pendant la même période depuis 1857. Une seule fois, en 1858, l'augmentation de la réserve a été supérieure à celle de 1864.

Augmentations de la réserve métallique.

1857 —	93.301.998ᶠ	1861 --	62.788.015ᶠ
1858 —	257.034.478	1862 —	109.955.596
1859 —	45.651.067	1863 —	98.524.243
1860 —	17.274.792	1864 —	126.865.286

La Banque d'Angleterre élève le taux de son escompte à 7 0/0 le 25 juillet et à 8 0/0 le 4 août, ce qui n'empêche pas une réduction de 2,561,636 livres sterling dans son encaisse, pendant que son portefeuille augmente de 1,826,591 livres sterling.

La Banque de France conserve jusqu'au 9 septembre son taux de 6 0/0 sans que son encaisse en éprouve aucune affectation réelle. On le voit bien subir des réductions successives de 5,800,000 francs, 8,500,000 francs, 3,000,000 et 10,700,000 francs, les 16, 23, 30 juin et 14 juillet, mais cela ne se doit en rien à l'exportation du numéraire.

Pendant les mois d'avril et mai, nos exportations en Angleterre se sont élevées à 5,952,510 francs, et 6,368,211 francs, et le mois de juin, notre exportation s'est arrêtée à 1,119,800 francs. Nos importations, au contraire, qui en mai n'avaient été que de 6,744,300 francs, s'élèvent pendant le mois de juin à 17,631,188 francs, et à 19,405,326 francs pendant le mois de juillet.

Il est fort aisé de s'expliquer les causes de cette réduction momentanée qu'éprouva l'encaisse de notre Banque, en songeant que le mois de juin et le commencement de juillet une grande quantité de titres reçoivent, en partie, leurs arrérages, ce qui occasionne des mouvements d'espèces qui doivent forcément se lire dans la réserve métallique de la Banque.

Notre opinion, d'ailleurs, se trouve confirmée par les mouvements de la réserve elle-même. Le 21 juillet, non-seulement la réduction cesse, mais l'augmentation reprend le dessus; à cette époque-là déjà, on voit une augmentation de 3,000,000; le 28 juillet, nous retrouvons la réserve métallique à 276,162,420 francs, chiffre auquel elle se maintient pendant tout le mois d'août, et le 8 septembre, elle s'élève à 281,024,282, francs; alors encore, le taux de l'escompte est pour notre Banque à 6 0/0, tandis que la Banque d'Angleterre, menacée par les besoins incessants de l'Inde, a déjà élevé le sien à 9 0/0.

Une légère réduction de cinq millions a lieu dans la réserve de notre Banque, et aussitôt l'escompte de s'élever à 7 0/0 le 9 septembre, et à 8 0/0 le 13 octobre; cependant les mouvements du numéraire ne justifient pas de pareilles précautions.

Notre exportation s'élève, au mois d'août, à 1,628,750 fr. et en septembre elle est encore de 1,881,019 fr; une augmentation de 250,000 fr. dans le montant de notre exportation en Angleterre, ne saurait amener une hausse de 2 0/0 dans le taux de l'intérêt.

La crise monétaire continue ses progrès à Londres, et la

Banque nous en fait sentir le contre-coup en France. Jusqu'au 3 novembre, elle conserve le taux de 8 0/0 ; alors cependant elle devance hardiment la Banque d'Angleterre, et par deux réductions successives ramène, le 24 novembre, le taux de son escompte à 6 0/0.

La Banque d'Angleterre semble se préoccuper fort peu de ces réductions et maintient courageusement ses taux de 8 et 9 0/0 ; mais il n'importe : La Banque de France a résolu de marcher et la baisse continue. Le 22 décembre, le taux de l'escompte n'est plus à Paris que de 4 1/2 0/0, et à Londres la Banque se tient encore à 6 0/0.

Bravo, cette fois ; la Banque de France s'amendait, mais il n'était que temps.

Il en est qui ont refusé de croire à l'influence du livre de M. Isaac Péreire ; pour notre part, nous sommes convaincu qu'il a dû lourdement peser dans cette balance qui règle les dividendes de la Banque de France.

Tant mieux : le principe est à demi-vaincu. Ce n'est qu'un premier succès, mais il est de bon augure.

Nous joignons à notre travail un tableau synoptique du mouvement financier de la France aux trois époques comparées (1857-1863-1864). On y chercherait en vain la justification des principes qui ont prévalu à la Banque de France, n'en déplaise aux pouvoirs publics et à messieurs les rédacteurs de la loi de 1857.

EXPLICATION DU TABLEAU SYNOPTIQUE

.

Le numéro **1** représente la circulation des Billets à la Banque de France.

Le numéro **2** représente les variations du Portefeuille.

Le numéro **3** représente les variations de la réserve métallique.

Le numéro **4** représente l'exportation générale du numéraire et des métaux précieux.

Le numéro **5** représente l'importation générale du numéraire et des métaux précieux.

Le numéro **6** représente l'exportation du numéraire et des métaux précieux en Angleterre.

Le numéro **7** représente l'importation du numéraire et des métaux précieux d'Angleterre en France.

Le numéro **8** représente les variations du change (Paris sur Londres).

Le numéro **9** représente le cours moyen (par mois) de la rente 3 0/0.

Le numéro **10** représente le taux de l'escompte à la Banque de France.

Le numéro **11** représente le taux de l'escompte à la Banque d'Angleterre.

Pour la circulation des Billets, les mouvements de la réserve métallique et les variations du Portefeuille à la Banque de France, les degrés compris entre les lignes horizontales représentent cinq millions chacun. La progression est indiquée à la gauche du tableau (1re colonne) par les nombres 100-200-300-400-500-600-700-800 millions. — Le mouvement du numéraire et des métaux précieux a pour point de départ 30 millions ; c'est le montant de notre exportation en janvier 1863 (30,437,760 francs) et est représenté aussi par cinq millions à chacun des degrés compris entre les lignes horizontales. La progression est indiquée à la 1re colonne de l'année 1863.

Le mouvement de notre commerce de métaux et numéraire avec la Grande-Bretagne, a pour point de départ *un million ;* chaque degré représente une variation égale de *un million*, indiquée à la 1re colonne de l'année 1864.

Les variations du change (Paris sur Londres) sont indiquées à la gauche du tableau (2e colonne) ; le point de départ est le cours de 25,10 : chaque degré représente une variation de *un.*

Le cours de la rente 3 0 0, aussi indiqué à la gauche du tableau (3e colonne), a pour point de départ le cours moyen de 65 francs, et varie de 0,05 centimes à chaque degré.

Le taux de l'escompte, pour les deux Banques de France et d'Angleterre, est aussi indiqué progressivement à la gauche du tableau (3e colonne.) 2-2½-2½-3... etc. etc...

§ VI

Banques de dépôts. — Les joint Stock Banks.

Il est des amis de la Banque de France qui sont allés jusqu'à s'étonner de ce que l'on s'occupait aujourd'hui encore
de l'organisation du Crédit.

La question est cependant bien importante. On a beaucoup discuté, cela est certain, mais la situation s'en est-elle
trouvée le moins du monde améliorée?

A la fin de 1863, la Banque de Savoie semblait résumer
en elle tout l'intérêt du débat, toute la nécessité d'une réforme ; aussi s'est-on contenté d'opposer à ses droits ceux de
la Banque de France.

Mais la Banque de Savoie, ce n'était qu'un heureux in-
cident ; l'année qui s'écoule a rendu pleine justice aux
hommes éminents qui s'offraient pour commencer avec elle
la réorganisation de notre système de crédit.

D'abord traitée de spéculation, la nécessité d'une réforme
est devenue bientôt évidente pour tous. La discussion s'est
continuée, et, n'en déplaise à plus d'un critique, de puissants arguments se sont produits en faveur de la liberté.

Ce n'était plus la Banque de Savoie demandant le maintien d'un droit ; c'était le commerce de France tout entier, opposant aux bénéfices de la Banque ses pertes continuelles. En présence des besoins sans cesse croissants de notre industrie, l'impuissance de la Banque de France s'est trahie malgré l'habileté de ses défenseurs. Il ne suffisait plus de certifier que c'était là le dernier mot du progrès, il fallait enfin annoncer une réforme.

Mais quelle réforme !

Messieurs les Anglais nous l'avaient préparée de longue main ; il s'agissait de pousser à l'importation.

Naturaliser les *joint Stocks Banks*, tel est le remède que l'on offre aux souffrances de notre industrie ; voilà le système avec lequel on espère satisfaire aux besoins de la société moderne ; bien mieux, voilà ce que l'on nous annonce comme le perfectionnement nouveau du crédit, la voie où doivent se faire les progrès de l'avenir.

Nous ne partageons pas l'engouement d'un grand nombre pour les systèmes de messieurs les Anglais ; cependant nous serions heureux d'applaudir enfin, mais il nous est fort difficile d'avoir confiance. Du reste, on en conviendra, messieurs les importateurs ne nous ont rien dit qui permette même l'espérance.

Et comment l'auraient-ils fait ? Ce n'est pas une théorie nouvelle que l'on conseille ; les Banques à *fonds unis* ont fait leurs preuves ; l'expérience et la science peuvent marcher de pair.

Chez nous, de pareils établissements peuvent être considérés comme une innovation ; mais le système en lui-même n'est ni une nouveauté, ni même à la rigueur une importation. Depuis longtemps déjà bien des établissements de crédit ont fait usage des virements ou des délégations, et un grand nombre de négociants eux-mêmes, prennent domicile chez leur banquier pour le paiement de leurs billets et l'encaissement de leurs effets.

Comme l'a fort justement écrit M. Courcelle Seneuil, « un progrès, s'il doit se réaliser, n'arrivera, et du reste ce sera merveille, que par l'intermédiaire et le concours des négociants eux-mêmes. »

Jusqu'à un certain point, nous acceptons l'utilité du *chèque*, puisque tel est le nom par lequel on veut résumer le système, mais bien loin de le considérer comme un remède aux crises monétaires, nous le croyons essentiellement propre à en augmenter et le nombre et l'intensité. Les Banques de dépôts, non point celles qu'a inventées la spéculation anglaise, ont été et peuvent encore être une chose excellente; mais ce n'est pas là ce qui convient surtout à notre époque, qui non-seulement a besoin d'employer utilement tout son capital, mais qui doit aussi *capitaliser le crédit.*

Nous aurons plus tard l'occasion de nous occuper des Banques de circulation; aujourd'hui nous nous arrêterons principalement à l'étude des *Banques à fonds unis*, au système de la concentration des capitaux et de leur distribution, tel que le pratiquent les institutions anglaises.

Un économiste distingué, M. Victor Bonnet, qui s'est fait subitement l'un des apologistes les plus ardents des *joints Stocks Banks*, avait écrit, en 1859, quelques observations aussi vraies que savantes sur leur influence économique. Elles nous semblent si opportunes que nous ne saurions ne pas les reproduire en partie (1).

(1) Voir *Questions Économiques et financières à propos de Crises*, par M. Victor Bonnet. Guillaumin et Compagnie, 1859.

Voici ce qu'écrivait M. Bonnet (page 151) :

« La troisième manière par laquelle on peut abuser du crédit, c'est par les dépôts en comptes-courants. L'emploi immédiat des épargnes enlève toute réserve à l'imprévu, et lorsque surviennent des besoins extraordinaires, il faut tailler dans le vif et subir les liquidations désastreuses qui sont la conséquence des engagements portés au-delà des ressources.

Les Etats-Unis et l'Angleterre, où le système des comptes-courants est pratiqué sur une large échelle, en ont fait une terrible expérience dans la dernière crise; la corde trop tendue a dû se rompre, et les faillites se sont accumulées les unes sur les autres, sans que rien pût l'empêcher.

..... Si les dépôts en compte-courant n'avaient pour résultat que d'utiliser toutes les épargnes à la fois, les avantages domineraient peut-être les inconvénients ; mais il y a à l'extension de ce système un autre danger plus grave, c'est de faire prendre pour un capital disponible ce qui ne l'est pas.

Ainsi, un individu a un capital dont il aura besoin dans quelque temps ; en attendant, il le dépose chez son banquier en compte-courant. Celui-ci, qui alloue un intérêt au déposant, est obligé de l'utiliser et le prête à son tour; voilà un capital qui est compté deux fois : d'abord par celui qui a fait le dépôt, et qui se réserve de s'en servir, ensuite par celui auquel le banquier l'a prêté, et qui l'a engagé dans une opération quelconque. Cependant ce capital n'est qu'un, il ne peut pas servir à deux usages à la fois; lorsque le déposant en aura besoin et le redemandera, s'il n'est pas remplacé par un autre dépôt équivalent, ou si l'opération dans laquelle il est engagé n'est pas liquidée, comment le banquier le remboursera-t-il? Il se trouvera à découvert du montant de ce dépôt, *et après lui la Société.* Supposons que ce système se pratique sur une large échelle, comme cela a lieu en certains pays ; alors il y a une masse de capitaux déposés en comptes-courants qui ne sont pas réellement disponibles, et qui cependant sont employés comme s'ils l'étaient par les banquiers qui les reçoivent. Cela fait naître des illusions sur les ressources réelles du pays ; on développe les affaires en conséquence, et, à un moment donné, lorsque par suite du découvert considérable dans lequel on s'est engagé, le capital devient rare, les Banques se trouvent pressées des deux côtés à la fois, d'abord par les emprunteurs, qui demandent la continuation des mêmes crédits et le renouvellement de leurs engagements, puis par les déposants, qui redemandent leurs dépôts, et qui les redemandent d'autant plus vivement que le capital est plus recherché, et que les occasions d'en faire un bon emploi sont nombreuses.

« Mac Cullock dans son traité : *On metallic and paper money and Banks*, estime à 200 millions de livres sterling, soit à 5 milliards, la moyenne du capital déposé en comptes-courants dans la Grande-Bretagne. C'est quatre fois le montant des épargnes annuelles ; par conséquent, il y a les trois quarts de ces dépôts, pour ne pas dire plus, qui ne sont pas des ressources disponibles, et qui sont susceptibles d'être redemandés du jour au lendemain. *Si on les a engagés dans des opérations commerciales, comme si elles étaient des ressources disponibles,* C'EST TROIS OU QUATRE MILLIARDS D'AF- FAIRES QUI NE REPOSENT QUE SUR LE CRÉDIT, ET QUI NE SONT QUE DES ANTICIPATIONS SUR L'AVENIR. Comment les Banques qui les ont reçus les rendront-elles ? Elles ne pourraient le

faire qu'en liquidant toutes les affaires dans lesquelles elles
les ont engagés, c'est-à-dire qu'en provoquant une crise plus
ou moins considérable. Voilà l'abus que le Président des
Etats-Unis aurait dû signaler comme une des causes de la
dernière crise. *Si, au lieu de porter son attention sur les
Billets au porteur, il l'avait portée sur l'accumulation des
dépôts, sur le mauvais usage qui en avait été fait, et sur les
illusions qu'ils avaient fait naître, il aurait vu que c'était à
cela qu'il fallait attribuer, plus qu'à toute autre chose, la
violence de la crise américaine.* »

On ne saurait plus justement apprécier la crise financière
de l'Amérique en 1857. Ici, cette solidarité dans laquelle
M. Bonnet, lui aussi, veut aujourd'hui englober les Banques
de circulation, se trouve pleinement confirmée par l'expérience. Mais il ne faudrait pas que pour la justification de
sa théorie actuelle, M. Bonnet s'appuyât sur les conséquences qu'a entraînées la faillite de *The Ohio and Life
insurance*, et voulût nous persuader qu'il suffit de sa déclaration pour qu'immédiatement le public prît l'alarme et as-
siégeât toutes les autres Banques, pour *avoir à la fois* le
remboursement de ses Billets et de ses dépôts, *ce qui obligea toutes les Banques à suspendre leurs payements* (1).

Il avait, on l'a vu, autrement observé en 1857. « Aussitôt que les premiers embarras se sont manifestés, ce ne sont
pas les Billets au porteur qu'on est venu d'abord échanger, mais bien les dépôts qu'on est venu retirer ; et ce qui
le prouve, c'est que les dépôts qui, à New-Yorck, au mois,
d'août 1857, avant la crise, s'élevaient à 94,436,000 dollars,
n'étaient plus qu'à 52,894,000 dollars au 17 octobre, accu-

(1) *La Liberté des Banques d'émission et le taux de l'intérêt*, par M. Victor Bonnet. Guillaumin et Compagnie, Paris, 1864, pages 13 et 14.

sant ainsi une diminution, en deux mois, de 41,546,000 dollars (1) ; et comme les Banques n'avaient pas pu répondre à toutes les demandes de retrait, la panique s'est accrue, et *on est passé de la demande des dépôts à celle de la conversion des Billets en espèces*, de sorte que les Banques se sont trouvées à la fois pressées de rembourser les dépôts et de les rembourser en espèces : *De là, la suspension générale des payements.* Toute la crise a tenu à ce que les Banques s'étaient fait illusion sur la nature des ressources qui leur étaient confiées, et les ayant engagées comme si c'étaient des épargnes disponibles, se sont trouvées dans l'impossibilité de les rembourser le jour où on les a redemandées : de là les embarras de toute nature qui se sont accumulés les uns sur les autres, et ont amené en quelques jours, en Amérique, cette crise effroyable dont le contre-coup s'est fait sentir jusqu'en Europe (2).

. . . .

« ..... Nous ne connaissons pas, en ce qui concerne l'Angleterre, le chiffre des retraits de dépôts qui ont eu lieu pendant la crise, mais nous serions fort étonné si, sous la pression énorme du besoin de capital qui existait alors, et qui avait fait élever le taux de l'intérêt à 10 0/0, la somme des retraits n'a pas été égale au moins au quart des dépôts, soit à 50 millions de livres sterling, ou 1,250 millions de fr. ; et nous n'avons pas besoin de dire que les Banques n'a-

(1) Nous avouons que cette diminution n'est pas pour nous une preuve de panique seulement : les besoins d'une circulation qu'on avait épuisée devaient aussi contribuer beaucoup au retrait des sommes déposées en compte-courant.

(2) La Banque d'Irlande fut encore un nouvel exemple. La déconfiture de la Banque de Typerary donna l'éveil, et la Banque d'Irlande vit bientôt le public se précipiter en masse à ses guichets, et plusieurs de ses succursales rembourser en or la totalité de leurs dépôts. L'encaisse métallique, peu attaqué par le remboursement des billets, s'épuisa par le retrait des dépôts.

vaient pas en réserve une somme équivalente. Comprend-
on l'effet que ces retraits pouvaient produire sur la situation financière du pays? Il est évident qu'il n'en pouvait
résulter qu'une crise effroyable comme celle qui a eu lieu.

« L'abus des dépôts a été si bien une des causes de la
crise en Angleterre, comme partout, excepté peut-être dans
notre pays, que les principales Banques qui ont fait faillite
chez nos voisins, avaient un chiffre de dépôts en comptes-
courants hors de proportion avec leurs ressources. Nous
n'en citerons qu'un exemple, celui de la Banque occidentale
d'Écosse, où le rapport de l'encaisse à la circulation était
de 443,000 livres sterling à 807,000 livres sterling, pendant que le chiffre des dépôts s'élevait à 9,000,000 livres
sterling, c'est-à-dire à plus de 18 fois le montant de l'encaisse. »

Voilà qui attaque bien puissamment cette théorie de
M. Wolowski (dont nous aurons à nous occuper encore),
lorsqu'à l'opinion exprimée par Tooke sur les Banques de
dépôts, il ajoute :

« C'est vrai, mais il aurait dû ajouter que les Banques
d'émission possèdent un moyen d'action plus périlleux,
parce qu'elles joignent la ressource de l'émission à celle des
dépôts. »

Simple Banque de circulation, et surtout, essentiellement
constituée avec le principe des Banques de circulation, quel
danger eut menacé la Banque d'Écosse? Aucun assurément.

Quels dangers aurait-elle attiré sur la fortune publique?
moins encore. Jamais, avec ses billets, elle n'en serait arrivée à présenter un découvert de neuf millions sterling. A
défaut de la loi, les besoins de la circulation auraient li-

mité ses émissions ; le taux de l'intérêt qu'elle allouait à ses déposants, c'est-à-dire un restrictif dont elle était entièrement maîtresse, pouvait seul arrêter le montant de ses dépôts. Voilà le danger.

« Dans les pays (1) où les dépôts atteignent des proportions considérables, les Banques qui les reçoivent sont dans l'usage de leur allouer un intérêt ; cet intérêt varie selon les moments, selon l'abondance du capital, et selon l'emploi plus ou moins fructueux qu'on peut en faire. Jusqu'à une époque assez récente, les Banquiers de Londres n'avaient pas accordé d'intérêt aux dépôts ; mais entraînés par l'exemple de ce qui se passait en dehors de la capitale et surtout par celui des *joint Stocks Banks*, ils furent obligés de faire comme les autres, et, au moment de la crise, c'était à qui accorderait l'intérêt le plus élevé pour avoir le plus de capitaux à sa disposition et être le moins exposé aux retraits. »

Il serait difficile d'accepter qu'un pareil abus pût être à la disposition des Banques de circulation. C'est là cependant un terrible moyen d'influer sur le marché des capitaux.

Cette influence fatale se lit clairement dans le mouvement des Banques à l'époque de la dernière crise.

A la Banque d'Angleterre, où les *joint Stocks Banks* s'empressaient d'augmenter leurs ressources à mesure que la situation empirait, les dépôts, qui en 1848 n'étaient que de 12 millions de livres sterling, s'élevaient, en 1856, au chiffre de 16,500,000 livres sterling. La moyenne des consolidés pour la même année est de 92 à 93 ; le cours moyen du change (Londres sur Paris) est à 25, 30, 35, et le taux moyen de l'intérêt de 5,30 à 5,40 0/0.

(1) M. Bonnet. *Questions économiques et financières*, page 160.

Avec le taux de 6 0/0, (il était de 7 0/0 et 6 1/2 en décembre 1856) les dépôts descendent en janvier 1857 à 14, 3 et à 14 millions sterling ; le cours moyen des consolidés s'élève à 93,85 et le change sur Paris se cote 25,25.

Concurremment avec les progrès de la crise, les dépôts s'élèvent à 15 millions sterling avec le taux de 8 0/0, atteignent 17,200,000 livres sterling, avec le taux de 9 0/0 le 10 novembre, et, avec le taux de 10 0/0, ils s'élèvent à 20,600,000 livres sterling le 24 novembre, et à 22,500,000 livres sterling le 22 décembre, malgré que le taux de l'intérêt fût déjà réduit à 8 0/0.

La liquidation qui s'accomplit lentement, maintient la moyenne des dépôts de 20 à 21 millions sterling jusqu'en avril 1858, malgré les réductions successives du taux de l'intérêt à 6, 5 et 4 0/0 les 5, 20 et 27 janvier, et à 3 1/2 et 3 0/0, les 3 et 10 février. Enfin, en mai 1858, la moyenne des dépôts redescend à 17,500,000 livres sterling, et le cours moyen des consolidés s'élève à 97,72.

Aux États-Unis, le désir d'échapper au remboursement des dépôts, et toujours de nouveaux besoins à satisfaire, entraînent les Banques et occasionnent une augmentation bien plus rapide encore. De 100 millions de dollars en 1850, les dépôts s'élèvent, en 1855, à 185 — 190 millions ; à 200 — 215 millions, en 1856, et atteignent, en 1857, la somme de 220 — 230 millions de dollars.

Les Banques allouaient aux déposants un intérêt de 10 0/0.

Bien que dans une proportion moindre, les mêmes effets peuvent se remarquer chez nous ; l'augmentation n'est pas sensible, à cause peut-être du nombre limité des ayant compte à la Banque de France. Cependant la somme des dépôts en comptes-courants, qui était de 100 millions à la fin de 1856, s'élève à 140 millions en juillet 1857, et se retrouve encore, malgré quelques variations, à 138 — 137 millions en novembre 1857, lorsque le taux de l'escompte est à 10, 9 et 8 0/0.

Revenons au livre de M. Bonnet :

« Le grand danger de l'accumulation des dépôts portant intérêt, consiste dans l'emploi qu'en doivent faire les Banques ; plus l'intérêt qu'elles allouent est considérable, et plus elles sont obligées de chercher des emplois rémunérateurs, c'est-à-dire des emplois aventureux. Aux États-Unis, les Banques, pour se rénumérer de l'intérêt de 8 à 10 0/0 qu'elles avaient fini par allouer aux dépôts, les avaient engagés dans toute espèce d'entreprises chimériques, et en Angleterre, pour ne citer qu'un exemple, on a trouvé dans le portefeuille de *The Royal British Bank*, qui avait en comptes-courants beaucoup de dépôts, que, sur 2,819,325 livres sterling de valeurs, 662,115 livres sterling étaient des valeurs entièrement mauvaises, 1,684,210 livres sterling des valeurs douteuses, et 473,000 livres sterling seulement, des valeurs bonnes (1). Chez nous aussi, la plupart des caisses en commandite, qui avaient attiré les capitaux sous forme de dépôts en comptes-courants, en leur promettant des intérêts fabuleux, sont tombées dans une déconfiture plus ou moins complète, et ont ruiné ceux qui avaient eu confiance en elles. *Il n'en pourait pas être autrement.*

« *On a été tellement frappé, aux États-Unis et en Angleterre, de l'abus des dépôts et du danger qui en résultait pour les Banques, qu'on met aujourd'hui autant d'ardeur*

(1) Jamais Banque de circulation a-t-elle présenté un portefeuille semblable ? 17 0 0 de valeurs bonnes !

*à les repousser qu'on en mettait avant la crise à les solli-
citer.*

« Les capitaux que l'on dépose en comptes-courants, ne
sont pas des capitaux d'épargne qu'on doive chercher à
faire valoir ; mais des capitaux de roulement qui ont leur
destination et qui ne sont libres que momentanément. . .

«..... Nous ne voyons pas d'utilité à allouer un intérêt
aux dépôts en comptes-courants ; il faut songer aux inconvénients qui naissent de l'accumulation des dépôts, aux illusions qu'ils font naître et aux embarras qu'ils créent pour
les caisses qui les ont reçus ; il peut se présenter telle circonstance grave où le remboursement ne soit pas chose facile, même pour la caisse la mieux établie.

« Ce qu'il y a de certain, c'est que les caisses qui sollicitent les dépôts en comptes-courants par des intérêts de
3 0/0, de 2 1/2 et même de 2 0/0, ne les sollicitent pas
pour les tenir en réserve ; qu'elles comptent bien en faire
emploi, et que la réserve qu'elles gardent, suffisante pour
des temps réguliers, ne l'est jamais pour des temps difficiles. Nous ne voulons pas dire que la sécurité des dépôts
soit compromise dans tel ou tel établissement, parce qu'il
leur alloue un intérêt, *mais nous croyons sincèrement qu'il
n'est aucun de ces établissements qui soit sûr de se tirer sinon à son honneur, au moins à son avantage, d'une grande
quantité de dépôts à rembourser dans toutes les circonstances possibles. Les exemples des États-Unis et de l'Angleterre sont de nature à nous rendre défiants à cet égard.* »

Certes, il faut de la bonne volonté pour discerner, à travers ces quelques lignes que nous venons de copier, cette
voie où doivent se faire les progrès de l'avenir en matière
de crédit.

Qu'il nous soit permis de l'observer, nous comprenons difficilement que M. Bonnet en soit venu à écrire : « Le *chèque* a sur le Billet au porteur cet avantage essentiel qu'il repose sur un capital réel et disponible, tandis que le Billet au porteur n'est qu'un capital imaginaire; aussi pendant qu'aux Etats-Unis et en Angleterre l'usage de ce billet tend à diminuer, le chiffre des dépôts s'accroît de jour en jour. En Angleterre et en Amérique, les Banques se préoccupent peu de la faculté d'émettre des Billets au porteur; elles se contentent de recevoir des dépôts qu'elles bénéficient à un intérêt moindre que celui qu'elles retirent en les faisant valoir. Il faut faire de même en France, où 3 à 4 milliards de dépôts pourraient se constituer par les seules ressources réelles de notre pays. (1) »

Faut-il mépriser les leçons de l'expérience, ou serait-ce que l'épargne annuelle de la France s'élève à 4 milliards?

« L'effet qui résulterait de cette accumulation de dépôts, continue M. Bonnet, serait immense pour la diminution du taux de l'intérêt et pour la réduction de notre Stock métallique (2). »

Il est évident que la concentration des dépôts pourrait avoir pour conséquence première, de convertir en capital fixe une grande partie de notre capital circulant, mais est-ce là la consécration définitive du progrès?

Est-ce là surtout ce qui convient à notre époque?

En ce qui tient à la réduction du taux de l'intérêt, il est fort difficile d'accepter que sa réduction dépende précisément de la diminution du capital métallique.

Un effet possible serait une diminution dans *le loyer des*

(1) *La Liberté des Banques d'émission et le taux de l'intérêt,* page 17.
(2) *La Liberté des Banques d'émission et le taux de l'intérêt,* page 53.

capitaux, mais non point une réduction dans le taux de l'intérêt de l'argent, et cette diminution dans *le loyer des capitaux*, il n'est guère besoin de s'en occuper. Il est urgent de songer d'abord un peu à la part du travail. La faculté récemment accordée à l'ouvrier de discuter, jusqu'à un certain point, les conditions et le prix de son travail, est en apparence un progrès ; mais, si c'en est assez pour le *droit*, (question très-discutable d'ailleurs,) que la *justice* est encore loin d'être satisfaite !

A l'impitoyable nécessité qui toujours dit à l'artisan : TRAVAILLE, l'industriel n'oppose que l'intérêt qu'il peut avoir à lui fournir de l'ouvrage ; disparité tyrannique dans la situation des contractants, qui, comme l'a dit si justement M. H. Passy, met toujours dans la balance un poids défavorable à l'indigent affamé.

Quant à la réduction de taux de l'intérêt, l'expérience enlève toute place au doute, et quiconque voudra comparer la marche ascendante des Banques de dépôts, et aussi les variations du taux de l'intérêt, pourra se convaincre aisément.

Notre Société anonyme de dépôts et de comptes-courants en est une preuve nouvelle, n'en déplaise à M. Armand Donon, qui, dans son compte-rendu du 11 avril 1864, constatait que ses établissements devenaient les agents les plus actifs de l'abaissement du taux de l'intérêt.

Bien que jeune encore, la Société de dépôts et de comptes-courants peut être une leçon ; qu'il nous soit permis de l'étudier un peu.

Voici la moyenne, par jour, des fonds déposés depuis le mois d'août jusqu'au 31 décembre 1863, comparée avec les variations du taux de l'intérêt :

	Moyenne des dépôts.	Taux de l'intérêt.
Août	112.309ᶠ	4 0 0
Septembre	337.165	4 0,0
Octobre	749.491	4 52 0,0
Novembre	1.022.212	6 43 0,0
Décembre	1.098.001	7 0,0

Que l'on n'aille pas croire que le chiffre des escomptes suivait la proportion croissante des dépôts.

Voici la moyenne du portefeuille :

Septembre	14.076.807ᶠ
Octobre	14.597.587
Novembre	14.339.943
Décembre	14.916.347

Nous ne savons rien encore des opérations de la Société pendant l'exercice 1864, mais, au 9 avril, rien n'était changé. Les dépôts étaient de 6,982,587 francs et le portefeuille de 19,597,561 francs, ce qui suppose toujours une moyenne de un million au mouvement des dépôts, et de 14 à 15 millions à celui du portefeuille.

Le moment n'est pas venu de beaucoup nous étendre sur les opérations de la *Société de dépôts et de comptes-courants*, mais déjà on peut constater qu'il ne serait pas mal aisé d'établir une plus utile concordance entre l'emploi du capital et les besoins de notre industrie. Ce n'est point l'administration qu'il faut en accuser, c'est le principe.

Pendant l'exercice 1863, la Société a employé :

Capital effectué	13.701.075ᶠ	
Dépôts en comptes de chèques . .	5.314.068	89ᶜ
Id. en comptes-courants . . .	43.918.799	76
Soit, ensemble . .	62.933.943ᶠ	65ᶜ

et le nombre des effets escomptés a été de 5,200, s'élevant à la somme de 61,296,217 fr. 38, c'est-à-dire 1,637,726 f. de moins que le capital employé.

Sans aller bien loin, on peut trouver de plus utiles opérations.

A côté de la *Société de dépôts et de comptes-courants, le Sous-Comptoir du commerce et de l'industrie*, avec un capital effectué de 5,000,000, et 1,215,948 francs de comptes-courants créditeurs, faisait dans le courant de l'exercice 1863, 140,052,475 francs d'avances, dont 89,396,344 fr. sur dépôt de marchandises.

Oui, M. Izoard le mentionnait à bon droit :

« Voilà des efforts qui répondent aux véritables besoins du commerce. »

Un regret cependant nous échappe ; il naît de la lenteur avec laquelle *le Sous-Comptoir du commerce et de l'industrie* réalise son capital social.

Hâtons-nous d'ajouter qu'en dehors de l'escompte, *la Société de dépôts et de comptes-courants*, s'alliant *à la Société générale de crédit industriel et commercial*, prêtait son concours à l'établissement et au développement de la Banque fédérale de Berne. C'était, comme l'observe M. Armand Donon, sans engager les capitaux de la Société. Fort bien pour les statuts ; cependant nous serions bien aise que l'on nous dise s'il est de bonne économique que la loi défende chez nous la circulation des billets émis par une Banque nationale, et ne s'oppose pas à ce qu'on facilite avec nos institutions, non point la création, mais la circulation fiduciaire d'une Banque étrangère, quelque fédérale qu'elle puisse être.

Les Banques de dépôts exercent sur le marché une influence bien plus fatale que les Banques de circulation.

Telle n'est pas l'opinion de M. Wolowski : « Les Banques d'émission, dit-il, possèdent un moyen plus périlleux, parce qu'elles joignent la ressource de l'émission à celle des dépôts. » Ce surcroît d'influence n'a pas été accepté par Tooke, et certes, il faut convenir qu'il a bien jugé.

Il faut ne tenir aucun compte des lois qui régissent la circulation fiduciaire, pour s'effrayer de l'extension qu'un banquier peut donner à la circulation d'un papier toujours convertible en espèces.

La quantité d'une circulation fiduciaire convertible, est déterminée par des causes sur lesquelles un banquier n'a pas de pouvoir.

Dans la séance du 22 mai 1857, M. Wilson, membre de l'enquête sur la loi de la Banque, ayant posé la question suivante : « Aussi longtemps qu'un banquier a une Banque de dépôts aussi bien qu'une Banque d'émission, la quantité de billets qu'il a en circulation n'est-elle pas déterminée par les besoins de ses clients et non par sa volonté personnelle ?... » — « Oui, répondit M. Weguelin, le chiffre de la circulation dépend uniquement des besoins du public et non des désirs du banquier. Pour augmenter ses émissions, un banquier n'a que l'influence progressive de son crédit et de sa position. »

Voilà quelle est, en réalité, l'influence que cette terrible ressource de l'émission laisse au banquier; elle est limitée par son crédit et sa position, et toujours dépendante des besoins du pays.

Si des pouvoirs que donne aux Banques le droit d'émission, nous passons à l'influence qu'elles exercent, grâce à la faculté qui leur est acordée de recevoir des dépôts, il nous sera facile de prouver que dans une banque d'émission on

use toujours avec une grande modération de la ressource
des dépôts, et c'est là un avantage que nous ne saurions
méconnaître. Cette modération, imposée aux Banques d'é-
mission par leur propre intérêt autant que par la loi, ne
pourra jamais exister dans une Banque uniquement de dépôts. Ici, le taux de l'intérêt accordé aux déposants et toujours réglementé par la Banque, est, indépendamment de
son crédit, bien souvent écarté d'ailleurs par l'appât d'un
intérêt supérieur, la cause qui peut le plus influer sur la
quantité des dépôts.

La Banque d'Angleterre peut fournir les moyens d'apprécier assez justement l'influence des Banques d'émission
sur le marché des capitaux, soit par l'émission, soit par les
dépôts; suivons-là, comparativement aux Banques de dépôts,
dans une période égale.

Nous avons déjà vu les causes qui, en 1857, avaient occasionné l'augmentation des dépôts à la Banque d'Angleterre; si, en dehors de cette époque de crise, on examine
plus attentivement la moyenne de ces dépôts à deux périodes décennales comparées, on voit une augmentation
bien légère ; encore est-il juste d'observer que dans la dernière période, les sommes déposées à la Banque d'Angleterre par les grandes Compagnies de chemins de fer, ont
beaucoup contribué à cette augmentation.

De 1844 à 1854, la moyenne des dépôts est de 16,443,118
livres sterling, et de 1854 à 1864, elle est de 19,700,000
livres sterling.

Évidemment la mauvaise situation qui, dans la seconde
période, a été faite au marché anglais, ne peut en rien dépendre de l'augmentation des dépôts à la Banque d'Angleterre. Et pourtant, quelle Banque de circulation fût ja-

mais plus engagée à joindre, pour nous servir de l'expression consacrée, la ressource des dépôts à celle de l'émission ?

Cette augmentation des dépôts s'est-elle traduite par un accroissement des réserves métalliques de la Banque, ou par une plus grande émission de notes ? moins encore.

Voici quelle a été la situation de la Banque aux deux périodes comparées :

	Circulation.	Dépôts.	Encaisse.
De 1844 à 1854	20.980.985	16.443.118	15.593.586 liv. st.
De 1854 à 1864	20.542.012	19.788.590	14.604.239

Dans la première période, nous voyons la Banque d'Angleterre répondre à un passif de 37,424,103 livres sterling, par un encaisse de 15,593,586 livres sterling, soit 42 0/0, et, dans la deuxième période, elle n'a, pour satisfaire à un passif exigible de 40,330,602 livres sterling, qu'une réserve métallique de 14,604,239 livres sterling, soit 36 0/0.

En est-il de même pour les Banques de dépôts ? Il faudrait, à qui voudrait répondre affirmativement, un grand courage, et autre chose encore. En aucun temps, tout le monde en conviendra, le système de la concentration et de la mise en action des capitaux au moyen des Banques de dépôts, n'a été plus activement employé que dans cette dernière période de 1854 à 1864. Cependant, quelle époque a jamais vu autant de variations dans le cours des marchés et dans le prix des changes ? Quelle époque a jamais éprouvé autant de crises monétaires ? — Si, comme ne craint pas de l'affirmer M. Bonnet, le dépôt en compte-courant doit être la voie où se feront les progrès de l'avenir, il est fort à craindre que ce ne sera jamais le système qui diminuera l'incertitude du marché, amènera le bas prix de l'intérêt de l'argent et le bon emploi des capitaux.

En veut-on une preuve; nous la prenons à M. Bonnet lui-même :

« En Ecosse, en 1845 et 1846, Wilson estimait à 30 millions de livres sterling les dépôts en comptes-courants qui pouvaient exister dans les diverses Banques du pays et dont on faisait usage par des chèques. En 1857, M. Mac-Culloch les évaluait à 50 millions de livres sterling ; ils sont au moins aujourd'hui de 60 millions sterling ou 1,500 millions de francs.

« En Angleterre, la somme des dépôts, qui atteignait à peine, il y a vingt ans, 100 millions de livres sterling, était, il y a quelques années, au dire du même Mac-Culloch, de 200 millions de livres ; elle est aujourd'hui certainement de 250 millions de livres, soit plus de 6 milliards de francs. Enfin aux États-Unis, dans la ville de New-Yorck, les Banques, au moment de la crise de 1857, au mois d'août, avaient en dépôt 94 millions de dollars ; elles ont aujourd'hui, d'après le bilan du 10 octobre 1863, plus de 180 millions. »

En résumé, depuis vingt ans, les dépôts en comptes-courants ont subi les augmentations suivantes :

En Écosse, de 30 à 60 millions, soit	30.000.000 livres sterlings.
En Angleterre, de 100 à 250, soit	150.000.000
A New-Yorck, de 94 millions de dollars à 180 millions, soit	17.200.000

L'augmentation totale est de 197,200,000 livres sterling ; c'est-à-dire que 4,930,000,000 de francs de plus, circulent aujourd'hui en Ecosse, en Angleterre et à New-Yorck, au moyen des Banques de dépôts.

Tel est le fait.

Passons aux conséquences. Elles se résument dans le tableau suivant :

		de 1844 à 1854	de 1854 à 1864.
Nombre de variations dans le taux de l'intérêt.	en Angleterre.	24	82
	à New-Yorck.	»	»
Taux moyen de l'escompte.	en Angleterre.	3.35 0/0	4.45 0/0
	à New-Yorck.	»	»
Cours moyen des fonds publics.	Consolidés anglais, 5 0/0 New-Yorck.	94, 95 102-103	92, 50-93 95-96

Conçoit-on qu'en présence de résultats pareils, il puisse être encore un homme sérieux qui veuille se faire, sous ce côté économique, bien entendu, le défenseur des Banques à fonds unis ? Comprend-on que ce soit là la réforme à offrir à notre société en général, et, en particulier, à notre industrie ? Non, cent fois non ; le remède serait pire que le mal.

« Les capitaux disponibles seulement peuvent agir sur le taux de l'intérêt ; or, le capital disponible, c'est celui que l'on trouve sur le marché des capitaux, que ce marché s'appelle la Bourse, le Comptoir d'une maison de Banque, ou même une étude de notaire. »

Est-ce à dire pour cela que les capitaux que réunissent les Banques de dépôts soient des capitaux disponibles ? — Cependant, c'est à eux que M. Bonnet attribue le pouvoir de déterminer le taux de l'intérêt.

« Ce n'est pas le billet au porteur, qui n'est qu'un capital imaginaire et qui d'ailleurs ne peut jamais avoir assez d'importance pour agir sur les rapports de l'offre et de la demande ; ce n'est pas la richesse mobilière prise en général, ce ne sont pas même les cinq ou six milliards de numéraire qui, dit-on, existent dans notre pays : les 197,200,000 livres sterling réunies dans les Banques de dépôts de la Grande-Bretagne et de l'Amérique, voilà le capital qui a servi à déterminer le taux de l'intérêt. »

Heureux pays, qui avez pu dans vingt ans, construire 80 mille kilomètres de chemins de fer, commanditer des entreprises colossales, accroître et soutenir une dette publique immense, et trouver encore, dans votre épargne annuelle, 5 milliards de capitaux disponibles.

Arrivons à la garantie que les Banques à fonds unis offrent à la circulation.

Voici quelle était la situation de quelques-unes de ces Banques, prises au hasard, les 30 juin et 31 décembre 1863 :

	Circulation(1).	Encaisse.	Rapport,
Alliance Bank, L. St.	6.065.889	555.232	9,00 0/0
National discount company. . . .	4.712.705	485.254	10,00 0/0
London financial association. . .	419.743	50.553	12,10 0/0
London and Westminster Bank. .	18.516.083	1.516.695	8,20 0/0
Bank of London	4.890.280	750.821	15,40 0/0
The city Bank.	4.781.633	706.482	14,80 0/0
Metropolitan and Provincial Bank.	1.060.688	146.019	14,00 0/0
Chartered mercantil bank of India London.	8.665.227	1.477.464	17,00 0/0
Bank of New South Wales. . . .	6.032.450	807.016	13,40 0/0
Union Bank of London.	19.517.675	2.566.889	13,12 0/0
European Bank	610.925	72.291	11,85 0/0
Union Bank of Australia.	4.232.142	750.972	17,70 0/0
Ensemble, liv. ster. . . .	79.505.440	9.885.668	12,43 0/0

C'est ainsi que nous trouvons dans douze des principales

(1) Nous avons employé le mot *Circulation*, malgré que fort peu de ces Banques émettent des billets au porteur.

Banques du Royaume-Uni, un rapport de 12,43 0/0 entre le chiffre de leur encaisse et la totalité de leur circulation ou dépôts. A quelqu'époque de leur histoire que l'on s'arrête, les Banques d'émission n'ont jamais eu un écart pareil entre le montant de leurs billets émis et le chiffre de leur encaisse.

La Banque de France, à trois époques différentes, pour n'en pas citer d'autres, présente les proportions suivantes :

1857.

Époques.	Circulation.	Encaisse.	Rapport.
Janvier	612.480.475	191.451.643	31.30 0/0
Juillet.	609.569.000	262.376.379	43.03 0/0
Décembre	532.393.900	206.021.992	38.75 0/0

1860.

	Circulation.	Encaisse.	Rapport.
Janvier	748.304.225	534.158.129	71.40 0/0
Juillet.	787.406.325	514.309.580	65.35 0/0
Décembre	747.156.075	431.791.941	57.10 0/0

1863.

	Circulation.	Encaisse.	Rapport.
Janvier	825.412.925	268.150.220	32.50 0/0
Juillet.	798.317.775	316.908.856	39.70 0/0
Décembre	754.941.825	213.141.035	28.25 0/0

Ce qui donne : pour　　1857—45.07 0/0
1860—49.36 0/0
1863—41.60 0/0
Soit une moyenne générale de　45.35 0/0

Et nos anciennes Banques départementales, que l'on a tant blâmé et tant accusé d'avoir exposé les porteurs de Billets et compromis la circulation ? Qu'on les suive pendant toute leur existence, et l'on verra que leur situation générale établissait toujours, entre leur circulation et leur réserve métallique, une proportion de 30 à 35 0/0.

Bien mieux ; si l'on arrête son attention, d'un côté sur le développement des *Joints Stocks Banks,* et aussi sur la progression constante de leurs dividendes, on se demande à quelle nature d'opérations ont dû servir leurs ressources.

Assurément, ce n'est pas à l'escompte des effets de commerce ou à toute autre opération offrant aux créanciers une sécurité aussi complète que possible. Un exemple entre mille :

La National discount company présentait dans sa situation, au 31 décembre 1858, un portefeuille s'élevant à 4,129,145 livr. st., et, le 31 décembre 1863, ce portefeuille s'élevait à 4,306,439 livr. st.

Dans les cinq années, le portefeuille présentait une augmentation de 177,294 liv. st., c'est-à-dire 4,25 0/0, et les dividendes offraient la proportion suivante :

1858. Dividende semestriel,　2.50 0/0 du capital.
1863.　　　—　　　　　17.50 0/0　　—

La différence dans les dividendes distribués était pour la même période de 15 0/0, soit une augmentation de 680 0/0, et cela, malgré que de 1858 à 1863, le capital réalisé eut éprouvé une augmentation de 14,635 liv. st.

Du reste, si un doute pouvait encore s'élever au sujet de leur développement et de leurs opérations, il suffirait de comparer, dans quelques-unes de ces Banques, leurs situations respectives à quelques années d'intervalle.

Le 31 décembre 1858, dix de ces Banques :

Union Bank of Australia,

Union Bank of London,

The city Bank,

London and Westminster Bank,

London joint stock Bank,

Bank of London,

The Sheffield banking company,

National discount company,

London and County bank company,

English, Scottish and Australian chartered Bank, avec :

Capital réalisé et réserve.	6.239.197 livres sterling.
Dépôts et circulation	48.018.140
Caisse.	4.997.918

c'est-à-dire avec un capital de   59.255.255 livres sterling.

circulant, soit 1,481,381,375 francs, avaient un portefeuille de 54,363,382 livres sterling, représentées par des titres mobiliers, des valeurs d'Etat et des effets de commerce ; encore faut-il observer que quelques-unes de ces Banques comprenaient dans leur portefeuille les *sécurities* représentant leur capital de garantie, et que deux d'entre elles, la *Sheffield Banking Company* et la *London joint Stock Bank* comprenaient dans la somme de 9,785,411 livres sterling, dont se composaient leurs portefeuilles, le montant de leur réserve métallique ; en un mot, à peu près tout leur actif.

Le 31 décembre 1863, ces mêmes Banques se présentaient dans la situation suivante :

Capital et réserve. . . . . 7.113.134 livres sterling,
Circulation et dépôts 73.174.128
Caisse. 8.793.968

      Soit ensemble. . . . 89.081.230 livres sterling.

et leur portefeuille, toujours composé des mêmes éléments, s'élevait à la somme de 63,835,134 livres sterling.

Dans la situation du 31 décembre 1858, le portefeuille était au capital employé, dans la proportion de 92 0/0, et le 31 décembre 1863, malgré une augmentation de 29,826,575 livres sterling dans leur capital circulant, ces Banques, si utiles au commerce, n'avaient plus entre le capital et le portefeuille qu'une proportion de 71 à 72 0/0. Cependant cet accroissement de dépôts n'en avait pas moins porté ses fruits ; mais les actionnaires seuls les cueillaient.

De pareils résultats sont de nature à détruire bien des erreurs, bien des illusions : Avouons-le, ils ne justifient guère les éloges que l'*Economist de Londres*, en 1859, prodiguait aux *joint Stocks Banks*.

Aidé seulement des comptes-rendus que présentent les *joint Stocks Banks*, il serait téméraire de vouloir déterminer l'importance des services qu'elles rendent au commerce et à l'industrie proprement dits ; mais en s'appuyant sur quelques comparaisons, peut-être ne s'éloignerait-on pas trop de la vérité.

Nos calculs arrêtent les escomptes des Banques à fonds unis, à une moyenne mensuelle de 15 millions sterling. En un tel cas, quel avantage peut-il y avoir à enlever à la circulation 90 millions sterling (2,250 millions de francs) de capital ou de crédit ? d'autant mieux que si les rapports publiés par les *joint Stock Banks* ne permettent pas de déterminer leur utilité commerciale, ils suffisent à estimer leur influence sur la spéculation.

Nous avons vu dix de ces Banques, dont le portefeuille réuni présentait une situation moyenne de 63,835,114 livres sterling : en suivant avec elles la proportion observée dans les Banques en général, on arrive à leur trouver un mouvement total de 600 millions sterling à peu près.

Pour aider à cette totalité d'opérations, les dix *joint Stocks Banks* mentionnées ont, comme nous l'avons vu, un capital de 90 millions sterling, sur lequel 15 à 16 0/0 suffisent au montant de l'escompte (1). Que devient alors l'excédant? — Il est aisé de le deviner : 84 à 85 0/0, c'est-à-dire 75 à 76 millions sterling, sont continuellement employés à la spéculation, c'est-à-dire à des affaires d'une liquidation aussi longue que difficile.

C'est là, bien mieux que dans le chiffre plus ou moins grand de leurs pertes à l'époque d'une crise, qu'il faut chercher la nature des opérations des *joint Stocks Banks* et leur influence économique (2).

(1) Avec un capital réalisé de 500,000 livres sterling, *la General credit and financial Company of London* avait, le 31 décembre 1863, un portefeuille (escomptes, avances et *securities)* de 418,472 livres sterling.

(2) En 1847, M. Jones Loyd ayant à examiner les effets de *l'act de* 1844, était convaincu que, en dehors de son effet direct sur la circulation, *l'act* en avait amené un autre, indirect mais très-certain ; celui de rendre les Banques plus circonspectes dans toutes leurs opérations en général.

Nous ne voudrions pas méconnaître l'autorité qu'une haute position financière et de sérieuses études donnaient à M. Loyd ; nous croyons, cependant, qu'une semblable opinion, appliquée surtout aux Banques en général, n'a pas pour elle la consécration de l'histoire.

Si l'on ne considère que ce qui tient aux émissions, il est évident que les Banques de Province virent leur influence détruite, en partie, par les dispositions de *l'act de* 1844; mais, il reste à savoir si l'émission du papier est la seule, ou même la principale cause qui permette aux Banques l'imprudence. Pour notre part, nous sommes convaincu que le moyen le plus périlleux et le plus propre à faciliter l'imprudence des Banques et la spéculation, c'est l'ac-

Non pas que nous voulions nous faire ici l'ennemi des *joint Stocks Banks;* nous applaudissons à une tentative de progrès, même en la voyant accompagnée de nombreux inconvénients ; mais il est évident que l'on ne saurait trouver en elles un remède à la situation qui est faite à notre marché en général, et, en particulier, à notre industrie ; nous sommes surtout convaincu que l'on ne saurait, sous quelque côté que l'on envisage le système économique, leur reconnaître ce caractère d'utilité qu'il faut absolument au présent et à l'avenir.

Une foule de bons esprits ont pensé que le moment était venu de substituer le système des Banques de dépôts au principe des Banques d'émission.

Pourquoi? parce qu'ils ont négligé le caractère réel des Banques d'émission, pour ne s'occuper que du principe constitutif des Banques d'Angleterre, de France, d'Allemagne, etc., etc...

C'est ainsi que M. Alfred Darimon les a accusées d'avoir manqué à leurs promesses. On en conviendra, cependant ; condamner le principe des Banques d'émission au nom des erreurs qu'ont à se reprocher les Banques officielles, ce n'est pas de la très-bonne justice.

Voilà bien longtemps que les Banques de dépôts, grâce à l'élasticité de leur réglementation, ont pris en Angleterre et en Amérique la première place. S'en est-on mieux trouvé? Il y aurait du courage à répondre affirmativement.

Après avoir enfanté des prodiges, les Banques d'émission ont amoncelé des ruines immenses, cela est certain,

cumulation des Dépôts ; et dans ce cas, l'effet essentiel de *l'act de* 1844 était le développement de ce dernier moyen, surtout alors que. rigide avec excès vis-à-vis de l'émission du papier, il n'entourait d'aucune précaution l'accumulation des Dépôts.

mais ne condamne pas le principe, surtout si l'on observe que les Banques n'ont failli que le jour où leur indépen-dance, rivée au Pouvoir, a pu narguer la loi.

De cette expérience, une seule conclusion rationnelle peut naître :

... S'il fallait proscrire tout ce qui peut avoir un côté défectueux, que nous resterait-il? — Deux choses seule-ment : encore LA LIBERTÉ ET LA LOI.

La loi et la liberté, voilà les vraies garanties de la so-ciété; à elles l'avenir au nom de cette vérité que répétait M. Hubert Delisle : — « En matière de crédit, ce qui n'est pas parfait est vicieux, ce qui n'offre pas une pleine sécurité est un danger. »

La liberté, voilà la perfection du crédit; la loi, voilà la sécurité.

Le grand mouvement de réforme qui, grâce à de puis-santes influences, s'est enfin mis à l'ordre du jour, nous of-frira l'occasion de revenir bientôt sur la même question.

Poursuivre courageusement l'œuvre commencée, tel est le devoir d'un chacun. Il faudra bien que la lumière se fasse enfin ; et certes, la réforme de notre système financier ne sera pas la page la moins belle dans l'histoire du gou-vernement qui l'aura accomplie; d'autant mieux que son effet le plus immédiat, doit être infailliblement l'organisation d'une nouvelle économie sociale, aussi utile au présent que nécessaire à l'avenir : nous avons nommé *l'association des classes ouvrières*.

Terminons par quelques lignes empruntées à un grand penseur; non-seulement elles ont peu perdu de leur caractère de vérité, mais encore elles ont beaucoup gagné en au-torité :

« La classe ouvrière ne possède rien, il faut la rendre propriétaire. Elle n'a de richesse que ses bras, il faut donner à ces bras un emploi utile pour tous. Elle est comme un peuple d'ilotes au milieu d'un peuple de sybarites. Il faut lui donner une place dans la société, et attacher ses intérêts à ceux du sol.

« Enfin elle est sans organisation et sans liens, sans droits et sans avenir, il faut lui donner des droits et un avenir, et la relever à ses propres yeux par l'association, l'éducation, la discipline. »

Pourquoi ce désir du Prince captif ne deviendrait-il pas une réalité? — L'Empereur ne peut que le vouloir.

Les classes ouvrières sont la pierre sur laquelle repose, quand même, tout le nouvel ordre social; il importe de les consolider.

TABLE DES MATIÈRES

                                              Pages.

Exposé 5

       Première partie. — *La Banque de France.*

§ 1. Coup d'œil général sur les Banques. 9
  2. La Banque de France. 18
  3. La Banque de France pendant le premier Empire. 22
  4. La Banque de France sous la Restauration 35
  5. La Banque de France pendant la monarchie constitution-
      nelle. 55
  6. La Banque de France et la Révolution de février 83

       Deuxième partie. — *Le livre de M. L. Wolowski.* . . . 103

§ 1. La question des Banques aux chambres de 1840, 1847 et
      1848. 129
  2. Les Banques départementales. — Banque de Lille 143
  3. La réunion des Banques en 1848. 153

       Troisième partie. — *Questions générales.*

§ 1. Le privilége de la Banque de France. 163
  2. Le droit Régalien 173
  3. La limite de l'échéance et l'obligation des trois signatures . 189
  4. La disponibilité du capital. 207
  5. La Solidarité des Banques. 217
  6. Banques de dépôts. — Les joint Stock Banks. 253

Coulommiers. — Typographie de A. MOUSSIN.